編　集
中谷瑾子
岩井宜子
中谷真樹

児童虐待と現代の家族

❖実態の把握・診断と今後の課題❖

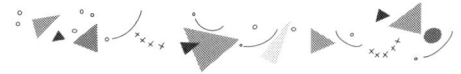

信山社

はしがき

深刻な社会問題になっている児童虐待について平成一二年に児童虐待防止法が施行され、様々な取組みがなされていますが、児童虐待の相談件数は増え続けており、年間三万五〇〇〇件の児童虐待が発生していると推計されている現状です。

現在、厚生労働省では児童虐待防止法の見直しのための専門委員会を発足させ検討を進め、潜在化している児童虐待の早期発見と予防のための方策を検討し、今後の課題を明らかにしようとしているところです。

本書では、この多発する児童虐待という事態に対して正確な理解と適切な社会的対応を可能とするために、①「事実の把握と紹介」、②「多面的診断」、③「対処・方針と今後の課題」という三つの観点からの検討を行っています。

第一部では、「児童虐待の現状と診断」として、その実態の紹介を目白大学の内山絢子教授に、診断と分析については杏林大学の松田博雄教授に御願いしました。

第二部では、児童虐待についての法的な取組みを「児童虐待防止の法的枠組み」として取り上げ、編集委員の一人である専修大学の岩井宜子教授に刑事法の観点からの検討を、また、民事法の観点からの検討を専修大学の木幡文徳教授に、さらに、比較法的観点での検討を可能にするためにアメリカにおける法的取組みをカリフォルニア大学の本間玲子助教授に紹介して頂きました。

第三部では、「児童虐待への対応・治療と援助の実際」として、児童相談所との関係では編集委員の一人である桜ヶ丘記念病院の中谷真樹氏に、家庭裁判所との関係については大阪家庭裁判所家庭裁判所調査官の小野理恵子氏に、医療現場との関係では国立成育医療センターこころの診療部長の奥山眞紀子氏に、保健所との関係については岩手県立大学の石井トク教授に、地域における子ども家庭支援ネットワークの構築については三鷹市の竹内冨士夫氏に執筆して頂くことができました。

また、子どもの保護・回復と治療という観点から東京都児童相談センターの山脇由貴子氏に、親の教育・回復と治療という観点から、筑波大学の森田展彰講師とカリフォルニア大学の本間助教授に検討を御願いし、さらに、ネットワークと情報の共有化という課題について、明治学院大学の松原康雄教授の論稿を頂くことが出来ました。

そして、最後に、編集委員の中谷真樹氏が児童虐待の防止と虐待からの回復についてまとめを試みています。

編集代表の中谷瑾子は、今から二十余年前に『子殺し・親殺しの背景「親しらず・子しらずの時代」を考える』という書物を新書版で刊行したことがありました。その書物の中で「誰しもこんな悲劇は沢山だとお考えでしょう。子殺し・親殺しの複雑な背景を探り出し分析することによって、大人も子どもも、学校の先生も、このような破局への道を阻止する何らかのヒントを得られるのではないか、というのが本書の出発点であり、執筆者一同の希望でもあります」と書きましたが、本書もまた同じ願いの下に編まれたものです。とりわけ右の新書版発行の頃は、いわゆる「出生率」は四・三パーセント以上の時代で、女の子は嫌われてお嫁に行けないという迷信があって出産がさし控えられた「丙午《ひのえうま》」の年でさえ四パーセントは維持されたのです。それが、近年は、いわゆる「パラサイト・シングルの時代」といわれ、晩婚化のため、少子化が進み、国の少子化対策としての「エンゼルプラン」

はしがき

「新エンゼルプラン」などの子育て支援対策が講じられているにも拘わらず、平成一二年の出生率は僅かに一・三四で、世界最悪の水準の少子国になったのです。ところが驚いたことに、児童相談所における児童虐待の相談処理件数の推移をみると数値はふえ続け、とくに平成七年から一〇年までは急カーブでふえ続け、六九三二件（平成一二年版厚生白書二一五頁図四―四―一）と報じられていることに私は深刻な悲しみを持ち、対策の方途について大方のお知慧を拝借したいのです。

幸い本書においても錚々たる専門家の先生方にご協力を頂くことが出来ました。その専門的観点から最近の憂うべき児童虐待の現状を直視し、分析していただき、対策のヒントを提示して頂くことが出来たと自負しています。

読者は、共同執筆者のその労を多とし、ぜひ耳を傾けて頂きたいと考えています。

平成十五年四月十二日

編者を代表して

中谷　瑾子

中谷瑾子　岩井宜子　中谷真樹編　児童虐待と現代の家族

もくじ

はしがき……中谷瑾子　i

第Ⅰ部　児童虐待の現状と診断

1　児童虐待の現状……内山絢子　2

一　はじめに　2
二　児童虐待とは　3
三　虐待の現状　6
四　おわりに　22

2　児童虐待の診断と分析——医療機関の立場で……松田博雄　24

一　はじめに　24
二　子どもの虐待と医療機関　25
三　医学的な診断　28
四　子どもの虐待に医療機関ができること　35
五　おわりに　39

第Ⅱ部　児童虐待防止の法的枠組み

3　福祉法と刑事法の架橋――児童虐待法制において……岩井宜子　42

一　はじめに　42
二　法制の歴史　42
三　福祉的対応策の法的課題――児童虐待の防止等に関する法律　47
四　刑事法規制の課題　52
五　おわりに　62

4　民事法的観点からの児童虐待防止の検討……木幡文徳　65

一　はじめに　65
二　親権・監護権の基本概念　67
三　監護者の指定および監護についての相当な処分　71
四　親権喪失宣告　74
五　親権の変更・親権者の指定　78
六　養子縁組・離縁　78
七　児童福祉法による対応と親権・監護権　79
八　おわりにかえて　83

5 アメリカの児童虐待防止に関する法的枠組み……………本間玲子 86
一 はじめに 86
二 アメリカにおける児童虐待の現状 87
三 アメリカの法的枠組み 89
四 カリフォルニアの児童虐待防止・介入システム 93
五 まとめ 97

第Ⅲ部 虐待への対応・治療と援助の実際

6 児童相談所での対応・保護……………中谷真樹 100
一 わが国における児童相談所による児童虐待への取組み 100
二 東京都における児童相談所での現状 102
三 虐待を受けた子どもの特徴 104
四 虐待された子どもの置かれている環境 104
五 虐待を行った者について 105
六 児童相談所における対応 106
七 子どもへの援助 110
八 虐待する保護者への援助 112
九 児童相談所の援助における課題 116

もくじ

7 児童虐待と家庭裁判所における対応……小野理恵子 121
一 家庭裁判所とは 121
二 家庭裁判所における児童虐待への関与 123
三 家庭裁判所の対応における課題 138
四 おわりに 141

8 医療現場での対応・保護……奥山眞紀子 146
一 虐待対応における医師の役割――歴史と現状 146
二 虐待対応の目的 148
三 虐待対応の医療の課題 149
四 医療での虐待対応に関する障壁 161
五 医療における対応を向上させていく方法 164
六 最後に 165

9 保健所における対応・保護……石井トク 167
一 はじめに 167
二 地域保健法と保健所 168
三 保健所による児童虐待の対応 174
四 保健所の児童虐待予防・対応の課題 180

10 子ども家庭支援センターの役割と機能
――子ども家庭支援ネットワークの構築を目指して …………竹内冨士夫 182
一 はじめに 182
二 子ども家庭支援センターとは 183
三 三鷹市のこれまでの取組み 186
四 三鷹市子ども家庭支援センターの相談機能 189
五 子ども家庭支援センターの機能強化に向けて 192
六 おわりに 199

11 子どもの保護・回復と治療 ……………………………山脇由貴子 201
一 被虐待児との面接――被虐待児の語る言葉とその心理 201
二 心理診断 205
三 子供の治療 214
四 治療の困難性 216
五 ハード面の限界 224
六 個別の治療 224

12 虐待に関わる要因と親に対する介入・治療 ……………森田展彰 228
一 親の虐待行為に関係する要因 228

二　親子における相互作用の捉え方　232
三　虐待する親への援助　236
四　おわりに　254

13　親への介入――アメリカのケース……本間玲子　261
一　はじめに　261
二　虐待の現状　262
三　児童虐待をする親のプロフィール　263
四　親への介入・支持　265
五　おわりに　273

14　ネットワークと情報の共有化……松原康雄　277
一　ネットワークの必要性と現状　277
二　情報収集の範囲と課題　282
三　情報共有の原則　287

まとめにかえて――児童虐待の防止に向けての課題……中谷真樹　293

索　引　巻　末

第Ｉ部

児童虐待の現状と診断

1　児童虐待の現状　　内山絢子
2　児童虐待の診断と分析　　松田博雄

1　児童虐待の現状

内山絢子
目白大学教授

一　はじめに

平成一二年（二〇〇〇年）五月の第一四七国会において、「児童虐待の防止等に関する法律」が成立し、一部の規定を除き、二〇〇〇年一一月から施行されている。このことにより、児童虐待の防止等に関する施策が促進され、児童に対する虐待の禁止、児童虐待の防止に関する国及び地方公共団体の責務、児童虐待を受けた児童の保護のための措置等が規定されることとなった。この法律による児童虐待というのは、保護者（親権を行う者、未成年後見人その他の者で児童を現に監護する者をいう。つまり、一緒に生活している親子のほか、養護施設等の職員も監護者に含まれると考えられる）がその監護する児童（一八歳に満たない者をいう）に対し、次に掲げる行為をすることをいう。

1　児童の身体に外傷が生じ、又は生じるおそれのある暴行を加えること。

2 児童にわいせつな行為をすること又は児童をしてわいせつな行為をさせること。
3 児童の心身の正常な発達を妨げるような著しい減食又は長時間の放置その他の保護者としての監護を著しく怠ること。
4 児童に著しい心理的外傷を与える言動を行うこと。

従来、児童虐待は、国際的には大きな社会問題となっていながらわが国においては、一部の人々の関心事でしかなかったが、この立法化により一般の人びとにも大きな関心を呼ぶようになったと考えられる。しかしながら、児童虐待を発見するためには、まず、虐待が具体的にどのような行為を意味するのか知っておかなければならない。それらの行為を「虐待という枠組み」で見ることにより、初めて虐待問題を論ずることが可能となる。はじめに、「虐待」の概念を把握するために、国内・国外の従来の定義について概観してみよう。

二 児童虐待とは

児童虐待は、その解釈に歴史的な変遷が見られるが、わが国においては、児童虐待調査研究会が昭和五八年に使用した定義が、一般的には用いられてきた。(1) すなわち、親または、親に代わる保護者により、非偶発的に(単なる事故ではない、故意を含む)、児童に加えられた次の行為をいう。すなわち、(1)身体的虐待、(2)保護の怠慢ないし拒否、(3)性的虐待、(4)心理的虐待の四類型で、それぞれ、以下のように定義されている。

(1) 身体的虐待：外傷の残る暴行、あるいは生命に危険のある暴行(外傷としては、打撲傷、あざ〈内出血〉、骨折、頭部外傷、刺傷、火傷など。生命に危険のある暴行とは、首を絞める、ふとん蒸しにする、溺れさせる、逆さ吊

りにする、毒物を飲ませる、食事を与えない、戸外に閉め出す、一室に拘禁するなどが含まれる）

⑵　保護の怠慢ないし拒否（ネグレクト）：児童の遺棄、衣食住や清潔さについての健康状態を損なう放置（栄養不良や極端な不潔、怠慢ないし、拒否による病気の発生、学校に登校させないなどをいう）

⑶　性的虐待：親による近親姦、又は、親に代わる保護者による性的暴行

⑷　心理的虐待：上記⑴、⑵、⑶以外のその他の極端な心理的外傷を与えたと思われる行為（心理的外傷とは、児童の不安、怯え、うつ状態、凍りつくような無感動や無反応、強い攻撃性、習癖異常など日常生活に支障をきたす精神症状が現れているものに限る）

この四類型は、国際的にほぼ共通した理解となっている。参考までにアメリカ合衆国カリフォルニア州の虐待の定義を示してみよう。

a　偶発的な方法によらずひきおこされた身体的虐待

b　性的暴行や性的搾取を含む性的虐待：性的暴行は、子供との性的行為、子供の目の前での作為的なマスターベーション、性的いたずらを含む。性的搾取は、子供を被写体とするわいせつな性的行為が写っているポルノの準備、販売、配布、幼児売春が含まれる。

c　故意の残虐な行為や不当な折檻：不当に、子どもの体若しくは健康に、身体的な痛みや精神的な苦痛あるいは生命の危険にさらすような行為を生じさせる。

d　故意に行われた不法な体罰や傷害で、後遺症として外傷経験となるもの。

e　子どもに対する保護の怠慢、児童の福祉に責任を持つ人々が、児童に対して保護の怠慢が認められた場合、「深刻な場合」も、あるいは「それほどでもない場合」も含む。

f　上記の虐待のいかなる行為も家庭外で行われた場合も含んでいる。

表1 虐待類型別身体的特徴と行動指標

類型	身体的特徴	子どもの行動指標
身体的虐待	・説明ができないような骨折、裂傷、打撲傷 ・たばこ、ロープ、熱湯、アイロン、電熱器等による火傷 ・説明ができない顔面の傷害（目の周りのあざ、顎がはずれる、鼻が折れる、血塗れの切れた唇） ・皮下出血、長骨の骨折、様々な治癒段階にある骨折 ・様々な治癒段階にある様々な色の打撲傷	・他者に対する敵意や攻撃的行動 ・周辺にいる他人に対する極端な恐怖や引きこもり ・自傷行動 ・破壊的（窓ガラスを割る、火をつける等） ・口汚く罵倒する ・統制できない行動（怒り、パニック等）
保護の怠慢	・発育不良 ・栄養不良 ・気候に合わない衣服 ・ひどい悪臭 ・きたないぼさぼさ髪 ・手当をしていないけが（汚れた火傷痕、とびひ）	・ねばりつく、見境のない愛着 ・自分自身を孤立させる ・鬱状態で受動的
性的虐待	・性器周辺の打撲傷 ・ペニスやワギナの膨張、膿み ・肛門周辺を含む性器周辺の裂傷 ・口・性器周辺の可視的損傷 ・下腹部の痛み ・排尿時・排便時の痛み	・性的行動についての早熟な知識、性的行動の表出 ・敵意や攻撃性 ・恐怖と引きこもり ・自己破壊的（自傷行動） ・擬似的成熟（歴年齢より成熟して見える） ・摂食行動傷害 ・アルコール中毒−薬物濫用 ・家出 ・乱雑な行動（乱交）
心理的虐待		・自尊感情の欠落 ・いつも極端に承認を求める ・自律的な行動が不可能（いくつかの行動を選択、拒否をおそれる） ・敵意、口汚くののしる、挑発的

なお、カリフォルニア州では、性的虐待は日本の定義と比べ、家庭内での虐待に留まらず、より広範で、性的搾取（営利を目的とする管理売春など）や幼児を被写体としたポルノグラフィに関わる写真撮影・出版等が含まれている。なお、性的虐待に関わるポルノグラフィの問題は、アメリカやヨーロッパの国々においては、わが国以上に問題視されており、どのようにして、虐待の事実を把握するかにかなりの努力が払われている。それは、捜査担当当局ばかりでなく、一般市民が「児童の保護」ということにより関心を払っているように見える。わが国において、近年、インターネットを利用してわいせつ図画等が広く一般に供されていると欧米諸国から指摘されており、これらの状況からどのようにして児童を保護するかは国際的に課題とされているところでもある。また、これら各虐待を早期に発見するための、類型別の身体的特徴及び行動指標は表1のとおりである(2)。

年齢の低い児童の場合、その行為が虐待という認識がないまま、虐待を受けていることもある。特に、これらのうち、身体的虐待やネグレクトについては、就学前の子どもを外見から判断することが可能であるが、性的虐待や心理的虐待については、その実態があっても、自分自身でそのことに気づくのは、「自我」の発達してきた思春期以降、あるいは「性的」な意味合いについて理解が可能になる中学生・高校生になってからであることも少なくない。この場合には、周囲が気づいてあげなければ、そのまま放置されてしまうことになる。

三　虐待の現状

わが国の虐待の現状はどのようになっているのだろうか。平成一二年度中に全国の児童相談所に寄せられた児童虐待に関する相談件数は一九〇〇〇件近くにもなり、この一〇年間で十数倍に達している。これでも欧米諸国に比べわが国の虐待事例の報告数は著しく少ない。その理由は、虐待の実態がないということではなく、虐待を

図　児童相談所への児童虐待報告件数の推移

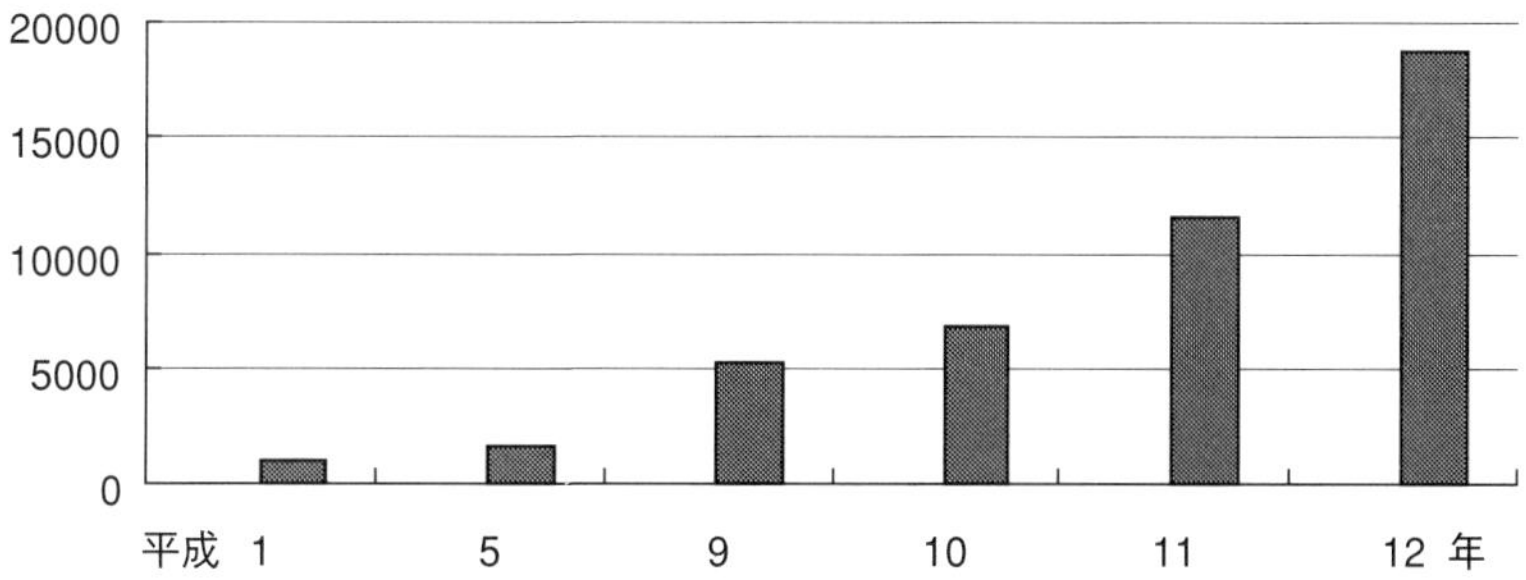

監視する周囲の目が熟達していないからだとの指摘がある。しかしながら、前節で述べたとおり、虐待が観念的・理論的に定義されているが、具体的な行動レベルでの定義は難しい問題を含んでいる。暴力の程度と頻度といっても、たった一度の激しい暴力が幼い子どもの命を奪うこともあるし、命に関わるほどではないが毎日のように暴力的行為を受けている場合もある。また、子どもの認知の仕方によっても暴力に対する感じ方は異なる。例えば、親から毎日のように殴る・蹴るなどの暴力的な行為を受けていても、「おまえが悪い子だからだ」と言われている子どもは、それを虐待とは認知しないで、親の厳しいしつけと感じるかもしれない。

ここでは、二つの住民調査（無作為抽出）の結果から虐待の実態の一端を見てみよう。一つの調査は、全国の一八歳から四九歳までの男女に自分自身の体験を尋ねたもの[3]（一九九八年実施）であり、他の一つは三歳以下の子どもを育てている母親に尋ねたもの（一九九六年実施）である。つまり、以下に示す行為を、①子どもとして親からされた経験、ならびに、②親として子育ての過程の中でしてしまった経験（身体的虐待とネグレクト）について尋ねた調査結果について紹介しよう。

1　幼児期に父母から受けた暴力的行為やネグレクトの経験

就学前五歳頃までの幼児期に、両親から受けたしつけの中に含まれるかもしれない暴力系行為とネグレクト系行為の経験の有無について尋ねている。

幼児期（五歳くらいまでの時期）に、父母から受けたしつけとして以下に示すような行為を経験したか否かを尋ねた。これらの行為は、親が育児の過程で、「しつけ」の一環として行われることが多いと報告されている行為である。

Ａ　暴力系行為（一一行為）

ａ　接触型（七行為）

お尻をたたく
手をたたく・ぶつ
頭をたたく・なぐる
顔を平手打ちにする
ひどくつねる
物を使ってたたく
物を投げつける
髪を切る

ｂ　非接触型（四行為）

大声でしかる
押入れ等に入れる＊
家の外（ベランダ）に出す＊

Ｂ　遺棄系行為（六行為）

泣いても放っておく
食事を与えない
風呂に入れたり下着を替えたりしない
子どもを家においたまま出かける
裸のままにしておく
自動車内等に放置する

＊　暴力的暴力系行為とするには、やや異質かもしれないが、ここでは便宜上暴力系行為に含めて考える

表２　暴力系行為とネグレクト系行為の経験

(%)

虐待行為		自分の被虐待体験　N＝1580					
		父親から			母親から		
		よく	よく＋時々	１回以上	よく	よく＋時々	１回以上
暴力系行為	お尻をたたかれる	3.2	10.4	33.9	3.3	10.2	50.4
	手をたたかれる・ぶたれる	2.8	7.9	30.8	2.1	8.9	43.7
	頭をたたかれる・なぐられる	3.2	8.3	29.2	1.5	5.9	31.5
	顔を平手打ちにされる	2.1	4.8	14.4	1.1	3.4	16.0
	物を使ってたたかれる	1.5	3.6	11.5	1.9	4.4	18.5
	物を投げつけられる	1.3	3.2	9.5	0.6	1.1	5.6
	ひどくつねられる	0.7	1.3	5.2	1.3	2.9	11.5
	髪を切られる	0.1	0.3	0.7	0.4	0.5	1.2
	大声でしかられる	9.0	24.9	60.0	9.0	24.8	88.0
	家の外（ベランダなど）に出される	2.0	5.9	25.4	1.6	7.0	35.0
	押入等に入れられる	1.8	6.0	21.1	1.1	4.5	24.4
ネグレクト	泣いても放っておかれる	6.0	17.0	51.0	4.0	13.0	64.1
	１人で家においていかれる	1.6	2.9	8.4	1.7	3.3	12.4
	風呂に入れたり下着を替えてもらえない	0.8	1.6	4.0	0.3	0.7	3.2
	食事を与えられない	0.3	0.7	2.9	0.2	0.7	4.2
	自動車内等に放置される	0.1	0.4	1.5	0.1	0.3	1.4
	裸のままにされる	0.1	0.1	0.8	0.1	0.2	1.0

回答は、いずれの調査も、「よくあった」、「時々あった」、「たまにあった」、「一度もない」の四件法とした。

ア　経験割合　表2は、父親・母親別に、「よく」、あるいは「よく＋時々」、あるいは「一度以上」経験したことがある者の割合を示してある。父親と母親を比べると、「よくある」あるいは「よくある＋時々ある」とでは、大きな差異は見いだせない。しかし、「一度以上ある」割合で比べると、概ねいずれの行為も母親の方が多くなっている。これは、母親の方が、父親に比べ、子どもに対して、虐待的行為を行いがちであるということではなく、子どもの養育が専ら母親任せにされているという現状を反映していると考えられる。

まず、父親から一回以上されたことで最も多いのは、「大声でしかられる」（六〇・〇％）、以下「泣いても放っておかれる」（五一・〇％）、「お尻をたたかれる」（三三・九％）、「手をたたかれる・ぶたれる」（三〇・八％）、「頭をたたかれる・なぐられる」（二九・二％）、「家の外（ベランダなど）に出される」（二五・四％）、「押入等に入れられる」（二一・一％）等暴力系の暴力系行為・ネグレクト系行為が二割以上の者が経験している行為である。このほか、「顔を平手打ちにされる」（一四・四％）、「物を使ってたたかれる」（一一・五％）、「物を投げつけられる」（九・五％）等が一割程度、「一人で家においていかれる」（八・四％）、「ひどくつねられる」（五・二％）、「風呂に入れたり下着を替えてもらえない」（四・〇％）、「食事を与えられない」（二・九％）、「自動車内等に放置される」（一・五％）、「裸のままにされる」（〇・八％）、「髪を切られる」（〇・七％）等ネグレクト系の行為は一割以下と比較的少ない。また、母親についても父親からされたのと大きな差異は見いだせない。

母親から「よく」または「時々」された経験の中では、「大声でしかられる」（二四・八％）が最も多く、次いで「泣いても放っておかれる」（二三・〇％）、「お尻をたたかれる」（一〇・二％）が続き、その他「手をたたかれる・ぶたれる」（八・九％）、「家の外（ベランダなど）に出される」（七・〇％）、「頭をたたかれる・なぐられる」（五・九％）、「押入等に入れられる」（四・五％）、「物を使ってたたかれる」（四・四％）、「顔を平手打ちにされる」（三・四％）、「ひどくつねられる」（二・九％）、「物を投げつけられる」（一・一％）などの暴力的行為が比較的経験割合が高く、「一人で家においていかれる」（三・三％）、「食事を与えられない」（〇・七％）、「風呂に入れたり下着を替えてもらえない」（〇・七％）、「自動車内等に放置される」（〇・三％）、「裸のままにされる」（〇・二％）等ネグレクトの経験は比較的少ない。

これらの暴力系・ネグレクト系の行為のいずれかを両親から「よく」あるいは「時々」受けている者の割合は、表3に示すとおりである。父親と母親からこれら暴力又はネグレクトの行為を受けている者は、概ね三人に一人

表3　暴力系行為・ネグレクト行為を受けている者の割合（%）

	父親から	母親から
実人員（対象者数）	1580	1580
暴力	29.9	29.2
ネグレクト	18.7	15.1
暴力またはネグレクト	36.1	34.1

表4　両親から受けた暴力系行為とネグレクト系行為との関連

分　類	父親から	母親から
暴力・ネグレクトなし	63.9	65.9
暴力なし・ネグレクトあり	6.3	4.7
暴力あり・ネグレクトなし	17.4	19.0
暴力・ネグレクトあり	12.5	10.2

表5　両親から受けた暴力系行為とネグレクト系行為との関連（父親と母親のクロス）

母親から／父親から	実人員	構成比				
		暴力・ネグレクトなし	暴力なし・ネグレクトあり	暴力あり・ネグレクトなし	暴力・ネグレクトあり	全体
暴力・ネグレクトなし	1009	82.6	1.6	12.8	3.1	100.0
暴力なし・ネグレクトあり	99	40.4	33.3	10.1	16.2	100.0
暴力あり・ネグレクトなし	275	45.8	1.8	46.2	6.2	100.0
暴力・ネグレクトあり	197	21.8	11.7	17.3	49.2	100.0
全体	1580	65.9	4.9	19.0	10.2	100.0

くらいで、どちらかといえば暴力系の行為が多くなる。ネグレクト系の行為を受けている者は、概ね六〜七人に一人くらいである。

イ　親から受ける暴力系行為とネグレクト系行為との関連について　子どもに対して暴力的な虐待をする親と子どもを放置しておく（ネグレクト）親は違いがあるのだろうか？　本調査では、父親母親それぞれから、暴力系行為・ネグレクト系行為のいずれかのみを受けているのか、あるいは暴力系・ネグレクト系双方の行為を受けているのかについて見ていく。

表4は上述の行為中、一回以上暴力系あるいはネグレクト系行為を「よく」あるいは「時々」経験した否かにより次の四分類とした。

・　暴力・ネグレクト共になし
・　暴力なし・ネグレクトあり
・　暴力あり・ネグレクトなし
・　暴力・ネグレクト共にあり

全体としては、両親から、暴力系行為もネグレクト系行為も受けていない者が六割以上を占めている。残る、約三分の一は、暴力系あるいはネグレクト系行為のいずれかを父親あるいは母親から受けている。

まず、父親について見ていくと、「暴力あり・ネグレクトなし」が多い（全体で一七・四％）。次いで、「暴力・ネグレクトあり」（一二・五％）、「暴力なし・ネグレクトあり」（六・三％）である。また、母親についても、「暴力あり・ネグレクトなし」が多い（全体で一九・〇％）。次いで、「暴力・ネグレクト共にあり」（一〇・二％）、「暴力なし・ネグレクトあり」（四・九％）である。

次に、父親の行為と母親の行為をクロスしてみよう。表5は、父親からの行為のパターン別に、母親の行為のパターンがどのようであるかを見たものである。

父親から暴力系行為・ネグレクト系行為いずれも受けていない者においては、八割以上が母親からもこれらの行為を受けてはいない。一方、父親から暴力系行為あるいはネグレクト系行為を受けた経験がある者では、母親がこれらのいずれもしていない者は約半数である。父親が「暴力なし・ネグレクトあり」の場合は母親の三分の一が同じ行為をしている。父親が「暴力あり・ネグレクトなし」の場合は母親の四六・二％が同じ行為をしている。父親が「暴力あり・ネグレクトあり」の場合は母親もまた暴力行為もネグレクトもしているのである（四九・二％）。つまり、一方の親から暴力的な扱いを受けていたり、放任されたりしている者は、もう一方の親からかばってもらうのではなく、同じように暴力的な扱いを受けたり、放任されたりしている傾向が示されている。

なお、ここで示した経験の割合は、前述の一七行為を「虐待」として考えた時の数値であり、これらの定義を変えれば、また異なった割合が得られることになる。

2　母親の子どもに対する虐待体験

内山ら[4]は、三歳以下の乳幼児を持つ一般の家庭で、母親が子どもに対して、虐待もしくは虐待類似行為を、子育ての中で経験しているか否か、また、虐待的な行為が起こりやすい状況や母親の特徴について調査した。調査した具体的内容は、本人に尋ねたのと同じ一七態様の行為の経験の有無についてであり、回答は、「よくある」、「時々ある」、「たまにある」、「一度もない」の四件法とした。ただし、行為をされる側とする側との差異があるので、質問の言葉遣いは自然に回答できるよう配慮した。

ア　親が子どもに対して行う行為

母親が、これらの行為をしたことがある者の割合を頻度別に示したのが表6である。これらの行為を一度以上したことがある者は、多いものから順に、①大声でしかる（八九・二％）、

②泣いても放っておく（八四・八％）、③「手」をたたく・ぶつ（七五・三％）、④「お尻」をたたく（七二・五％）、⑤頭をたたく・なぐる（三八・三％）、⑥顔を平手打ちにする（二七・七％）、⑦家の外（ベランダ）に出す（一三・〇％）、⑧子どもを家においたまま出かける（一二・一％）となる。

逆に、母親が行うことの少ない行為は、①食事を与えない（一・七％）、②裸のままにしておく（二・〇％）、③自動車内等に放置する（二・二％）、④風呂に入れたり下着を替えたりしない（二・六％）、⑤髪を切る（四・三％）、⑥押入等に入れる（五・〇％）、⑦物を使ってたたく（六・三％）で、これらの行為を行う頻度については、これらのうちの概ね三分の二は、これらの行為を「たまに」しているだけで、「よく」あるいは「時々」したことがある者は全体の概ね三分の一以下である。

これらの割合は、前節で示した本人の被虐待体験（母親からの行為）の割合と傾向は変わらない。ただし、母親の回答は現在の経験であるのに対し、子どもの頃の体験は回顧的な方法で尋ねているためか、母親の方がやや割合が高くなっている項目が見られている。いずれにせよ、これらの行為を経験している者が、一定の割合で存在し、かつその割合は、親から聞いても自分の過去の体験として聞いても大きく変わらないということである。表6には、本人の回答割合（一回以上の経験）を併記し、両者の回答を比較できるようにした。

イ　虐待後の母親の気持ち

次に、一人の母親がこれらの行為をどのくらいしているかについて見てみると、「たまにある」という頻度の少ないものまで含めると、平均的に四種類くらいの虐待（類似）行為を行っている。しかしながら、「たまに、大声で子どもを叱る」母親まで「虐待をしている母親」と考えるのは、虐待を広義に捉えすぎると考えられるため、程度が軽いと考えられる「大声で叱る」を除いた一六行為について、「よく」あるいは「時々」行っている者に限定して分析してみると、約半数の母親は、これらの行為を一つも行っていない、つまり、少なくとも一種類の行為を行っている母親は全体の約半数である。このうち、四種類以上の行為を行っている母親は約七%となる。なお、こうした行為を母親が行った結果、子どもが医者の治療を必要とするほど重大な被害を受けることはほとんどない。

こうした行為を母親がしてしまった時、母親は自分の行為をどう感じているのだろうか。自己の行動を合理化する「仕方がなかった」と感じる者が最も多い（五四・八%）が、「子どもがかわいそうになった」（四九・九%）、「自分がいやになった」（三二・二%）等後悔や自責の念にかられることも多い。「押し入れ等に入れる」、「泣いても放っておく」などの行為だけを行っている者はあくまで、これらの行為を、しつけの一環として行っているので「仕方がなかった」と自分の行為を専ら合理化するのみで、反省する傾向は少ないが、暴力系の行為をも行っている母親は、「仕方がなかった」と思う反面、「二度とやるまい」という後悔の念や「自分がいやになった」と自責の念に駆られる者も多く、アンビバレントな状態におかれている。

ウ　虐待をもたらす要因　こうした母親の行動がどのような時に起こっているかを尋ねた結果、子どもが「親がしてはいけないといったことをした時」（七七・五%）、「言うことをきかない時」（六四・五%）となっている。それらの行為は、「乱暴なことをした時」（三一・〇%）等、どちらかといえば、子どもの反抗的な行動が端緒になっていることがほとんどであるが、母親の「自分の思い通りにならない」（一一・二%）とか「自分のしたいことができない」（一〇・四%）といった余裕のなさやストレスから、子どもに対して暴力的な反応をしてしまったり、子どもの面倒を十分見られなかったりすることも少なくないと考えられる。

また、子どもに対して虐待行為を行ってしまう母親の状況について分析した結果、以下のような特徴が見出されている。

まず、虐待の対象となった子ども側の要因に関しては、①子どもに「短気・かんしゃく・攻撃的」、「落ちつきがない」、「わがまま」、「泣いたりぐずったりすることが多い」、「偏食、食欲のムラ、遊び食い等食事に関す

表6　虐待行為を経験する割合（頻度別；1回以上、親と子の比較）

虐待行為	母親の虐待体験　N=563			自分の被虐待体験 N＝1580	
				父親	母親
	よく	よく＋時々	1回以上	1回以上	1回以上
お尻をたたかれる	7.1	25.1	72.5	33.9	50.4
手をたたかれる・ぶたれる	7.1	24.9	75.3	30.8	43.7
頭をたたかれる・なぐられる	2.4	11.0	38.3	29.2	31.5
顔を平手打ちにされる	2.0	5.9	27.7	14.4	16.0
物を使ってたたかれる	0.0	0.7	6.3	11.5	18.5
物を投げつけられる	0.0	0.2	6.9	9.5	5.6
ひどくつねられる	0.2	1.3	6.3	5.2	11.5
髪を切られる	1.1	2.2	4.3	0.7	1.2
泣いても放っておかれる	7.2	30.3	84.8	51.0	64.1
1人で家においていかれる	0.4	1.5	12.1	8.4	12.4
風呂に入れたり下着を替えてもらえない	0.2	0.2	2.6	4.0	3.2
食事を与えられない	0.0	0.2	1.7	2.9	4.2
自動車内等に放置される	0.0	0.2	2.2	1.5	1.4
裸のままにされる	0.4	0.7	2.0	0.8	1.0
大声でしかられる	18.4	43.7	89.2	60.0	88.0
家の外(ベランダなど)に出される	0.0	0.6	13.0	25.4	35.0
押入等に入れられる	0.0	0.0	5.0	21.1	24.4

る心配がある」、「友達と遊ぼうとしない」といった特性が見られること、②子どもの発達について、言葉や知的発達に遅滞があるのではないかと母親が認知している傾向が見られる。また、次に、母親側の要因として、③右に掲げた①に示した子どもの行動「異常」についての問題をより気にする傾向がみられること、④また、虐待行為の対象となった子ども以外に障害児や病児がいて、他の子どもに手がかかること、⑤子育てに不可欠な行為（授乳・おむつの交換・離乳食を作るなど）や子育て中によくある出来事を「大変だ」と思う傾向があること、⑥子育てにより身体的・精神的疲労やストレスを感じている者が多いことがあげられる。さらに、家族の要因としては、⑦夫や家族（とくに親）との関係が良好でないこと、⑧夫をはじめとする家族から、子育ての支援をあまり期待できないことがあげられる。

さらに、⑨子育てについて困った問題が生じた場合、かかりつけの医師や保健所に相談する等、専門家を頼ることなく自分で困った状態におかれたままになっていること、⑩育児雑誌などの子育ての情報を問題解決に役立てず、むしろ、自分の子どもと他の同年齢の子どもの発達とを比較する材料として使うことがあるといったことが見出された。

3　性的虐待

性的虐待は、その他の虐待とはやや異なる側面を有している。性行動の意味が十分理解されない発達段階においては、被害者自身でさえ、それが性的虐待であるとの認識がないこともしばしば生じるため、被害が特に潜在化しやすい。しかし、性的虐待が発達過程に与える心理的影響は非常に大きいと指摘されている。性的虐待を家庭内だけの被害に限定して尋ねるのは、回答者も抵抗感が強いと考えられるため、ここでは、一般的な性被害の経験として尋ねた。その被害内容は、身体接触と身体非接触に二分類し、以下の項目の経験について尋ねた。対象者は子どもの頃の虐待経験を尋ねた対象者（S＝一五八〇名）と同じであるが、ここでは、女性の（一二八二名）回答結果のみについて述べる。

・身体非接触

「入浴中に誰かにのぞかれた」
「異性（あるいは同性）から、むりやり、裸や性器をみせられた」
「むりやり、裸や下着姿の写真をとられた」
「ポルノ雑誌やアダルトビデオを、むりやりみせられた」
「むりやり、他人の性交をみせられた」

・身体接触

「乗り物の中で、からだをさわられた」

「むりやり、からだや乳房を触られた」
「むりやり、性器をさわられた」
「むりやり、キスされた」
「相手の性器に触るように強制された」
「性交をさせられそうになった」
「むりやり、性交させられた」

身体接触と身体非接触の含まれた性的被害一二項目のいずれかに該当すると回答した女性は、七五四名（五八・八%）であった。小学生（一二歳）までには二〇〇人（一五・六%）が、一八歳までには五〇六名（三九・四%）が被害を受けていた。また、これら一二項目いずれかに〇をつけた延べ人数は女性では一六八七名であった。これは、女性の性的虐待の経験者一人あたり二・二項目に〇をつけたことを意味する。

ここでは、一八歳までの被害の経験について表7に示した。身体接触被害では、多い順に、「乗り物の中で、からだをさわられた」（二四四名、一九・〇%）、「むりやり、からだや乳房を触られた」（一四九名、一一・六%）、「むりやり、性器をさわられた」（七六名、五・九%）、「むりやり、キスされた」（六一名、四・八%）、「性交をさせられそうになった」（四四名、三・四%）、「相手の性器に触るように強制された」（三八名、三・〇%）、「むりやり、性交させられた」（一八名、一・四%）であった。

これらのうち、小学生時に、性交させられた経験は二名の者が有しており、相手は養父と知り合いであった。また、小学生時に、性交させられそうになった経験は、三名が有し、相手は祖父、友人、見知らぬ人であった。これらは、狭義の性的虐待に相当すると考えられるが、この体験は「今でも夢に見るいやなこと」だったり、「男性不信になる」など強いトラウマになっており、幼い頃の被害体験が成長後にまで大きな影響を及ぼす様子

表７　性的被害経験

	調査項目	実人員	構成比	経験時期* 就学以前	小学１〜4年頃	小学４〜6年頃	中学生時代	中学卒業以降18歳までに
身体非接触	異性（あるいは同性）から、むりやり、裸や性器をみせられた	246	19.2	4.1	21.1	25.6	29.3	36.2
	入浴中に誰かにのぞかれた	75	5.9	12.0	12.0	22.7	52.0	29.3
	ポルノ雑誌やアダルトビデオを、むりやりみせられた	12	0.9	8.3	8.3	8.3	58.3	16.7
	むりやり、他人の性交をみせられた	4	0.3	0.0	0.0	25.0	50.0	50.0
	むりやり、裸や下着姿の写真をとられた	4	0.3	25.0	0.0	0.0	25.0	50.0
身体接触	乗り物の中で、からだをさわられた	244	19.0	0.4	2.5	8.2	25.8	85.7
	むりやり、からだや乳房を触られた	149	11.6	6.7	11.4	27.5	34.9	43.6
	むりやり、性器をさわられた	76	5.9	13.2	27.6	27.6	21.1	21.1
	むりやり、キスされた	61	4.8	13.1	11.5	18.0	29.5	45.9
	性交をさせられそうになった	44	3.4	4.5	6.8	11.4	31.8	52.3
	相手の性器に触るように強制された	38	3.0	7.9	28.9	23.7	21.1	31.6
	むりやり、性交させられた	18	1.4	0.0	5.6	11.1	22.2	66.7

（注）　被害時期については、重複選択としているので、％の合計は100％をこえる。

が示されている。

また、身体非接触被害では、「異性（あるいは同性）から、むりやり、裸や性器をみせられた」（二四六名、一九・二％）、「入浴中に誰かにのぞかれた」（七五名、五・九％）、「ポルノ雑誌やアダルトビデオを、むりやりみせられた」（一二名、〇・九％）、「むりやり、他人の性交をみせられた」（四名、〇・三％）、「むりやり、裸や下着姿の写真をとられた」（四名、〇・三％）であった。

全体として、身体接触被害の方が経験割合が高く、身体非接触の行為は被害とは認知されにくいといえるかもしれない。

特に、乗り物の中での痴漢被害は年齢が高くなるにつれて被害割合が増すのに比べ、性器を触られたり、性器を触らされたりする経験は、小学校低学年以下の者が多くなっており、性的虐待は、たしかにわが国においても存在しているということが実証的に示されている。

4　虐待と非行との関連

わが国においても、虐待と非行との関連について、実証的な研究が見られるようになってきた。児童自立支援施設に入所した少年[5]及び少年院在院者[6]を対象とした調査結果が報告されている（表8）。この結果によれば、性的虐待に関しては両者に大きな差異が見出せないが、身体的虐待やネグレクトに関しては、少年院と児童自立支援施設とでは大きく数値が異なる。これは、両施設について入所する少年の質の違いよりは、「虐待」についての定義の仕方が異なるのではないかと考えられる。つまり、これらの対象者はいずれも、家庭の状況に問題がある者が多い可能性が考えられるが、少年院在院者については、調査方法として、自己申告によって、各一項目の虐待経験の有無により決定されている。しかしながら、児童自立支援施設の少年は、施設職員による評定であり、総合的に決定されていると考えられる。したがって、両群が同じ基準で回答しているとは限らない。また、児童自立支援施設入所者や少年院在院者は、少年鑑別所退所者中に占める割合はそれぞれ、一・七％と二七・八％であるが、鑑別所に入所する少年は少年犯罪者中（交通業過を除く刑法犯と特別法犯の合計：一九万三六五九名）の約一〇％（新入所少年数：一万九四二一名、数値はいずれも平成一〇年中）にすぎない[7]。また、鑑別所で鑑別を受ける少年や児童自立支援施設・少年院へ入所する少年はその罪状等犯行内容に加えて、家庭的背景が深刻である事例が多いと考えられ、非行少年全体を代表するとは考えにくい。そこで、筆者は、警察段階における非行少年（軽微な非行で、簡易送致対象少年を除く）及び一般高校生を調査対象者として、上述した一般調査・母親調査と同じ方法により、虐待経験の有無について分析した。その結果は、表8に、児童自立支援施設調査・少年院調査の結果と並べて示してある。

この結果、明らかに、警察で補導・保護される少年は一般少年に比べ、被虐待経験が多い。しかしながら、非行の態様等により、その経験の程度は大きく異なり、男子では、凶悪・粗暴犯少年や薬物犯少年に、女子では、

表８ 非行少年と虐待との関連（家族から受けた加害行為）

（単位：％）

		身体的暴力（軽度）	身体的暴力（重度）	性的暴力（接触）	性的暴力（性交）	不適切な保護態度	心理的	計
少年院	男子	63.8	47.1	1.4	0.3	7.9		
	女子	74.7	59.8	15.3	4.8	10.5		
	合計	64.9	48.3	2.8	0.8	8.2		
児童自立支援施設	男子	38.3		1.6		27.0	26.7	49.3
	女子	28.4		13.1		22.2	33.2	47.8
	合計	30.5		4.3		25.5	22.3	48.7
警察	男子	43.7				42.5	60.5	
	女子	43.4		7.6		43.4	67.5	
	合計	43.6				43.6	59.0	
一般	男子	31.0				30.0	56.0	
	女子	36.7		5.5		39.4	62.4	
	合計	33.8				34.7	59.3	

福祉犯被害者や薬物犯少年に被虐待経験が多くなっている。逆に、窃盗犯少年は男女とも被虐待経験が少なく、一般少年よりも少ないくらいである。したがって、非行が虐待の結果生じたか否かを結論づけるのは難しい。しかしながら、最後に、虐待が直接、非行に影響した事例を紹介して、この稿を終わることにする。この事例は、生まれてまもなく離れ離れになった実父と十数年ぶりに再会した後、実父から性的虐待を受けた後、非行に走らずには居られなかった少女の心情が示されている。

「その時のことは、涙が出るくらい情けなかった。悲しすぎて抵抗することすらできませんでした。ただ、早く終わってほしいと思っていました。情けなくて、悲しくて声も出ないし、涙も出ませんでした。でも、ふつうにしていないと、ほかの家族にバレてしまいそうなので、必死になって『ふつうにしていよう』とがんばった。自分さえガマンすれば周りの人に迷惑がかからなくなると思い、ガマンすることにした。

このことを誰かに話そうかどうしようかとても迷ったし、自分自身とても苦しんで何度も記憶から消そうと思ったのですが、どうしてもあの時のことが忘れられず、今でもとても悩んでいます。また、こんなことをされたショックから生理が遅れ、「赤ちゃんができたんじゃないか」と思った。とても汚れた感じがした。いっそのこと、死んでしまおうかともおもった。考えれば考えるほど、父親に対する憎しみが大きく広がっていった。誰にも話せないし、思い出すと家の手伝いもしたくなくなったし、学校に行くのもいやになった。自分が死なないとこの気持ちは消えないと思った。父からこんなことをされた後、家にいるのがイヤで家出をしたり、手に根性焼きを何回もやったり、ほかの男とセックスすれば、父とのことが消えて忘れられるかもしれないと思い、めちゃくちゃに男と遊んだりしてしまいました。でも、いくら無茶なことをしても父とのことは消すことができませんでした。」

四　おわりに

調査結果から見た児童虐待の現状について概観した。身体的虐待やネグレクトに関しては、どの程度まで虐待行為と考えるかにより、被害者の数は多少変化すると考えられるが、幼少時に身体的虐待やネグレクトを経験している者は決して少なくないと結論づけられる。しかしながら、わが国において、こうした行為を「虐待」という枠組みで見ることがなかったため、こうした事実に気づかなかったと考えられる。

また、小学生時までの性的被害に関しても、今まで注意を払うことを怠ってきたため、表に出ることはなかった近親者（家族・親戚・学校の教師などから）の性的被害も少なからず存在すると考えられ、それらの子どもの成長・発達への影響が懸念されるところである。

児童虐待は、決して対岸の火事ではなく、わが国においてもかなり深刻な問題となりつつあるといえよう。今後、改めて「虐待」について広報・啓発活動を行う必要が感じられる。特に、年齢の低い子どもや男性の性的被害に対する社会的認識や対策は必ずしも十分ではない。この方面の予防教育や性教育のありかたに関する見直しと研究が急務である。

（1）池田由子『児童虐待』中央公論、一九八七年。
（2）State Department of Social Services Office of Child Abuse Prevention The California Child Abuse & Neglect Reporting Law Issues and Answers for Health Practitioners, 1991.
（3）「子どもと家族の心と健康」調査委員会『「子どもと家族の心と健康」報告書』日本性科学情報センター、一九九九年。
（4）内山絢子・石井トク・後藤弘子・小長井賀與『一般の母親が乳幼児に対して行う虐待行為の実態――常習的暴力加害者に関する研究』（文部省科学研究費による研究成果報告書）、一九九六年。
（5）国立武蔵野学院『児童自立支援施設入所児童の被虐待経験に関する研究』平成一二年。
（6）法務総合研究所『法務総合研究所研究部報告　11　児童虐待に関する研究（第一報告）』。
（7）法務総合研究所『犯罪白書』一九九九年。

2　児童虐待の診断と分析――医療機関の立場で

松田博雄
杏林大学小児科教授

一　はじめに

養育者が何らかの行為を行うか、必要な行為を行わないためにおきた子どもの健康障害の全てを、「子どもの虐待」（児童虐待）といいます。「虐待」というと、何かおどろおどろしい感じがしますが、叩いたり殴ったりという身体的な暴力だけが虐待ではありません。子どもの虐待は child abuse の訳語で、一般的に「身体的虐待」、「ネグレクト」、「心理的虐待」と「性的虐待」の四つに分類されていますが、「虐待」にかわる適切ないい方がないものかと思います。

寝ていたからといって、子どもを車の中に置き去りにしてパチンコをしている間に熱中症で死亡してしまった事件は、長時間放置し適切な監護をおこたったネグレクト、不適切な養育にあたることに違和感はないと思います。しかし、子どもが寝ている間に買い物に出かけ、その間に子どもがおきだしマッチをいたずらし、火事で焼死してしまったような場合には、従来、いたましい事故として取り上げられてきました。しかし、母親に悪意はなくても、これもネグレクトではないでしょうか。米国では子どもの虐待を刑法で考え、日本では児童福祉法、児童虐待防止等に関する法律で対処します。他人の子どもを傷つければ立派な犯罪です。わが子を傷つけることは犯罪ではないのでしょうか。何をもって虐待とみなすか、どう対処するかは、国・文化・時代などによって変わります。子どもの虐待の問題を考えるには、まず「何が虐待か」という国民のコンセンサスが必要です。

二　子どもの虐待と医療機関

◆虐待の診断

虐待か否かの判断は、あくまで子どもの立場でなされなければいけません。虐待としつけの間に線を引くことは困難です。多くの養育者は子どものためを思い、子どもを可愛いいと思っています。子どもの虐待に対処するには、児童相談所が中心となり、保健所・保健センター・保育園・警察など多くの機関が関わり、それら機関と、人との連携がはかられなければいけません。医療機関も子どもと家庭を中心として、虐待問題に対応する一専門機関としての役割を果たすことが期待されます。

医師は知り得た情報を漏らしてはならない守秘義務を負っています。児童相談所に通告すること、ケース会議などで個人の情報を共有することに躊躇することがあります。しかし、正当な理由があればその限りではありません。児童相談所へ通告することも、ケース会議で情報を共有することも、虐待を受けている子どもの権利を保護することとの比較において、より重要であり、児童虐待防止等に関する法律にも明記されています。

子どもの虐待への援助は児童相談所に通告することから始まります。虐待であるか否かを判断し、子どもの安全を確保し、処遇を決定し、さらに再発防止として家族の再統合の役割まで児相相談所は担っています。児童相談所はチームによる各種専門診断を持ち寄った総合診断で虐待の判定、処遇方針の決定を行っています。社会診断、心理診断、行動診断および医学診断により子どもと家庭を多面的にとらえ、問題のメカニズムを総合的に診断し、最も適切な援助方法を決定しています。医療機関は医学診断に貢献します。

◆医療機関と虐待

虐待の矛先は子どもにだけ向かうものではありません。密室の中で力のあるものがその力を乱用すれば、それは虐待です。家庭という密室の中で考えると、パートナー間のドメスティック・バイオレンス（ＤＶ）、思春期の子どもから親に向かう家庭内暴力、年老いた親に対する老親虐待被害者全てが、医療機関を様々な訴えで受診します。ファミリー・バイオレンスと総称されます。子どもの虐待をきっかけにＤＶが浮かび上がる、逆にＤＶから子どもにも身体的・心理的虐待が及んでいることが明らかになることがあります。

子どもは小児科だけを受診するわけではありません。虐待を受けた子どもは救急外来を受診することが多いものです。骨折の疑いがあれば整形外科、頭蓋内出血の疑いがあれば脳神経外科など、訴えによって専門の診療科を受診することになります。全ての診療科の医師が子どもの虐待にかかわるといっても過言ではありません。

虐待の問題に取り組むことは、医療従事者の努めです。医療機関には医師・看護師・助産師・臨床検査技師・放射線技師・薬剤師・栄養士など多くの専門職が働いています。医療機関として虐待に対応するためにはこれら専門職間の連携が必要であり、さらに個人としてだけでなく、医療機関として組織としての対応も求められます。私の勤務している杏林大学では児童虐待防止委員会を設置して対応しています。

◆杏林大学児童虐待防止委員会

この委員会は、平成一一年に設置されました。救急医学・脳神経外科・整形外科・小児科など関連各科の医師・看護師・法医学医師・付属病院医療福祉相談室医療ソーシャルワーカー（ＭＳＷ）に、医学部・保健学部・総合政策学部の社会学・保健・法律の専門家など二一名で委員会を構成しています。付属病院だけでなく、大学としての取組みを目指しています。

特徴は委員の中にＭＳＷを二名おいて、そのなかの一名を副委員長に規定しています。活動の要になるのがＭＳＷであるためです。委員のなかに法医学医師がいます。法医学は死体だけを対象とする学問ではありません。外傷の発症機転など、いつでも傷の評価を依頼すること、相談することができます。委員長一名、副委員長二名に小児科看護師長の四名で実働グループを結成し、適時、病院長・病院事務長や委員会委員と連携を取りながら臨機応変に活動しています。

虐待に気づいたらＭＳＷか委員会委員に連絡することを職員全員に啓発しています。入院したときは、主治医、担当看護師、当該診療科の防止委員会委員、看護師長と実働メンバーで院内チームを組織し対応しています。児童相談所への通告も、委員会が行います。ＭＳＷが院内での連携、また院外の関係機関の調整役を担ってくれます。できるだけ早期に関係機関の情報を集約し、戦略をたて、対応しています。

年に五回、虐待に関するテーマで勉強会を開催しています。医師・看護師以外に地域の保健センター・保健所保健師、保育園保育士、区市町村の福祉・保健関係者、児童相談所、心理職、医療機関ＭＳＷ、教育相談所やテーマによっては警察官・弁護士など多彩な参加者があります。医学・保健・福祉関係の学部、大学院学生の参加もあります。知識を深めることと同時に、仲間作りにも貢献しています。

三　医学的な診断

◆骨折や外傷などから虐待を疑う

骨折は骨折した部位が変形する、腫れる、痛むことなどで疑われ、レントゲン撮影をすることによって診断することは難しいことではありません。どうして骨折してしまったのかが問題です。「階段から落ちた」、「兄弟が馬乗りになっていた」という養育者の説明でおこりうる骨折なのかどうか、判断しなければなりません。事故ではなく虐待の疑いがあれば、全身の骨のレントゲン写真を撮ります。他の部位にも骨折があり、古い骨折の跡が認められれば虐待の可能性が極めて高くなります。

身体的虐待で受けた様々な外傷・紫斑・出血斑・火傷・熱傷などで子どもは医療機関を受診します。どのようにしてできたかが問題です。養育者の説明に不自然さがないか評価が必要です。腋の下、大腿内側部、臀部、背部や性器の周辺は事故による外傷（いわゆるケガ）がおこりづらい部位です。打撲傷を受けると出血直後は赤みがかった青、一週間くらいで緑がかった黄色、二週間くらいで黄色っぽい茶色になります。様々な時期の皮下出血の跡は、慢性的な身体的虐待を示唆します。またタバコを押し付けられた跡、定規やハンガーで叩かれた跡、アイロンによる火傷などを判断します。

身体的虐待は特定の兄弟だけに向かうことがあります。連れ子であったり、育てづらい子であったり、多胎であったり、障害を持った子どもであったりします。他の兄弟に問題がないから、虐待はないということはありません。

◆頭蓋内出血から虐待を疑う

頭蓋骨で囲まれた頭蓋の中に出血をおこすのが頭蓋内出血です。出血の部位によって硬膜下出血、くも膜下出血、脳内出血などに分類されます。出血の原因は様々ですが、成人では脳動脈瘤の破裂による脳卒中が代表です。意識障害、けいれん、麻痺などの症状で発症します。頭蓋内出血の診断は、コンピューター断層撮影（CT）などの画像診断の進歩と普及により容易になりました。出血の原因として虐待を疑わなければいけません。全身くまなく外傷がないか観察しなければいけません。あわせてレントゲン撮影で骨折の跡がないかみることも大切です。

特に乳児期および幼児期早期の頭蓋内出血は、その原因として虐待を強く疑うべきです。虐待による子どもの死亡の多くが頭蓋内出血です。また、運動の障害、知的障害やてんかんなどの神経学的な後遺症を残します。頭部にも身体にも外傷の跡がなくても、虐待をその原因として疑わなければならないことがあります。揺すぶられっ子（シェイクンベビー）症候群です。

◆シェイクンベビー症候群

激しく頭部を揺すられたり、軟らかい布団などに打ち付けられることにより、硬膜下出血や強い脳のむくみ（脳浮腫）がおきることがあります。頭部にも身体にも外傷の跡はありません。二歳以下、なかでも六ヵ月以下の乳児に多く、三分の一は死亡、三分の一は後遺症を残すといわれています。三分の一は継続的な虐待を受ける危険があります。

シェイクンベビー症候群を疑ったとき、頭を激しくゆするために、胸を両手で強く圧迫したためにおこる肋骨骨折、強く揺すられたためにおきる椎骨の脱臼と眼底出血の有無を検査する必要があります。

しかし、本症候群が注目されるようになり、日常の育児に混乱が生じています。本症候群が発症するには相当の外力が必要で、日常の育児のなかでゆすってあやしたり、「高い高い」などでおこることは決してありません。

◆発育発達の遅れから虐待を疑う

児童の心身の正常な発達を妨げるような著しい減食又は長時間の放置、その他保護者としての監護を著しく怠ることをネグレクトといいます。子どもは自ら訴えることはできません。誰かが気づいて援助の手を差し伸べなければいけません。

乳児期、幼児期は生命の全てを養育者に依存しています。この時期は栄養不足や高度の脱水症により死亡することがあります。またこの時期に基本的な人との関わりがもてないと、不可逆的な知能の遅れや人格形成に致命的な障害をもたらします。

養育者が発育発達の遅れを心配して医療機関に連れてくることはほとんどありません。発熱、せきや下痢を主訴に外来を受診したときに「おかしいな」と気づくセンスが大切です。健診の場で気づかれる、保育園などの保育の場で気づかれ医療機関に相談または受診することがあります。医療機関に受診させるまでの援助過程は、地域に関係機関と人のネットワークが構築されていないと困難です。さらに、最も問題のあるネグレクトは健診を受けていない家庭に潜んでいます。

発育は体重、身長、頭囲を計測し、標準発育曲線にプロットしてみることで評価ができます。養育者から分離して入院や施設入所すると体重・身長の急速な伸びがみられます（キャッチアップ）。一方、発達の評価は正常発達にもかなりの幅があり、経過をみなければ遅れを判断できないことがあります。発達の遅れの原因として環境要因、不適切な養育がないかを見極めなければいけません。外来の診療室の中だけでは評価できません。地域の保健・福祉・教育と綿密に連絡を取り合いながらフォローすることが必要です。

ネグレクトは兄弟全員に及ぶことが多いといわれています。ネグレクトを疑う場合、養育者の養育能力を評価することが求められます。ネグレクトする養育者は経済的問題、精神的問題、社会的孤立など様々な問題を抱えていることが多く、医療機関では医療ソーシャルワーカーが中心となり援助することになります。しかし、精神障害が疑われても、精神科受診につなげるには多大な労力が必要です。強制的に受診させることはできません。地域の精神保健担当の保健師などとも連携をとり、養育者が精神科を受診してみようかなと思えるような関係を構築しないと、受診につなげることはできません。極めて膨大な時間と労力を要します。一人で抱えてはいけません。援助する側の精神保健も常に考えなければなりません。

◆問題行動から虐待を疑う

神経性習癖、多動、衝動性、不注意、不登校、学習困難、摂食障害、万引きなどの様々な問題行動の背後に、虐待が潜んでいないか疑う必要があります。落ち着きがなく、衝動的でときに暴力を振るう小学校一年生が注意欠陥多動障害という診断を受け、薬物療法をすすめられました。しかし、その背後に人格障害の母親による身体的虐待とネグレクトがあることに気づかなければ問題は解決しません。

虐待を受けて育った子どもの将来は、決して楽観できません。長期間にわたり、繰り返し身体と心の傷を受けることになります。人を信じることができず、子どもの自尊心・自己像が育たず、誰にも愛されない、いなくてもいい存在というメッセージを送りつづけられることが、子どもの人格形成に極めて大きな悪影響を与えます。

虐待を受けた子どもの心のケアは大きな課題です。医療機関では入院したとき、病院が安全なところであることをわかってもらうことが始まりです。ゆっくり時間をかけて子どもに接します。自分の受けたことを話すことは、親を裏切ると感じるものです。不安になったり後悔したりするものです。秘密は絶対に守ること、また決して親のことを悪く言ってはいけません。長期間の心のケアは後でもふれますが、医療機関の関与が少ないのが現状です。児童相談所で親子分離が適当と判断され一時保護された時点で、子どもと医療機関の関係は中断されます。地域で家族が一緒に生活する家族の再統合も、児童相談所の役割になっています。子どもの心のケアを専門とする児童精神科医、心理職は極めて少ないのが現状です。また、適切有効な援助方法は何か、そしてその費用を誰が負担するのか、大きな課題として残されています。

◆身代わり男爵症候群（代理によるミュンヒハウゼン〔ほら吹き男爵〕症候群）

これは、様々な症状を養育者（多くは母親）が人為的に作り出し、子どもを病気に仕立て上げ、看護にいそしむ状況を作り出すことにより自らの心の安定を得る、こころの病気と考えられています。

子どもに下剤を飲ませて下痢をおこさせ、様々な検査を受けさせたり、入院して点滴などの治療を受けさせる。尿に動物の血液を混入させ血尿を作ったり、粉ミルクを混ぜて蛋白尿を作ったりして、繰り返し検査を受けさすなどです。

医師は様々な病気を考え、種々の検査をしても病気の診断ができず、病気の経過に疑問を持ち、はじめて本症を疑うことになります。医師は基本的に親の訴えに耳を傾け、共に病気に立ち向かうことを旨としています。本症候群の親は人前ではいい親を演じており、「この親がそんなことをするはずがない」と思い込むと、泥沼に嵌ってしまいます。

◆事故によらない薬物・毒物中毒

従来、たばこの誤飲、大人の薬の誤飲などは事故・不注意とみなされていますが、繰り返されれば虐待、不適切な養育です。養育者が故意に薬物を投与することによって引き起こされる中毒は、最近、虐待の一類型とみなされるようになってきています。子どもに覚醒剤を投与することもあります。「まさか子どもに」という思いこみをしないことが大切です。原因不明の意識障害、運動障害や精神症状などの場合には薬物中毒を考えます。一部の救命救急センターや医学部法医学教室でこれら薬物の尿中・血中濃度測定が可能です。事件性があると判断されれば警察でも可能です。

◆新生児遺棄・新生児殺、母子心中・一家心中、保険金殺人

生まれたばかりの新生児をトイレやコインロッカーに放置することも、病院の前に置き去りにすることもネグレクトです。実際に新生児時期に殺されてしまっている子どもの数は不明です。望まない妊娠で、妊娠という現実から目をそらし、出産という現実に直面し、殺してしまったり、放置してしまうと考えられています。

置き去りにされ医療機関に入院した子どもは、その地域の長が名づけ親になり、多くの子どもたちが施設で生活することになります。日本では里親の下で、家庭で暮らすことのできる子どもは極めて限られています。

子どもだけ残すのはかわいそうだ、母子心中は日本に独特だといわれていますが、子どもの立場からすれば親子心中・一家心中で道連れにされることはネグレクトです。医療機関には無理心中を試み、果たし得なかった親、犠牲となった子どもが救命救急センターに運び込まれます。

母親が子どもに保険金をかけ殺害する事件がおき、社会に大きな衝撃を与えました。

◆胎児の虐待

妊娠中の胎児に対して、母親自身や配偶者が腹部や膣を通して直接攻撃することが稀にあります。しかし、直接ではなく母親が喫煙やアルコールを継続すること、不適切な服薬をすること、妊娠中毒症や妊娠糖尿病の生活指導を守らないことなども、胎児の側からみれば虐待に他なりません。なにかあると「こんな子おろしてやる」とわめきたて、不規則な生活を続けることも、胎児に良いこととはいえません。

地域の保健師、医療機関の医療ソーシャルワーカーと助産師、看護師と医師がチームを組んで取り組み、まずは妊娠の継続と分娩までを支援します。しかし、出産したらそれで終了ではなく、退院してから地域での支援の始まりになります。

◆乳幼児突然死症候群（ＳＩＤＳ）と虐待

乳幼児突然死症候群（ＳＩＤＳ）は、それまでの健康状態および既往歴から全く予想できず、しかも解剖によってもその原因が不詳である、乳幼児に突然の死をもたらす症候群と定義されています。六ヵ月以下の乳児に多く、わが国では乳児死亡原因の第三位を占めています。心肺停止の状態で救命救急センターに搬入されます。救命処置を行うと同時に全身をくまなく観察し、頭部ＣＴ、眼底検査など病状の把握と原因検索を行います。突然死をおこすような基礎疾患が認められず、虐待を受けた所見も認められなければＳＩＤＳを疑います。医師は異状死として警察に届け出る義務があります。検死が行われ、事件性がないと判断されると死亡検案書が書かれます。剖検されないことが多いのが現状です。監察医制度が整っている地域は東京や大阪の一部のみです。

女性の社会進出が進み、〇歳児保育の要望が高まっています。その保育園で窒息死かＳＩＤＳかがしばしば問題になっています。二〇〇一年におこった「ちびっこ園」事件で、系列の保育園で多くの子どもが亡くなっており、ＳＩＤＳの診断がつけられていました。ＳＩＤＳが疑われるときは、剖検をすることが大切です。

◆期待される児童虐待防止等に関する法律の新たな展開

ダウン症候群の赤ちゃんが生まれました。ダウン症は知的障害を伴います。十二指腸閉鎖を合併症として持っていました。その手術を親が拒否することがあります。現在の医療水準からみれば、手術をすることにより十二指腸閉鎖は治癒させることが可能です。医師・医療機関としては、手術をせずに入院を継続させることはできません。手術はできるだけ早期に行うことが望まれます。

重症の仮死で出生し、重度の障害を残して救命されることがあります。重度の障害が明らかになると全く面会に来なくなり、連絡をとることも困難になることがあります。

このような事態を親による養育の放棄、ネグレクトとみなして対応することができないか、検討され始めています。難しい問題をたくさん含んでいます。今後の進展が期待されます。

四　子どもの虐待に医療機関ができること

◆病院は子どもにとって安全な場所か

虐待を受けている子どもにとって医療機関は傷病の治療の目的では唯一の場所です。しかし、傷病が治癒したないしは入院治療の必要がなくなった時点で、早期に退院させるべきです。病院は誰でも出入りができ、養育者が強引に連れて帰ってしまうことができます。医療機関は親の意思に逆らって入院を継続することはできません。強引な退院の危険性があれば、医療機関は児童相談所から一時保護委託を受けておくべきです。受けておけば、児童相談所の許可なく退院させることはできません。

長期間の入院は、院内感染の危険があります。虐待を受けた子どもは、傷が癒えて病院の生活に慣れてくると、様々な問題をひきおこすことがあります。特定の看護師などを独占したがり、他の入院中の子どもとトラブルになることもあります。

基本的に医療機関は、治療の場です。しかし、外来受診した子どもに虐待の可能性が疑われる場合にはできるだけ入院させるべきです。とりあえずの安全が確保できます。入院中に情報を収集し、関連機関や人と連携を取り合い、各々の役割分担を決め、戦略をたて対応することができます。医療機関でこの調整をしてくれるのが医療ソーシャルワーカー（ＭＳＷ）です。ＭＳＷがいなければ、情報収集し、戦略を建てることは極めて困難です。しかし、現状ではベッド数が数百の地域の中核医療機関ですら、ＭＳＷを置いていないところがあるのが現状です。

◆入院に際して

入院に際し注意すべきことは、虐待する養育者を「とんでもない親だ」と非難しないことです。目でも非難しないことです。虐待についての告白・動機などを無理に引き出そうとしないことです。養育者は責められている、非難されていると感じると決して心を開きません。虐待をする親にも援助が必要で、一緒に考え、協力して、今の虐待のおこる状況を変えていこうという姿勢が求められます。

入院当初は「虐待」ということばは使いづらいものです。しかし、援助の過程では「あなた（達）のやっていること、やってきたことは虐待である」という告知は、毅然とした態度でおこなうべきです。必ずしも医師が行う必要はありません。養育者も虐待を疑われていることは感じているものです。疑われているのにはっきり言われないと良好な関係がとりづらいものです。きちんと伝えられることにより、家族の関係をたてなおすきっかけになることも稀ではありません。変に気を使っていると適切な関係を作れません。しかし、告知を素直に受け入れる養育者だけではありません。告知の時にトラブルが予測される時は、あらかじめ警察官の助けを求めることもできます。虐待を頑なに否認する養育者に対する援助は極めて困難です。

入院した子どもの養育者の中には看護師や医療ソーシャルワーカーを安心できる人と認めると、のべつ幕なしに電話をかけてくる、面会に来るようになることがあります。対応を誤るとそれっきりになります。日常の業務に支障をきたす恐れすら出てきます。一人で対応しないようにします。

◆意見書・診断書を書くこと

医師・医療機関は児童相談所から「虐待に関する意見書・診断書」を求められることがあります。

医師は呼吸困難があり、レントゲン撮影で肺炎像があり、血液検査でマイコプラズマの抗体価の上昇があれば、マイコプラズマ肺炎の診断書を書くことに躊躇しません。医師は「被虐待児症候群」として典型的な所見があり、養育者が虐待を認めているような場合にも診断書を書くことに抵抗は少ないと思います。しかし、体重増加不良、発達遅滞、外傷、骨折や頭蓋内出血の原因をネグレクトや身体的虐待によると記載することには、一〇〇%の確証がないと診断書を書きづらいものです。診断書を書かなかったために措置できず、養育者の元に戻り、その後死亡したという多くの事例があるといわれています。

医師の思い違いは、自らの診断書・意見書で全てが決まってしまうと思っていることです。また確証がなければ診断書は書いてはいけない、虐待によるということは明記できないと考えていることです。前にも述べたように、虐待であるか否かの判断をするのは児童相談所であり、社会診断、心理診断、行動診断に加え医学診断を総合します。更に親権喪失の宣告は家庭裁判所の役割です。医師の診断書・意見書は一つの判断材料に過ぎません。診断書・意見書に「虐待による」という記載は必要ありません。意見書・診断書には診察所見・検査所見を記載し、それらが養育者の訴え・説明と矛盾するのかしないのかについて意見を記載することが求められるのです。あくまで客観的な事実関係のみを記載し、個人的な感想や意見は記載しません。また「虐待の証拠はない」といった表現はしないことが原則です。

◆虐待は予防に勝るものはない

虐待を受けやすい子どものリスクファクターとして、低出生体重児、多胎児や障害を持った子どもがあげられています。新生児の医療はこの三〇年の間に大きく変化し、出生体重一〇〇〇g未満の超低出生体重児の多くを救命できるようになってきています。また生殖医療が普及し、多胎児の出産が増えています。

かつて妊娠は産科、生まれた新生児は小児科と分かれていましたが、最近は妊娠、出産そして新生児と一連の流れの中で診てゆく周産期センターが整備されてきています。周産期センターに入院する子どもは発育発達に関して医学的・生物学的なリスクはもとより、社会的・家庭的にも様々なリスクを抱えています。その中で虐待をしやすい親、受けやすい子どもの要因も明らかにされてきています。入院中から積極的に介入し、退院後は地域で援助する体制がとられてきています。

◆医療機関を退院後、措置から地域に戻った後の援助

基本的に医療機関は診療に来院してくれなければ、虐待を受けた子どもにも虐待をする養育者にも積極的なかかわりは持てません。

医療機関として継続的にかかわりを持つことができるのは虐待を受けた子どもに神経学的な後遺症があったり、発達障害などを持っているときです。気管支喘息やてんかんなどの慢性疾患がある場合も同様です。子どもの心のケアに、医療機関がどのように貢献できるか、今後の課題です。虐待をする養育者の精神障害も本人に受診の意志がなければ継続できません。

虐待を受けた子どもの家庭での生活を援助するのは地域の福祉、保健と教育のネットワークです。虐待の通告が児童相談所になされ、医療機関を含め関係諸機関と人のケース会議が開かれ、役割分担を決め、戦略を建て対応することはしばしばあります。しかし、地域に戻るときにこのような会議に医療機関が呼ばれることはほとんどありません。

五 おわりに

◆子どもの虐待と教育

子どもの虐待における医療機関の役割について述べました。虐待には多くの機関と人が関わり、援助はその連携の上に成り立ち、医療機関と医師は関連する一機関・一専門職であることを述べました。しかし、医療機関・医師でなければできないことがあり、極めて大きな責任があります。虐待を知識不足からでも気づかないために見逃したり、気づいても面倒といって見過ごすことは、専門職によるネグレクトであるというくらいの意識が求められます。

しかし、医師の虐待に対する関心は決して高いとはいえません。子どもの虐待は、その発生頻度、生命の危険性、心身の発達に与える悪影響、そして世代間伝播など、子どもの重大な疾患の一つであると認識するべきです。

医学的な診断のところで述べたように、虐待は不自然さに気づき、疑うことをしなければ見過ごしてしまいます。虐待を診断すること、虐待を受けた子どもや虐待をする養育者に対処するには、知識と技術が必要です。医療ソーシャルワーカーの援助を受けながら、多くの機関や専門職と連携をとることも必要です。本稿ではふれませんでしたが、性的虐待には特別な配慮が必要です。英国では性的虐待には特別に教育を受けた医師があたること、米国では資格をもった医師や心理職による一回だけの聞き取り（フォレンジック・インタビュー）で裁判が可能な制度があります。わが国では医学部教育の中でも、臨床の場でも、子どもの虐待を含めたファミリーバイオレンスに関するトレーニングプログラムがないのが現状です。今後の大きな課題の一つだと思います。

〔参考文献〕

日本子ども家庭総合研究所編『厚生省　子ども虐待対応の手引き』（平成一二年、改訂版）有斐閣、二〇〇一年。

柏女霊峰・才村純編『子どもの虐待へのとりくみ　子ども虐待対応資料集付』（別冊『発達』二六）ミネルバ書房、二〇〇一年。

高橋重宏・庄司順一編『子どもの虐待（福祉キーワードシリーズ）』中央法規、二〇〇二年。

第Ⅱ部

児童虐待防止の法的枠組み

3 福祉法と刑事法の架橋　　岩井宜子
4 民事法的観点からの児童虐待防止の検討　　木幡文徳
5 アメリカの児童虐待防止に関する法的枠組み　　本間玲子

3　福祉法と刑事法の架橋——児童虐待法制において

岩井宜子
専修大学法学部教授

一　はじめに

児童虐待に対する各国の対応策としては、①児童保護を重視し、虐待する保護者からの保護を図ることを主体とするシステム（アメリカ、イギリス、カナダなど）と、②家族への援助を主眼とし、治療的介入を強調する制度（デンマーク、スウェーデン、フィンランド、ベルギー、オランダ、ドイツ等）の二様に分かれる。(1)

日本の法制は、児童相談所を中心として、家族への援助を主体とするシステムと考えられるが、その歴史的経過を見ると次のようになる。

二　法制の歴史

①　児童虐待防止法

児童の虐待防止についての最初の立法は昭和八年の「児童虐待防止法」(昭和八年法律第四〇号、昭和八年三月三一日)である。本法の対象は一四歳未満の児童で、その児童を保護すべき責任のある者が児童を虐待したり児童の監護を怠ったりして、その結果その児童が刑罰法令に触れ又は触れる虞れがある場合には、地方長官は、その保護責任者に訓戒処分、条件付き監護の命令をなし、又、児童を収容保護すべきことを定めていた(第二条)。

② 児童福祉法

第二次大戦後、社会的混乱の渦中での児童問題の激化・深刻化を契機として、「児童福祉法」が制定されるに到る。

当初、戦災孤児対策は「集団合宿教育」という形で行われた。戦災援護会等の施設での集団保護の方法をとり、昭和二三年には全国で四五ヵ所四、五〇〇人を数えたのみできわめて不十分であったため多くの浮浪児が生み出されるもととなった。浮浪児の生活は乞食行為が圧倒的であったが、次第に「かっぱらい」「恐喝」等の犯罪行為を行う者が増え、常習化し集団化していったため「対策」が講じられざるを得なくなった。

GHQの指導により成立した「日本国憲法」は、二五条以下に生存権的基本権を掲げており、これが社会福祉、保健、医療、教育、労働等にかかわる「国民の権利」の自覚を促し、各種の社会立法のもととなった。児童保護の担当機構としては、昭和二二年三月に厚生省に「児童局」が設置された。浮浪児対策に手を焼くなかで抜本的な児童保護対策を講じる必要性が意識され生まれたものとされている。

「児童福祉法」は、少年教護法、児童虐待防止法を吸収し、昭和二二年一一月に児童の福祉に関する総合的法律として成立した。当初、「児童保護法案」として構想されていたのが児童福祉法へと名称が転換されたが、不良児―特殊児童対策から普通児童の福祉を前面に押し出す必要から、より積極的で明るい内容のものにしようという意図からとされる。有給のケースワーカーとして児童福祉司、名誉職のケースワーカーとして児童委員がおかれ、互いに協力して、各都道府県が設置した「児童相談所」を通じて児童問題について相談・指導・保護等の具体的処理にあたるものとされた。

児童福祉施設として定められたものは、助産施設・乳児院・母子寮・保育所・児童厚生施設・養護施設・精神薄弱児施設・療育施設・教護院の各施設である。また里親制度の整備に努めることとされた。

少年犯罪に対する刑事政策については、少年年齢を二〇歳未満に引き上げ、家庭裁判所に全件送致がなされ、家庭裁判所が保護処分と刑事処分の付加についての判断を行うという制度に改める新少年法（昭和二三年七月一五日法第一六八号）が制定された。昭和二三年から二四年にかけ、浮浪児問題・非行問題の深刻化、もらい子殺し（寿産院事件）、人身売買事件等が起こり、それらの社会情勢を反映し、非行問題について一四歳未満は専ら児相送致、一四歳以上一八歳未満の虞犯は両法で取り扱うこととなった。(2)

人身売買事件については、やはり子を親の私物と見る因襲的な家族制度の欠陥と児童に対する基本的人権の観念の低さとを露呈したものととらえ、営利を目的として児童の養育を斡旋する行為、児童の心身に有害な影響を与える行為をさせる目的をもって自己の支配下に置く行為等を禁止し、これらの禁止に違反した時の罰則を設ける等の改正がなされた。

「児童相談所」は、都道府県ごとにその区域内に居住する児童数に比例し担当区域を定めて設置しなければならず、各都道府県に一ヵ所を下ることはできないとされた。初年度は四六都道府県に、中央児童相談所を一ヵ所、附設支所を各一ヵ所の九二所が設置された。児童相談所拡充五ヵ年計画によると、最終昭和二八年には全国小学校二〇、五九一校に附設し、そうすると児童一、五〇〇名に対し一ヵ所の相談所ができて、進学相談・職業相談・文化相談を行うことができる、としているが実現にはいたっていない。(3)

③　社会福祉事業法

昭和二六年には、「社会福祉事業法」が社会福祉の根幹を決める法律として制定され、福祉事務所・社会福祉主事の制度が作られた。これによって、児童保護の職務に競合が生じることとなったが、児童福祉に関しては「児童相談所」が相談措置・診断指導・一時保護の三機能を果たし、専門的判定を行う児童問題に関する専門的機関として位置づけられた。

「福祉事務所」も児童に関する一般的ケースワークとグループワークを行うこととし、社会福祉主事は児童及び妊産婦に関する事項の一般的ケースワークとグループワークを行うこととされた。住民からの相談・通告の窓口にはどちらでもなり、必要であれば通知しあうとされた。また、「保健所」が母子衛生関係を取り扱うものとされた。

昭和三〇～四〇年代は、健診・障害者関係事業に重点が置かれており、昭和六〇年代以降になってようやく、家庭支援や育成関係事業に関心がもたれてきた。

昭和六三年には特別養子縁組制度が導入され（昭和六二年法律一〇一号民法第五款追加）、実方との血族関係が終了する養子縁組が可能となり、主として「児童相談所」の斡旋により、要保護児童の特別養子縁組が行われるようになった。

平成二年に平成元年人口動態統計が公表されると、平成元年の合計特殊出生率が最低の一・五七となったことが明らかとなり「一・五七ショック」と呼ばれた。政府は出生率の低下に対処するため、健やかに子供を生み育てる環境づくりを目指した政策の策定に入り、平成六年には、いわゆる「エンゼルプラン」（今後の子育て支援のための施策の基本的方向）、「緊急保育対策等五ヵ年事業」が策定された(4)。

④　「児童の権利に関する条約」批准

平成六年五月、国連「児童の権利に関する条約」（通称・子どもの権利条約）が締結され、これを契機に、子どもを福祉の対象から、子どもの最善の利益を追求する権利の主体として見る視点の転換が模索されつつあるといえる(5)。

児童虐待への対策としては、その顕在化のための方策として、平成元年より夜間・休日でも電話で相談を受け付ける「子ども家庭一一〇番電話相談」の整備が全国の中央児童相談所ではかられ、平成六年には児童問題に専門的に関わる主任児童委員が全国に一四、〇〇〇人配置された。平成六年度から、特に都市部の児童虐待に早期に対応するため、養護施設において相談・援助を行う「ホットライン」や専門職員を配置する都市家庭在宅支援事業が開始され、平成八年には、全国モデル自治体において児童虐待ケース・マネジメントモデル事業が行われている。

⑤　児童福祉法の改正

平成九年の児童福祉法の一部改正において、保育を必要と考えられる者についての「保育の実施の勧奨」の規定、放課後児童健全育成事業に関する事項、入所措置等における児童の意向の聴取の規定、児童家庭支援センターの創設、関係地方公共団体等の連携に関する事項の規定等が整備された。

⑥　「児童虐待の防止等に関する法律」

平成一二年に、児童虐待問題が社会の注目を浴びるのに呼応して、議員立法の形で「児童虐待の防止等に関する法律」が成立した（以下、「児童虐待防止法」と略記することがある）。以下、この法律を中心として、福祉法制と刑事法制の現状と問題点について、考察したい。

三　福祉的対応策の法的課題——児童虐待の防止等に関する法律

①　児童虐待防止法の概要と問題点

本法が、虐待行為の定義とその禁止、児童虐待の防止等に関する施策の促進をその目的に盛り込んだことにより、いくらか、児童保護の姿勢の強化が図られたといえるが、福祉的アプローチを重視する基本的な姿勢は変えていない。

(a)　児童相談所その他の対応システムの強化

法は、国及び地方公共団体の責務として、

①　関係機関及び民間団体の連携の強化その他児童虐待防止のために必要な体制の整備に努めること。

②　児童相談所等関係機関の職員の人材の確保及び資質の向上を図るため、研修等の必要な措置を講ずること。

③　児童虐待が児童に及ぼす影響、児童虐待に関する通告義務等について必要な広報その他の啓発活動に努めること。

を規定した（四条）。

しかし、これらはプログラム規定にすぎない。求められるのは、児童相談所の徹底した拡充強化である。昭和二四年に作成された児童相談所拡充五ヵ年計画によると、最終昭和二八年には全国小学校二〇、五九一校に附設し、その結果、児童一、五〇〇名に対し一ヵ所の相談所ができて、進学相談・職業相談・文化相談を行うことができる、とされていた。これぐらいの意気込みで、地域の子どもをすべて把握しうる体制がつくられることが望まれる。現在でも児童相談所は、相談件数の増加に対応しきれないでいるという。

(b)　早期発見義務

児童虐待を発見しやすい位置にいる専門職に対して、特に早期発見義務を規定した（六条）が、懈怠した場合の罰則は定めていない。また、守秘義務違反についての免責は定めているが、誤って通報した場合の刑事上・民事上の免責は定められていない。しかし、第七条に、通告を受けた児童相談所・福祉事務所の職員の守秘義務を定めているので、この段階で十分な調査と危険性に対する正確な評価がなされる保証があるなら、誤った通報に対する責任を問われる危険は少なくなるであろう。

(c)　警察官の援助

通告や送致があった場合、児童相談所長は、速やかに、当該児童の安全の確認を行うように努めるとともに、必要に応じ「一時保護」を行うこと（八条）、児童虐待が行われているおそれがあると認められるときは、都道府県知事が、身分を証明する証票を携帯した児童委員又は児童の福祉に関する事務に従事する職員をして、児童の住所又は居所に立ち入り、必要な調査又は質問をさせることができること（九条）とする規定が置かれた。そして、児童の安全の確認、一時保護、立入調査若しくは質問の際、必要があると認めるときは、警察官の援助を求めることができるとする規定（一〇条）が置かれた。

児童相談所に強権的介入の権限が集約されているので、その内部に迅速・的確な判断をなしうる手続過程がきちんと整備される必要がある。より長期の介入的措置の必要性の判断をなす段階では、外部の教育・治療、各種の保護機関、警察等と連携した評価委員会等が組織される必要があろう。児童相談所が援助的姿勢から対決的姿勢へと転換を迫られる場合、そのジレンマに悩むという点も指摘されており、その段階で、裁判所の判断をあおぐことも考えられてよい。今後の課題である。児童福祉法第二九条が規定する立入調査権は、保護者の意思に反し、施設入所の措置をとる必要が認められる場合に限定されていたのを広く児童虐待のおそれがある場合になされうるとした点に法の意義を認めうる。

(d)　**保護者に対する指導・規制**

児童虐待を行った保護者に対して児童福祉司の指導の措置が採られた場合には、その指導を受けることを義務づけ、保護者がその指導を受けない時は、都道府県知事が指導を受けるよう勧告することができると規定した。第一二条は、児童福祉法第二八条の規定により、施設入所の措置がなされた場合には、児童相談所長や児童を入所させた施設の長は、児童虐待を行った保護者について児童との面会又は通信を制限することができることを規定した。

また、入所措置解除後の虐待の再発を避けるために、都道府県知事は、入所措置解除の際には、指導を行うこととされた児童福祉司の意見を聴かなければならないとされた（一三条）。

(e)　**親権喪失制度の活用**

第一五条に、民法に規定する親権喪失の制度は、児童虐待の防止及び児童虐待を受けた児童の保護の観点からも、適切に運用されなければならないとの注意規定が置かれた。

児童の保護に対する保護者の妨害をできる限り排除し、児童の救済を図るための規定であるが、自覚のない保護者に対しては、より強力な刑事司法による介入が必要とされよう。

より強力なシステムの構築に向けて、家庭が児童を適切に養育する機能がより脅かされつつある現在、社会が児童を保護する体制はより強化される必要がある。法の規定のみによって達成されるものではなく、社会の人々全体が児童保護の視点をもつことによって、大きく前進するものであると考えられる。そのためにも、絶えざる啓発活動が要請される。通報義務違反に罰則を規定しなくても、イギリスにおけるように、児童に接する専門家が十分にその責任を自覚することによって発見も促進されるであろう。虐待が疑われる場合もまず通報すべきことの行政指導が綿密なマニュアルの提示とともに行われる必要がある。

② 改革の方向性

福祉的アプローチの強化のためには、十分な熱意と行動力をもったソーシャルワーカーの育成と適切な配置が特に要請される。全国に行き渡らせるために、国家的対応がなされてよい。

平成一五年一月に出された日本子どもの虐待防止研究会の「児童虐待防止法・児童福祉法改正への提言と意見」では、主に、

・国家の責務を拡充し、児童相談所等関係機関の人材の確保に加えて、「施設、職員、里親等の配置の充実」をあげ、被虐待児童と虐待親への援助の強化、地域格差の是正、「民間団体の充実」をなすべきことを課題として挙げた。

・児童福祉司の配置基準の改正、その他の職員の充実、一時保護所の整備・充実、委託費の増加

・児童保護に関係する機関の連携、情報提供、秘密保持協力義務の明定
・防止法五条を「虐待を受けている児童」から「虐待を受けているおそれのあると認められる児童」に改めること
・立入調査において、安全確認等に必要な場合、裁判所の許可を求めて開錠しうること
・親権の一部停止等、柔軟で多様な制約方法を認めること
・親子分離の手続きの適正化のため、福祉法二八条審判後も裁判所の関与を求めること
・親の通信面会制限を一時保護等にも認めうるものとすること
・児童福祉施設内での児童の人権擁護のための規定、体罰の禁止の明定
・親権における懲戒権の見直し
・虐待防止の施策推進のための中央専門家会議の設置
・虐待に関する情報の集約と管理

等が挙げられている[6]。

多くは、施設増設や、人員の増加等、行政施策の充実を望むものであるが、児童の人権擁護のための法改正提案をも含んでいる。児童保護に実質的に取り組み得るシステムの充実とともに、法改正によって、国民の意識そのものを変えることによって、さらに、福祉的対応策も充実するものと思われる。

四　刑事法規制の課題

(1)　予　防

(a)　一般予防効果　刑罰の役割は、まず、その一般予防効果にある。児童虐待にあたる事実は、多くは犯罪を構成するにかかわらず、ほとんど刑事的介入の対象とされてこなかった。虐待致死事案になってはじめて、刑罰が科せられている。

筆者の所属する女性犯罪研究会が行った女性殺人事例の調査（昭和五一—五五年に、東京高裁管内における殺人・傷害致死の第一審判決例三二五例を対象とした）においては、三二六例の内一一例（三・五％）がいわゆる折檻殺であったが、その過半は執行猶予判決を受けており、実子殺は他の類型に比し一般に量刑は軽いといえるとしても、子どもの受けた痛手に比べて軽すぎるという感を免れない。(7)

しかし、近年、三歳児の放置虐待の事例に対し、両親に殺人の未必の故意を認め、懲役六年を科した判決（山形地裁平成一四年一二月一四日）が出されるなど、ようやく、裁判所の児童虐待に対する厳しい対応も見られるようになった。(8)

ずっと増加しつづけるかに見えた虐待によって死亡する子ども達の数も、平成一四年になって、大幅に減少した。傷害の事案も減少している。少子化の影響もあろうが、顕在化は促進していると思われるので、虐待問題への意識の変化がようやく浸透しつつあることの効果かと思われ、より一層の効果が期待される。(9)

(b)　虐待傷害罪・虐待致死罪　虐待致死のような場合は、殺意はなく、懲戒権との境がつけにくい点、女性の場合、男に捨てられ、生活に追われながらの育児の困難さを参酌され、また、他の子どもの育児をしなければならない等の事情が、厳罰を科しにくい事由となっているものと思われるが、近年身勝手な親達も増加しているとの懸念もあり、厳重な処罰による一般予防効果の達成も考慮されてよい。子どもを健全に育成することは、保護者に課せられた重大な義務であり、それに反し、虐待の結果、死をもたらすような行為は、通常の暴行・傷害罪より、より重い罪責を負うといわねばならない。長期に渉る虐待行為は一回の傷害や傷害致死で評価できない部分があり、保護者による児童への虐待傷害罪や虐待致死罪を新設し、傷害罪や傷害致死罪の加重類型として規定することによって、規範意識を高めるインセンティブとなる可能性を認めうる(10)。

(c) 性的虐待　性的虐待については、一九九九年五月に「児童買春、児童ポルノに係る行為等の処罰及び児童の保護等に関する法律」が成立し、性的自己決定能力が未熟な者に対する性的濫用行為の刑事規制が強化された。

しかし、家庭内の性的虐待の場合、特に顕在化が困難であり、刑事規制はおよぼしにくい。顕在化が困難なのは、性的虐待の場合は身体的外傷がなく、被害児がその事実を隠そうとすること、その結果として長期化するため子ども自身が「性的虐待順応症候群」といわれる様々な性格的・心理的特徴を発達させること、性的虐待を生じる家族や親には、一見普通の幸せそうな家族が含まれること等によるとされる(11)。

しかし、姦淫にいたらない幼児に対するわいせつ行為も、心的外傷後ストレス障害、自己に対する罪悪感・劣等感、人間不信をもたらし、時に、家出、シンナー吸引等の問題行動に発展し、成長後は、多重人格障害等の深刻な人格障害を引き起こす恐れが多いという(12)。

わが国において、性的虐待事例として児童相談所が介入したケースは、実父や継父・養父によって性交の対象とされていた一〇歳から一七歳の女児が殆どであるが、今後、幼児に対する性的虐待行為も顕在化が図られ、処罰の対象とされることが、一般予防効果を上げる点で肝要と思われる。

女性犯罪研究会が一九九四年に行った児童相談所が介入したケースの調査において、性的虐待事例は、児童虐待例四一九例の内三五例存在したが、被害児女児が三四例、実父によるものが一八例（五一・四％）であった。被害児に不登校・怠学、家出、非行等の問題行動が出現しているものが一〇例あり、被害児本人が警察等に訴えて虐待が顕在化したケースが八例見られ、教護院（現在の児童自立支援施設）に送られたケースが六例ある。[13] このように、被害児が非行少年として扱われ、加害者に何の咎めもないのは、不当な感を免れない。

近親姦は、わが国においてもタブー視されている行為であるが、刑法が処罰していないのは、旧刑法制定の過程で、ボアソナードの忠告により、「法は家庭に入らず」の原則が貫かれて以来とされる。しかし、性解放の進んでいるとされるスウェーデンにおいても、近親姦の処罰規定を置いており、一八歳未満を対象とする時は、特に重く処罰されるべきこととされている。[14] 中谷瑾子は、昭和四八年四月四日の尊属殺違憲判決の事案が深刻な近親姦例であった点、また、被害児を施設に保護しても親権を盾に執拗に引取りを要求するケースをあげ、これらの場合には、既に家庭は崩壊しているのであり、このような父親は刑事罰の対象とすべきことを主張している。[15]

一三歳未満の児童に対しては、強姦罪・強制わいせつ罪が成立するが、親告罪であるため、法定代理人が加害者である場合は、刑事訴訟法第二三二条に基づき被害児の親族に告訴を期待するしかない。被害児が外部に被害を訴えやすい状況をつくるとともに、公的機関が告訴を代行しうる機構を確立することが望まれる。二〇〇〇年五月に成立した「犯罪被害者対策に関する二法」により、性犯罪に対する告訴期間の制限が撤廃され、被害児本人が成長してから被害を訴えることもある程度可能になった。また、証人尋問に際して、ビデオリンク方式や、傍聴人や被告人との間に遮蔽をおくことを認めること、証人に対する付添い人を認めることという改正がなされ、法廷において、児童の証言のもとに、審理を行いうる態勢が整えられたことから、この種の事案に対する刑事罰が厳格に科され、規範意識の覚醒が図られることが期待される。

一三歳以上の児童の場合も、未だ自立能力がないため、保護者による性的虐待の被害に会いやすく、またその被害も深刻である。児童福祉法第三四条一項六号が「児童に淫行をさせる行為」を禁じているが、自ら淫行を行うことは含まれないと解されていた。しかし、保護者による性的虐待もそれに含めて解し、処罰を及ぼすべきものと考えられる。なお、改正刑法草案は、保護者による偽計・威力を用いた一八歳未満の女子に対する姦淫行為の処罰規定（三〇一条一項）を置いている。

(d) **非親告罪化**　児童に対する保護者による性的虐待の場合、告訴があまり期待できないことから、保護者による児童への性的虐待罪を新設し、親告罪の扱いから外すことも検討すべきである。林弘正も性的虐待に対する構成要件の新設を提言している。性犯罪全体の刑事規制を実効化するために性犯罪すべてを親告罪で無くすることも検討されるべきものと思われる。

児童虐待の具体的な予防の対策は、地域における育児支援等の行政施策に委ねられるべきものであるが、現在は、警察が地域住民の状況を把握しうる位置にある。児童虐待は容易に起こりうるのだという視点で、予防の段階から連携が図られることが望まれる。虐待の結果が疑われる致死傷事例等を扱った場合には、他の子への再発予防のため、児童相談所への通告を行うというような対応が必要であろう。

(2) **発　見**

児童福祉法（昭和二二年法一六四号）第二五条は、要保護児童発見者は福祉事務所または児童相談所に通告する義務を定めている。しかし、これには発見者が通告を怠っても罰則規定がないため、実効的でないとされている。近年、児童相談所に対する相談数も飛躍的に増大しているが、イギリスと比較しても、その数は著しく少なく、幼児の死亡例の中にも、虐待によるものが隠されている懸念も存在する。

早期発見のために、罰則付きの通告義務を規定するかについては議論がある。

日本刑法学会の大会において「児童虐待と刑事規制」のテーマでワークショップを主催してきた安部哲夫は、アメリカの通告制度の問題点を自覚しつつも、日本の児童虐待の顕在化に資するため、新たな通告制度の検討の必要があると説いている(16)。

日本子どもの虐待防止研究会（JaSPCAN――児童虐待への日頃の取組みをする実務家・研究者の集まり）は、一九九六年一〇月、時の厚生大臣に対して「児童福祉法等の改正への要望書」を提出したが、児童福祉法二五条一項において、通告先を児童相談所一本にしぼること、二項において、列挙した専門職に対する通告義務、三項において、守秘義務違反については、その責任を負わず、通告内容が事実に反していた場合の民事・刑事上の責任を免責することを規定するように提案している。しかし、通告義務違反に対する罰則は当分見合わせるべきだとした(17)。

「児童虐待の防止等に関する法律」は、児童虐待の早期発見のための措置として、次の条文をおいた。

第五条　学校の教職員、児童福祉施設の職員、医師、保健婦、弁護士その他児童の福祉に職務上関係のある者は、児童虐待を発見しやすい立場にあることを自覚し、児童虐待の早期発見に努めなければならない。

第六条　児童虐待を受けた児童を発見した者は、速やかに、これを児童福祉法第二五条の規定により通告しなければならない。

二　刑法の秘密漏示罪の規定その他の守秘義務に関する法律の規定は、児童虐待を受けた児童を発見した場合における児童福祉法第二五条の規定による通告をする義務の遵守を妨げるものと解釈してはならない。

「児童虐待の防止等に関する法律」は、児童虐待を発見しやすい位置にいる専門職に対して、特に早期発見義務を規定しているが、懈怠した場合の罰則は定めていない。また、守秘義務違反についての免責は定めているが、誤って通報した場合の刑事上・民事上の免責は定めていない。そして、アメリカの諸州では、「虐待を受けているおそれのある児童」としているのに対し、本条においては、「虐待を受けた児童」としているため、確信に到らなければ、誤報をおそれて、通告しないことが考えられうる。しかし、第七条に、通告を受けた児童相談所・福祉事務所の職員の守秘義務を定めているので、この段階で十分な調査と危険性に対する正確な評価がなされる保障があるなら、誤った通報に対する責任を問われる危険は少なくなるであろう。

アメリカの児童虐待通告制度の問題点として、①報告を義務づけられた人が、治療関係にある患者との信頼関係を破ることになるという点で、葛藤状態に陥るということ、②報告の増加のため、これらの報告を処理する余力がないことに、ソーシャルワーカーが苛立っているとされること等が指摘されている[18]。イギリスにおいては、通告義務は規定されていないが近隣の人たちが周囲に気を配ることによって、また、関係諸機関の連携プレーによって、通告は実効的になされているとされる[19]。

わが国において、この法律の制定により、早期発見の実効化がはかられるかは、定かでない。専門家に罰則を科すアメリカでは、虐待を見逃せばライセンスの剥奪で死活問題になりかねないので、子どもの状態に敏感に反応するのであり、努力規定では、どれだけ効果があがるか疑問だとする意見も述べられている[20]。

実効化の鍵は、人々の意識の変化である。小児外科や、保育所・学校等には、児童虐待の問題に絶えず目を向ける委員会等を組織して疑わしいケースの検討を行い、通報等の妥当な措置がとられるような体制が整えられることが望ましい。今後の運用の成り行きを見定めて、検討がなされるべきである。

(3) 評価――体罰としつけ

家庭内のひどい暴力行為もしつけの名のもとに行われることが多い。学校教育法第一一条は、校長及び教員の学生・生徒等に対する懲戒権を規定しているが、「ただし、体罰を加えることはできない」という但書きを置いて、身体的暴力の行使を禁止している。しかし、民法八二二条一項は、「親権を行う者は、必要な範囲内で自らその子を懲戒し、又は家庭裁判所の許可を得て、これを懲戒場に入れることができる」とのみ規定し、体罰禁止の但書きをおいていないため、折檻の名のもとにかなりの身体的暴力が許容されるような印象を与え、また、そう主張されることになる。また、「法は家庭に入らず」の原則も手伝って、家庭内の日常的な暴力が野放しになっているという現状がある。スウェーデンでは、一九七九年に、フィンランドでは一九八三年に、ノールウェイでは一九七八年に、親権者の体罰付加の権利を廃止している[21]。

「児童虐待の防止等に関する法律」は、第一四条に次の規定をおいた。

① 児童の親権を行う者は、児童のしつけに際して、その適切な行使に配慮しなければならない。

② 児童の親権を行う者は、児童虐待に係る暴行罪、傷害罪その他の犯罪について、当該児童の親権を行う者であることを理由として、その責を免れることはない。

民法上の懲戒権は、暴行罪、傷害罪その他の犯罪の法令に基づく違法性阻却事由と解されていたが、虐待にあたる行為は、違法性を阻却しないことを明記した点で一歩を進めたものといえる。ＤＶ対策においても、日本では立遅れが指摘されている。家庭内における暴力行為は、特に幼児には、死活問題となるため、厳重な刑事規制が要求される。

(4) 救　済

(a) 一時保護――児童福祉関係者と警察・検察との関係通告後の処理方法として、「児童虐待の防止等に関する法律」は、次の規定を置いている。

通告や送致があった場合、児童相談所長は、速やかに、当該児童の安全の確認を行うように努めるとともに、必要に応じ、一時保護を行うこと（八条）、児童虐待が行われているおそれがあると認めるときは、都道府県知事が、身分を証明する証票を携帯した児童委員又は児童の福祉に関する事務に従事する職員をして、児童の住所又は居所に立ち入り、必要な調査又は質問をさせることができる（九条）とする規定が置かれた。そして、児童の安全の確認、一時保護、立入調査若しくは質問の際、必要があると認めるときは、警察官の援助を求めることができるとする規定（一〇条）が置かれた。

英米においては、このような立入調査・一時保護という強権的な措置を行う場合は、裁判所の令状または判断が必要とされる。わが国においては、あくまで福祉的介入であるとして行政権限に委ねられている。しかし、濫用されれば著しい人権侵害を生じうる強権的な措置を行うのであるから、その判断には、正確性・客観性が特に要求されることは、いうまでもない。一方で、児童を早期に保護するためには、児童虐待に対する専門的知識・経験に基づいた的確な判断が要請される。児童相談所にその権限が集約されているので、その内部に迅速・的確な判断をなしうる手続過程がきちんと整備される必要がある。より長期の介入的措置の必要性の判断をなす段階では、外部の教育・治療、各種の保護機関、警察等と連携した評価委員会等が組織される必要があろう。児童相談所が援助的姿勢から対決的姿勢へと転換を迫られる場合、そのジレンマに悩むという点も指摘されており、その段階で、裁判所の判断を仰ぐことも考えられてよい。虐待者に対する刑事訴追を進行させつつ、児童の保護をはかることによって、スムースに保護がなされる場合もあるであろう。児童福祉関係者と警察・検察当局との連携が円滑に行われる必要がある。

警察官の援助については、児童虐待は多くは犯罪を構成する行為なのだから、当然、警察の職責と重なり合うものである。警察に通告がなされることも多く、虐待に関する相談も増加しているとされる。しかし、子どもの養育権・監護義務は親権者に属しており、子どもにとっても、親元で、暖かく育てられるのが最大の利益であることに変わりなく、まず、刑事的介入よりも福祉的アプローチによる援助等によって家庭の修復が計られることが最善と考えられているのである。「法は家庭に入らず」の原則も警察の関与が手控えられてきた理由と考えられる。しかし、子どもの生命・身体という重要な法益が家庭内で危険に晒されているのだから、特に慎重な対応が必要とされる。従来も保護者の暴力的行為が予想される場合等、警察の実力的援助が要請されてきたが、より強力な保護態勢を整えるための注意規定と第九条は考えられる[22]。

虐待を受けている子どもを現実にどのように救済するかについては、子どもの最善の利益を図る方向で検討がなされねばならない。保護者に対する援助・指導等によって修復可能ならば、福祉的・治療的介入による対処ができるだけなされねばならない。

しかし、保護者が親権をふりかざすなどして、虐待の継続の危険性が絶たれない場合には、親子分離をし、親権喪失の申立てをなすなど強権的措置が必要とされる。児童福祉法第二八条は、保護者が施設入所に同意しない場合に家庭裁判所に承認を求める手続きを定めているが、従来の児童相談所介入例では、ほとんどこの手続きによらず、児童相談所の粘り強い説得によって保護者の同意をとりつけ、施設入所措置がなされてきた[23]。また、子どもにとっては唯一の存在である親の親権を将来にわたって喪失させてしまう申立ても、その重要性に鑑み、躊躇される傾向にあった。そのため、施設に入所させても、保護者の不当な引取要求等に悩まされ、実質的保護が図れないと言う指摘がなされていた[24]。

(b)　ケア受講命令

また、子どもに対する治療的介入と同時に、その幸せのためには、家庭の再統合がはかられることが望ましく、親に対して働きかけ、親が変わるような方策が必要であり、「ケア受講命令」のような強権的措置が行えるようなシステムの構築の必要が説かれていた(25)。

第一一条は、児童虐待を行った保護者に対して児童福祉司の指導の措置が採られた場合には、その指導を受けることを義務づけ、保護者がその指導を受けない時は、都道府県知事が指導を受けるよう勧告することができると規定している。

第一二条は、児童福祉法第二八条の規定により、施設入所の措置がなされた場合には、児童相談所長や児童を入所させた施設の長は、児童虐待を行った保護者について児童との面会又は通信を制限することができることを規定した。

また、入所措置解除後の虐待の再発を避けるために、都道府県知事は、入所措置解除の際には、指導を行うこととされた児童福祉司の意見を聴かなければならないとされた（第一三条）。

そして、第一五条に、民法に規定する親権喪失の制度は、児童虐待の防止及び児童虐待を受けた児童の保護の観点からも、適切に運用されなければならないとの注意規定が置かれている。

救済の方法については、特に従来の手続きを変更せず、運用面の強化をはかる方策を規定したにとどまる。児童にとっては、家庭の修復が最善の利益であり、また、虐待の生ずる家庭の多くは、種々の問題を抱えた家族であることから、援助を必要とする弱者と虐待者自身が捉えられるため、児童保護の過程での刑事的介入は予想されていないように見える。しかし、弱者であるがゆえの犯罪もありうるのであり、児童虐待行為の多くは犯罪を構成する。刑罰は刑務所に入れることのみではなく、種々の態様のものを考えることが出来、保護観察処分の遵守事項として、「ケア受講命令」を発することも可能であろう。福祉犯として、家庭裁判所の管轄とし、刑罰に代替する処分として、家庭の修復に最も必要と考えられる処置を科すことも考えられる。それが、虐待者自身が変わらねばならないという強力なインセンティブになりうると思われる。刑事規制を背景として、より強力な児童保護のシステムを構築しうると思われるのである。

五　おわりに

福祉関係機関と刑事司法関係機関の連携は、困難な面があろうが、戦後、家庭裁判所少年部は、司法機能と福祉機能の調和を目指して発足した。家庭の問題にパレンスパトリエ理念（国親思想）に基づいて強権的に介入するのが、家庭裁判所の使命である。児童が危険にさらされ、保護者にその自覚がない場合、まず、児童の保護が急務となる。

予防のためにも、その地域に生まれた子どもをすべて把握して、若年の両親等、危険因子をもつ場合には、生まれる前からの育児指導、育児支援、フォローアップが福祉サイドからなされる必要がある。そのためには、地域の子どもをすべて把握しうる保健所・児童相談所の設置が急務である。絶えざる啓発等の活動によって、地域の人々の意識が、すべての子どもの虐待を許さないという連帯感へと変わっていくことが望まれる。虐待の疑いがある場合は、誤報を恐れず、通報することが常識化されることが要請される。

実質的な子どもの保護のためには、子どもを引き離すだけではなく、家庭環境の修復が大事であり、そのためのインセンティブとして、刑事司法による介入もその背景として要請される。刑罰の威嚇により、加害者の自覚がもたらされうる。実質的な子どもの幸せのために、適切な連携がなされることが、肝要である。

（1）Neil Gilbert ed. "Combatting Child Abuse : International Perspectives and Trends" Oxford Univ. Press. 1997, p.145.

（2）「改正少年法と児童福祉法との関係について」（昭和二三年一二月二八日厚生省児発第八九七号、各都道府県知事宛厚生省児童局長通牒）（児童福祉法研究会編『児童福祉法成立資料集成』（ドメス出版、一九七八年）下四二一頁所収）。
（3）児童相談所拡充五ヵ年計画案（昭和二三年）（児童福祉法研究会編『児童福祉法成立資料集成』（ドメス出版、一九七八年）下六二一頁所収）。
（4）柏女霊峰『児童福祉改革と実施法制』（ミネルヴァ書房、一九九七年）六七頁以下参照。
（5）子どもの権利条約については、許斐有『子どもの権利と児童福祉法』（信山社、一九九六年）等参照。
（6）JaSPCANニューズレター一四号（二〇〇三）三頁以下。
（7）中谷瑾子編『女性犯罪』立花書房、一九八七年、二八二頁以下。
（8）河北新報平成一四年二月一四日朝刊より。
（9）平成一四年の被害児童は三九人で、前年に比し二二人減少した（警察庁生活安全局少年課『少年非行等の概要（平成一四年一～一二月）』三九頁）。
（10）安部哲夫「刑事的アプローチ」萩原玉味・岩井宜子編『児童虐待とその対策』多賀出版、三〇〇頁以下は、児童虐待罪の新設を提案している。
（11）西澤　哲『子どもの虐待』誠信書房（一九九四年）。
（12）小西聖子「精神医学・心理学から見た児童虐待の病理」萩原玉味・岩井宜子編『児童虐待とその対策』多賀出版、一七七頁以下（一九九八年）。
（13）岩井宜子・宮園久栄「児童虐待問題への一視点」（犯罪社会学研究二一号、一九九六年）一六三頁。
（14）スウェーデン一九八四年改正刑法四条、中谷瑾子「スウェーデンの性刑法の改正と性モラル」研修四七〇号一五頁。
（15）中谷瑾子「児童虐待と刑事規制の限界」団藤重光博士古稀祝賀論文集三巻二四七頁（一九八四年）。
（16）安部哲夫：前掲注（10）論文。
（17）日本子どもの虐待防止研究会「児童福祉法等の改正への要望書」日本子どもの虐待防止研究会第三回学術集会プログラム・抄録集一一五頁以下。
（18）Ruth Lawrence-Karski "United States-California's Reporting System" in Neil Gilbert ed. "Combatting Child Abuse :

International Perspectives and Trends" Oxford Univ. Press, 1997, p.20.

(19) David Berridge "England-Child Abuse Reports, Responses, and Reforms" in Neil Gilbert ed. op.cit. p.72.

(20) 保坂渉「虐待防止法成立は救世主となるのでしょうか」JaSPCANニュースレター一〇号八頁。

(21) Neil Gilbert ed. op.cit. p.145.

(22) 警察との連携については、第五回児童虐待防止研究会学術集会分科会報告「子ども虐待の対応における警察との連携を考える」子どもの虐待とネグレクト二巻一号（二〇〇〇年）四二頁以下参照。

(23) 岩井宜子・宮園久栄：前掲注（13）論文。

(24) 日本子どもの虐待防止研究会「児童福祉法等の改正への要望書」日本子どもの虐待防止研究会第三回学術集会プログラム・抄録集一一五頁以下。

(25) 葛西あき「家族救済のための政策的介入」岩井宜子編『児童虐待防止法』尚学社、二〇〇二年、九〇頁以下参照。

4　民事法的観点からの児童虐待防止の検討

木幡文徳
専修大学法学部教授

一　はじめに

ここでは、現に児童に対する虐待がなされている場合に、その虐待を排除し、あるいは虐待を受ける状況から児童を保護する手だてについて民事法的観点から検討する。「児童虐待の防止等に関する法律」（以下、「防止法」または「児童虐待防止法」と略記することがある）によれば、この法律の対象とする児童虐待とは、保護者（親権者・未成年後見人等で、児童を現に監護する者）による、その監護する児童（一八歳未満の者）に対する虐待行為を意味するものとされている（防止法二条）。もっとも、防止法三条では、何人も児童を虐待してはならないと定めており、虐待の禁止の要請は、保護者にとどまるものではない。しかし、虐待する者が虐待されている児童の保護者である場合は、その保護者と児童との間は何らかの権利・義務関係で結ばれているところに特色が見られ、児童への虐待の排除・防止については、必然的に、この権利義務関係に対する「干渉・介入」が必要になるものと考えられるのである。そこで、この「干渉・介入」は公的機関による公権力の行使により行われることになるので、その手続や制度の公正・適正が求められることとなる。つまり、民事法的観点から虐待防止を考える場合には、我が国の現行法上この保護者等と虐待を受けている児童との法的関係がいかなるものであるかを理解・検討し、その権利・義務の変更・消滅を配慮し、必要があれば新たにその児童を保護すべき者との間に権利・義務の関係の発生を考慮すべきこととなる。このことは、具体的には、一時的あるいは恒久的にこの保護者から虐待されている児童を引き離し、より適切な環境に児童を措置することを意味する。

虐待されている児童を保護者から「強制的」に引き離す手続きとしては、

①　監護者の指定・変更（民法七六六条二項）
②　親権喪失宣告（民法八三四条）
③　親権者の変更・親権者の指定（民法八一九条）
④　後見人の解任・選任（民法八四五条・八四一条）
⑤　普通養子縁組・離縁（民法七九二条以下）、特別養子縁組（民法八一七条の二以下）
⑥　親権等の一時停止と代行者の選任等（家事審判規則五二条二項等）
⑦　児童相談所長による一時保護（児童福祉法三三条）
⑧　親権者の同意が得られない場合の、児童相談所の、家裁の承認による施設入所、里親委託等（児童福祉法二八条）
⑨　人身保護請求（人身保護法二条）

などが挙げられる。このうち①―⑥は民法に規定する親権・後見とその内容である子に対する身上監護権の帰属と変更の問題として、子の保護に関する権利を誰が有すべきかという問題として扱われることとなっている。

他方、⑦、⑧は、行政機関による子の保護として行われるものであり、この場合にはこの保護をめぐって、その行政機関と親権・後見の権利の衝突・調整が問題となる。そして、⑨は被虐待児を現実に子を拘束し虐待する者から解放する手続きとして適用されるものであり、権利の帰属・内容が問題となる①—⑧とは論点が異なる。

さらに児童を虐待していた保護者が暴行罪、傷害罪、保護責任者遺棄罪などの犯罪にあたるものとして刑事告訴を受け加害者として逮捕された場合にも、事実上分離状態が生ずるし、その虐待が精神病によるものであるときは、「精神保健及び精神障害者福祉に関する法律」による措置入院を行うことも結果的に虐待者と被虐待者である児童を引き離すこととなる。

そこで、本書では第Ⅲ部において、より具体的に子の保護に関する施策を実施する各機関から実状が説明されることが予定されているので、ここでは、総論的に親権・監護権を軸にして、主に先にあげた①から⑧までの施策について検討を加えておくこととする。

二　親権・監護権の基本概念

民法八二〇条は、「親権を行う者は、子の監護及び教育をする権利を有し、義務を負う」と規定する。これは、親権者となる者は、子を社会の一員として活動できるようになるまで、これに一定の保護を与え、社会に適合できるように教育することになるが、そのことを他人からの干渉を受けずに原則として親権者自身の判断に基づいて行うことができるということを意味する。つまり、他からの不当な干渉があった場合にはこれを排除し、正当な理由なく他人が親権の対象となっている子を連れ去るなどの行為がなされた場合には、これを自己の支配下に置くべく取り戻すことができることになる。子に保護を与え教育するにはある程度の拘束が必要となるが、何人にもその拘束が許されるのではなく、親権者には子の人身に対する拘束が親権の内容として許されるとされるのである。

他方、この規定は親権は義務でもあるという。そこで、この義務についての理解について、様々にわかれることとなる。

①　公的義務説――ここにいう義務は社会・国家にたいする義務であるとするもので、この考え方によれば、論理的には、親権者がこの義務を履行していない場合に親権喪失について検察官に宣告請求権が認められているのはこのことによると理解される(1)。

②　私的義務説――公的義務説に対して、多くの学説はこの義務は親の子に対する私的義務であると解している(2)。このように解するとしても、その不履行があった場合にその請求をする方法があるかどうかで見解が分かれる。

また公的義務と私的義務の両方の性質をもつという折衷説もある(3)。

ところで、親権については、子の利益・福祉、いわゆる英米法のベスト・インタレスツ・オブ・ザ・チャイルド（best interests of the child・子の最善の利益）にそって行使されるべきものであるとの見解がとみに強調され、一般的理解として支持されるところともなっている。この立場から親権の権利性を否定し、八二〇条は親権が権利ではなく義務であることを規定したものと理解し、同条にいう権利は結局「権限」を意味するものと理解すべきであるとするものがある。このように解することにより、親権喪失宣告は子に対する親の債務不履行にその根拠が求められ、不適任者の解任がその実態であるとされ、解任はその虐待などの親による正当な親権行使がないときに、その不作為を含む親の行為について故意過失を問うことなく親権喪失の請求ができるものと解することが可能となり、不当な扱いを受けている子に対してより適切な保護者を与える措置が取り易くなるとするのである(4)。

また我が国においては、親権には、未成年の子の財産管理権と監護権の二つの権能が含まれているものとされている。そこで財産管理権については、子の法律行為について同意を与え代理行為を行うことが中心となるのに対し、監護権はもっぱら子の保護にあたる権利であると理解され、その内容は監護教育・居所指定権、懲戒権、職業許可権がその内容であるとされている。しかし、一見明瞭であるかにみえるこの二つの権限の領域は、例えば未成年者が医療行為を受ける際の親権者による代理契約のように監護権に基づく代理行為であると理解されるべき場合があることに端的に示されるように、両者が截然と分離できるのかが必ずしも明確ではないことが指摘される[5]。そして、親権を財産管理権からは切り離して子の監護・教育のために必要な権能のみを監護権として純化して構成すべきことが主張されている。この点での親権についての理解を整理した上で子の虐待などの子に対する適切な監護のあり方について法的整備を行う必要がある。

さらには、親権を行使する際の親権者・監護権者と国家との関係も基本的な問題となる。つまり最終的には保護の必要な子について国家（裁判所・行政機関）が最終的保護者として責任を持たなければならないし、その保護措置をとる権利を有しているとする英米法におけるいわゆるパレンス・パトリエ（Parens Patriae・国親思想）[6]と同様な考え方を我が国の親子法の基本原則にすえて解釈・適用を行うことが可能かどうかも検討されねばならない。すなわち国家が、親権者・監護権者の子に対する行為に対して干渉・介入するのはいかなる根拠によるのかが、今日でも必ずしも明らかではないものと解される。後に見る虐待を受けている子の児童相談所による保護の際にみられる措置のように、児童福祉法においては保護者たるべき者が適切な保護を与えない場合には、国家がその任を果たすとの原理である「国親思想」の展開と見るべき規定があるが[7]、それが民法の規定についても一貫した法構造となっているかどうか、またそのように考えるべきかが検討課題とされるべきなのである。

この点について若干私見を述べれば、従来我が国においては、戦前においては封鎖的な「家」観念の存在を前提として、家父長的観念に支えられた親権概念が形成されてきていたものと考えられる。そこでは、親権の持つ排他性が極めて強く主張され、他人はもちろん国家の干渉も例外的なものと観念されていたものと思われる。つまり子の保護を含めて家族員の保護は少なくとも理念的には「家」内部の問題として囲い込まれていたものと理解される[8]。戦後に現行法が作られ家族法は転換を遂げ、民法でも家庭裁判所が一定の場合に関与し得る規定が置かれているが、家庭裁判所のこの関与が親権者の親権といかなる関わりをもつのかは明解な意味を持つまでには整理されては来なかったのではないかとの感想を抱くのである。つまり、家族についての家庭裁判所の後見的機能が説かれるのだが、その後見的機能の根拠は必ずしも明確にはされてこなかったのではないかと思われる。つまりこの点では、従来の親権についての基本的理念、つまり排他性を強調する親権概念を前提として法の適用・運用が行われてきたものと思われる。そこでは親権者のもつ親権への尊重が基本とされ、他からの干渉はでき得る限り抑制されるべき例外的事象と理解されるべきものとされる。ところで、我が国においてこのような親権の理解は、法構造的には、家概念を前提とし、家父長的観念を前提としたものであり、一方では、理念的にも、現実にも、少なくとも現在よりは家族に対して保護的機能を期待できる広範な血縁的つながりの存在、あるいは地域社会の存在によって支えられてきたものと考えられる。しかし、現在のように大半の家族が核家族として社会といわばむき出しの形で向かい合っている状況では、このような親権の理解はもはや根拠のないものといわねばならない。先にも述べたように親権は子のための親権でなければならないのであり、親のみが行使できるものとされるべきではなく、他の者であっても適切に行使できる者がいるならばその者にその任に当たらせるとする柔軟な考え方をすることが重要である。したがって、今日では、我が国においても、パレンス・パトリエ的観念を基本とする方向で国家も積極的に指導性を発揮し、法政策を実施し、法解釈・適用もおこなわれるべきものと考える。

このように、子の監護という観点から、民法上の親権にかんする規定を中心とする基本的概念について見た場合に検討すべき事項は多々あり十分整備された状況にあるとはいえないものと考える。しかしこのような状況にあっても、近時、この問題に関心を持つ学者・実務関係者の努力により、子の福祉の立場に立った法の解釈・適用の蓄積が形成されつつあるのが現状であると考えるが、現在の法状況を理解した上で、子の虐待防止と適切な保護措置についてもこれらの基本的理念を念頭におき、必要な場合には法の改正・立法へむけて検討を進めるべきである。

三　監護者の指定および監護についての相当な処分

民法七六六条二項では、「子の利益のために必要があると認めるときは、家庭裁判所は、この監護をすべき者を変更し、その他監護について相当な処分を命ずることができる」と規定している。そこで、この規定は、現実に子を監護状態においていて虐待をしている者から子を分離し、他の者を監護者として指定し、これに監護させる手続きの根拠となる。この手続きによる場合は、親権それ自体の帰属を問題とすることなく、子の監護の現状を変更することができ、「その他監護について相当な処分を命ずることができる」ものとされていることから、監護者の指定がなされた後の虐待を行っていた者の子へのアクセスについても具体的に制限を行うこと、例えば「当分の間、子と面会をしてはならない」等、柔軟な対応が可能であるとされている。

この民法七六六条二項には申立権者についての規定はおかれていない。したがって、申立てをする者が子といかなる関係にあるものかによってケースごとの検討が必要となる。

(1)　婚姻中の夫婦の一方からの申立て――婚姻が破綻・別居状態にあり、夫あるいは妻が子を虐待する場合には、虐待していない夫あるいは妻は自分のみを監護者と指定することを申立てできるものと解すべきであろう。離婚の際に、親権者が決定されることになるが、それまでには相当長期の時間を要することもあり、かといって、親権喪失の宣告を申し立てることには、いずれ離婚により決着がつくものとの配慮から躊躇が生ずることもあるので、このような申立ても応急的ではあるが認められてよいと考える。(9)

(2)　離婚後の父母の一方からの申立て――離婚時に監護者を決定することとなるが、その際、監護者とならなかった父母の一方は、他方が子を虐待しているとの理由をもっていつでも監護者の指定の申立てをすることができる。但し、子の監護者となった父母の一方が離婚の後再婚し、再婚の相手とその子が養子縁組をし、その再婚相手が子を虐待しているという場合は、やや複雑である。この問題は、本来親権の変更として扱われるべきであるが、養子縁組を維持したままで親権変更を認めることは難しいので、子の実親で監護者とならなかった親は、監護者の指定の申立てをして自己の下で子を監護する手だてを考えることになろう。(10)

(3)　祖父母など親族による申立て――例えば、親の一方が死亡し他方が単独親権者となっているときにその親が子を虐待しているとき、その子の祖父母あるいは叔父叔母などが自己を監護者に指定するよう申立てをすることができるか。この点につき、母の死亡後単独親権者となっていた父親から子を預かっていた祖父母が父親の引き取り要求に対して自分たちを監護者に指定するよう申し立てた事例で、「親権者の意思に反して子の親でない第三者を監護者と定めることは、親権者をして監護権を行使させることが子の福祉を不当に著しく阻害することになるような特段の事情がない限り、親権を害するものであって許されないと解すべきである」としたものがある。(11)これによれば、仮に子が虐待を現に受けているとするならば、子の福祉を不当に著しく阻害するような特段の事情がある場合にあたるであろうから、親でない第三者・親族を監護者と指定することもありうると解することができよう。

(4)　監護者である第三者からの申立て——第三者が子の監護者となる場合がある。親権者の監護委託による場合と親権者である父母が離婚の際に第三者を監護権者とする協議・調停・合意に代わる審判がなされている場合である。委託による場合はこれをいつでも解除することができるとされるが、これら監護者は第三者ではあるが、家裁におけるこの処分をめぐる調停・審判においては利害関係人として手続きに参加することができる。そこで、親による虐待が危惧される場合には自己を監護者として継続することあるいは、監護についての相当な処分を求めることができよう。また七六六条二項の監護権の指定の結果第三者が監護者として指定されていた場合は、この第三者から監護権を変更するには、さらに七六六条二項の手続きによるべきである。その際、家庭裁判所が子の利益・福祉を考慮して監護者・必要な処分につき判断すべきこととなる[12]。

(5)　児童福祉施設の長からの適当な処分の申立て——後に具体的に説明がなされるが、子どもの虐待をめぐっては、子どもが施設に措置されることが当然に起こってくる。その際、その施設ないしはその施設長と親権者の監護権の関係が問題となるが、必ずしも明確ではない。児童福祉法二八条により親権者の意に反して措置が行われたときは、保護者の監護権は停止し[13]、児童相談所の措置を根拠として施設長が監護権を有し、親権者の同意がある場合は、親権者の委託によって監護権を有しているものと解される。そこで、児童福祉施設の長は、親権者との間で、子の監護について意見を異にする場合、例えば、親が外泊を求めるが施設の長としては虐待も危惧されるのでこれを認めたくないといった場合に、家庭裁判所に、七六六条二項の子の監護に関する相当な措置を求めて申立てをなすことができるであろうか。本来、この問題は、家庭裁判所の司法判断がどの段階で、どのように関与すべきかという点から検討されるべきものである。したがって、民法その他の規定によって明確にすべきものであるが、現在そのような状況にはないので、先にも述べたパレンス・パトリアエ的立場から、できうる限り現行法を活用すべきであるとの立場から積極に解すべきである。

四　親権喪失宣告

1　親権喪失宣告の意義

民法八三四条は「父又は母が、親権を濫用し、又は著しく不行跡であるときは、家庭裁判所は、子の親族又は検察官の請求によって、その親権の喪失を宣告することができる」と規定し、児童福祉法三三条の六は「児童の親権者が、その親権を濫用し、又は著しく不行跡であるときは、民法八三四条の規定による親権喪失宣告の請求は、同条に定める者のほか、児童相談所長も、これを行うことができる」と定めている。さらに児童虐待防止法一五条も「民法に規定する親権喪失の制度は、児童虐待の防止及び児童虐待を受けた児童の保護の観点からも、適切に運用されなければならない」としている。子の虐待という観点からこれらの規定を見ると、子の虐待は、親権特に身上監護権の濫用にあたり、著しい不行跡ともなるので、民法八三四条所定の申立権者である親族、検察官及び児童相談所長の申立てにより家庭裁判所は親権の喪失を宣告することができるとされ、児童の虐待の防止・児童の保護について積極的にこれを活用すべきであるとの態度をしめしているものと解される。前述したように、親権は排他的・専権的性格を持つものであるから、親権者の子への監護を排除して親権者の子に対する虐待を止めさせるためには、その根拠となる親権を剥奪し子の監護に関する主張・実行を許さないようにして、子の将来にわたる利益を配慮した措置をとることが根本的解決につながるとも言えるからである。

しかしながら、従来この親権喪失宣告制度はあまり利用されては来なかったのである。(14) その理由としては、①虐待事件では最後の手段であると位置づけられてきたこと、②児童相談所の行う親権喪失宣告申立後のケースワーク業務の阻害要因となることが懸念されること、③親権喪失宣告それ自体によっては親子分離が具体化するわけではないこと、④親権剥奪は戸籍にも記載されるなど法的効果が重大であり、そのような結果を招来することには躊躇されること、⑤請求が認められたときの後見人の確保が困難であること、が挙げられ、児童虐待という問題について、親権喪失宣告は手段として重大すぎるとの指摘もなされる(15)。

私見としては、親権喪失宣告後の子に対する措置、例えば⑤に挙げられる後見人の選任に困難があることもその一つであるが、里親への委託、養子縁組などの子の将来に向けての適切な処置、他方で親権者への子に対する態度についての教育及びその成果の評価による子との再統合あるいは恒久的分離といったいわば将来へのプログラムとの関連で展望が持てない、つまりそれらのプログラムとの有機的関連性が法的にも制度的にも十分確立していないところに問題があるもの理解される。つまり親権を剥奪してはみたものの子のために次に打つ手が明快には定まっていないというのが実状ではあるまいか。例えば、子の虐待を理由に、児童相談所が関与して施設に子を措置した場合は、まず再統合への親の教育を行いその教育の効果が認められるときは再統合を許し、認められなければその段階で親権喪失の申立てがなされて後見人が選任され、その子の里親委託、あるいは特別養子縁組がなされるというように一定のプロセスの中に親権喪失宣告も位置づけられるべきものと考える。そして、それぞれの節目において例えば再統合を許すべきか否かの判断はこれを関係機関の意見を聞いて家庭裁判所が行うべきものとするなど、司法判断がなされるべき段階についても明確にすべきである。もっとも、このような手続きが確立したとしても、里親あるいは特別養子縁組を求める親が控えていなければ制度として機能し得ないことは言うまでもない。この点は、里親あるいは養子縁組というものに対する国民の理解・感情の問題でもあるので急激な充実は難しいのかもしれない(16)。

2　親権喪失宣告の問題点

(1)　申立権者――親権喪失宣告の申立権者は、子の親族、検察官、児童相談所長である。[17] この中で、検察官による申立ては一件が報告されているだけである。[17] 1で述べたような理由により児童相談所長による申立ても多くはない。[18] 児童相談所が基点となっておこなわれる虐待された子の監護について、再統合が好ましくないと判断される場合についてその子の将来にわたっての根本的解決を図っていくためにはどうしても必要なことでもあるのでより積極的活用が望まれよう。児童相談所としては、この申立てを基点にして後見人の選任を申し立て、さらには里親、養子縁組の手だてを考慮すべきこととなる。比較的近時のものとしては、三人の子に対して身体的・性的虐待を加えていた父親に対して児童相談所の所長による親権喪失宣告の申立てがなされ容認されたものがある。[19]

親権喪失宣告の申立ては、虐待を受けている未成年者自身が申立てをすることができるか否かが問題となり得る。現行の児童福祉制度の対象となるのは一八歳未満の者であるところから、親族が親である虐待者との関わりを恐れて申立てをしないことも考えると、本人が申立人となり親権からの解放を求めることができるとする実益もある。[20]

(2)　親の帰責事由――虐待を理由に親権の喪失を容認するためには、虐待を行うについて親の故意・過失といったいわゆる帰責事由を必要とするかが問題となる。子への虐待は、異常な事態でもあるので、親に精神的問題があり虐待行為がその精神的疾患などに起因するときは、その行為自体に厳密な意味での法的責任を問うことが難しい場合があるからである。この点に関し、親に精神障害がありそれが一つの原因となって虐待がなされていたとみるべき場合に親権の喪失宣告を容認したものがある。[21] 一の項でも述べたように、親権の本質に照らしても解釈上、帰責事由は必要としないと解すべきであろう。

(3)　審判前の保全処分――親権喪失宣告は、申立てがなされてから審判までかなりの時間を要することとなる。そこで、この申立てと同時に審判前の保全処分として、親権の一時停止、親権の代行者の選任を申し立てることが多い。(22)

3　親権喪失宣告の効果

親権喪失の宣告がなされるとその親は親権を失う。先に述べたように親権には身上監護権と財産管理権が含まれているとされ、虐待に関する親権の喪失は、もっぱら身上監護権に関するものではあるが、この宣告をうけると財産管理権を含めて全面的に親権を失うことになるのである。逆に財産管理権のみの喪失については明文の規定があるので、身上監護権のみの喪失に限定して親権の喪失宣告をすることは解釈上も困難であろう。このように現行の親権喪失制度はいわばオールオアナッシングの制度となっているので、その点の検討も必要であろう。またいったん喪失した親権の回復つまり宣告の取消しについての規定はあるが、喪失の期間については不明確であり、そもそも期間を限定した一時的な親権の停止も規定されてはいない。弾力的な制度とすべきか否か検討すべきである。(23)

親権者がいなくなった場合には、後見人が選任されることになるが、後見人の選任にはしばしば困難が伴うとの指摘がなされている。

これも前述したが、親権喪失宣告は戸籍に記載される。これは未成年者の財産管理の面から財産管理者の公示が必要であるところから求められているのであるが、監護者の地位についての喪失についてのみ考慮すると、ややサンクションとして厳しすぎることになるかもしれない。もっとも、これは、監護権のみの喪失制度が認められていないところに問題があるともいえるので、親権それ自体について制度上の検討が必要とされる。なお、親権者が自ら親権の辞任を申し立てることも認められるが、親権喪失宣告が申し立てられた場合に、裁判所の説得により親権喪失よりも辞任の方を選択した例があることが指摘されている[24]。

五　親権の変更・親権者の指定

離婚によりそれまで子に対してなされてきた共同親権行使は単独親権行使となる（民法八一九条一項）。その単独親権者である親が虐待をするといった場合には、子の親族の請求によって、他の一方の親への親権の変更を家庭裁判所に申し立てることができ（八一九条六項）、これによって子の救済をはかることができることもある。申立権者は、親族とされており、子ども本人や児童相談所長が含まれていないが、親権喪失宣告の申立権者とあわせて、検討すべき点である。

また、非嫡出子の親権者は母親であるが、父が認知をすると父親を親権者と指定することもできる（八一九条四項）。この場合にさらに父親から母親へ親権を移す場合には親権変更の手続きによる。このように単独親権行使がなされているが他に親権者となりうる者が存在する場合には親権の変更・指定という手続きにより子の虐待に対応しうるケースも存在する。

六　養子縁組・離縁

未成年の子どもが養子縁組をすると縁組後は養親が親権者となる。そこで、実親が子を虐待するような場合には、その実親から子を引き離し養子縁組をすることができれば、子を救済することができる。その子が一五歳以上であれば、親の同意を得なくとも子が単独で養子縁組をすることができるので事実上虐待親からの解放を実現できることとなる（七九八条但書により、祖父母と養子縁組をする場合には、家庭裁判所の許可も必要としない）。もっともこの場合、実親との親子関係は断絶するわけではない。

これに対し、子が六歳未満あるいは八歳未満で六歳に達する前から引き続き養親となる者に監護されている子は特別養子縁組を考慮することができる。この特別養子縁組によれば、従前の親子関係は断絶するので親子分離の効果は明解である。この縁組は家庭裁判所の審判によって成立するいわゆる国家宣言型の養子縁組であるが、この場合にも原則としては実父母の同意が必要とされる。しかし、八一七条の六は「父母による虐待、悪意の遺棄その他養子となる者の利益を著しく害する事由がある場合には、この限りでない」として、親の同意を必要としない場合について規定している。したがって、虐待された子の措置に関与した児童相談所が斡旋して、特別養子縁組がなされることはこの制度が当初から予定していたところである。ただし、「養子となる者の利益を著しく害する事由」については、親権喪失宣告と比較すると、親権喪失が回復可能であるのに対し、特別養子縁組が成立すると親子関係が断絶するという重大な結果となるから、親権喪失事由よりも厳格に解すべきであるとするものがある。(25)

七　児童福祉法による対応と親権・監護権

児童福祉法に基づき国家は、児童相談所を中心とする行政機関によって被虐待児の保護を行うが、ここでは、その保護措置と親権・後見から発生する監護権との関係が問題となる限りにおいて考察を加えておくこととする。(26)

1　被虐待児の一時保護

児童福祉法三三条は、児童相談所長は、必要があると認めるときは、児童に一時保護を加え、または適当な者に委託し、一時保護を行うことができるものとしている。この緊急保護の必要な場合の一つとして棄児の保護、触法少年の保護等とならんで、子どもが虐待を受けているケースがふくまれるのである。この一時保護は、児童相談所の所長という行政上の機関が児童の生命・身体の保護のためにいわば緊急措置として行う例外的であくまで短期的な措置と理解される。この一時保護は、児童の身体的拘束を行うものであるにもかかわらず、裁判所の関与を必要としておらず、また親の同意も必要としていない強力で例外的な措置であるといわねばなるまい。一時保護の間、事実上、親権・後見の行使は制限されることになるが、それはあくまで児童が保護下におかれていることの反射的効果であって、一時保護の権限を持つとされる児童相談所長・都道府県知事が、保護児童の監護についていかなる権限を持つかは明確になっていない。解釈上は、児童福祉法四七条の施設長の監護権限を準用して、児童相談所長・都道府県知事には親権一般を行使することができるものと解すべきであろう。ただし、児童相談所長の権限は日常の監護に関する範囲に限られ、重大な医療行為についての同意などについては、親権者等と共同行使すべきであるとされる。児童の権利保護の側面も尊重されねばならないので、事柄の性質上、緊急措置としてこのような措置を認めざるを得ないし、現実的には効果も大きいと思われるが、事後的にせよ司法判断がなされることが望ましい(27)。なお、厚生省平成九年通知は、保護者の同意を得ないで行った一時保護の場合に、保護者の強引な引取要求は拒否すべきであるとしている(28)。

一時保護の解除は、児童相談所長により行われ、担当者や委託先の判断のみでは許されない(29)。なお保護の期間は児童福祉法により二ヵ月を超えてはならないとされるが、児童相談所長が必要と認めるときは引き続き継続できるとしている（児童福祉法三三条三、四項——児童虐待防止法附則第三条による改正）。

2　親権者等の同意を得た被虐待児の措置

児童福祉法二七条は、都道府県は、児童が保護者に監護させることが不適当であるとの通告を受けた場合には、児童を里親委託、児童養護施設等に入所させる措置を取らねばならないとするが、同条四項は、その措置は親権者・後見人の意に反しては行うことができないとしている。親権者・後見人には児童に対する身上監護権があり当然のことであるとも言える。しかし、一方虐待を受けている児童の保護も緊要なので、児童相談所は子の親権者・後見人の説得をして同意をうる努力が求められることとなる。

同意をうる方式については特に規定されてはいないので口頭でもよいが、後々の紛争を防ぐためには書面によることが望ましい。この同意については、親権者・後見人が明確に反対の意思を表明している場合には、強行できないという意味であって、承諾がなければ措置決定ができないと狭く解すべきではないとし、ただこの措置を実施した後に、親権者・後見人が反対の意思を表明した場合には、措置を継続することができないとされる。

親権者が共同親権である場合は、二人の同意を必要とするものと解し、一方が同意しないときは二八条一項一号の手続きによるものと解する。

親権者・後見人から同意をえて措置が行われた場合は、里親あるいは施設長は親権者・後見人から委託を受けて子の監護教育を行っていることになるので、監護教育権を代行しているものと解される。

親権者・後見人の同意が得られないが、子について児童福祉法二七条一項三号の措置が必要とされるときは、同法二八条の手続きによることとなる。

3　家庭裁判所の承認による被虐待児の措置

児童福祉法二八条は、都道府県・児童相談所長は、保護者が児童を虐待したり、著しく監護を怠り、その他保護者に監護させることが著しく当該児童の福祉を害する場合には、その保護者が親権者・後見人である場合にこれらの者の意に反する場合であっても、家庭裁判所の承認を得て、児童福祉法二七条一項三号の措置、里親委託、施設入所の措置をとることができるとしている。また、この虐待等を行う保護者が親権者・後見人以外の者である場合には、親権者・後見人にその子を引き渡す措置をとるものとするが、親権者・後見人に引き渡すことが児童の福祉にとって不適当とみとめるときは、同様に家庭裁判所の承認を得て、同様の措置をとることができるとしている。(30)

親権者・後見人の意に反して措置を行うことは、親権・後見の内容を制限することになるから、後見的立場にある家庭裁判所の判断を経るべきであるとしたのである。家庭裁判所の承認により里親委託、施設入所がなされた場合には、家庭裁判所の措置承認審判によって親権者・後見人の監護教育権は停止され、里親・施設長にその権限が付与されたものと解される。したがって、家庭裁判所の承認を得た措置に対し、親権者が引取りを要求してきた場合には児童福祉施設の長に与えられた監護権が保護者の監護権に優先することになるのでこれを拒むことができるものとされる。(31)

児童虐待防止法一二条は、児童相談所長・児童福祉施設長は、虐待を行った保護者について面会または通信を制限できるものとしている。これは、虐待者に対し監護教育権の制限を具体的に例示したものであり、子に対するアクセスが制限されることを示すものである。

児童福祉法二八条の措置がなされた後、家庭環境が改善されるなど、親子の再統合が可能となるといった場合には、この措置が解除・停止されることになるが、その際には、施設長の判断によるのではなく処分権者である都道府県知事・児童相談所長の判断によるとされる。しかし、措置を行うのについて家庭裁判所の判断を必要とした解除・停止について、それを必要としていないことについては批判が強い。家庭裁判所による監護教育権の停止という処分がなされているとみるべきであるから、その解除についても家庭裁判所の判断を必要とするのが筋であろう。

八　おわりにかえて

これまで、親権・監護権を軸にして、いわば保護者が虐待をする場合に、保護者を変更する際の問題について縷々述べてきたが現実的には次のようなことに要約される。つまり保護者による虐待が行われていた場合にはその状態を一時的に避けるとしても、まず最初には子と保護者との再統合が試みられねばならない。しかし、再統合は自然に成るものではなく、虐待親に対する働きかけ・教育が是非必要なこととなる。その親への働きかけが功を奏せず、虐待の危険性が払拭できないといった場合は再統合への見込みが建たないとされ、親権・監護権の変更、親権の喪失、里親の選択、養子縁組などの手だてが考慮されることとなり、その実現の過程で時として子の引渡しの問題が生ずることとなろう。

ところで、児童虐待防止法第一一条は、児童虐待を行った保護者について児童福祉法二七条の措置が採られたときは保護者は指導を受ける義務があるとし、保護者がこれに従わないときは都道府県知事は指導を受けるよう勧告をすることができるものとしている。この規定の実効性についての疑問もさることながら、この指導の成果についての評価はどの機関でいかなる形でなされ、いかなるサンクションを生むものとすべきであろうか。この点では、この指導・教育の結果の評価を、先に述べた子の次の措置・処遇と結び付けた制度が構築されるべきものと考える。具体的には保護者への教育・指導は行政機関で行われることとなり制度的には難しい面もあるが、ここではひとまず、その虐待した親への指導・教育の評価と子の親権・監護権が誰に与えられるべきかという司法判断との結合が図られるべきことを提案しておきたい[32]。

（1）太田武男・家族法概説二〇一頁など。
（2）我妻栄・親族法三一六頁など。
（3）明山和夫・注釈民法(23)、七三頁。
（4）米倉明・親権概念の転換の必要性（現代社会と民法学の動向（下））三六一頁以下。
（5）石川稔・親権法の問題点と課題（子ども法の課題と展開）二三〇頁以下。
（6）パレンス・パトリアエの意義については、田中英夫・『子の権利』と『親の権利』（法曹時報三四巻二号）三二六、三二七頁。
（7）石川・前注（5）所掲書二四一頁。
（8）高橋宏重・高橋宏重編「子どもの虐待」二六九頁以下。
（9）日本弁護士連合会子どもの権利委員会・子どもの虐待防止・法的実務マニュアル（改訂版）九六頁。
（10）吉田彩・家庭裁判所から見た児童虐待の法的問題点・家族〈社会と法〉一七号・児童虐待の法的対応六八頁。
（11）浦和家裁越谷支部審判昭和五一・三・三一、東京高裁決定昭和五二・一二・九家裁月報三〇巻八号四二頁。
（12）石川稔・監護者の地位と権限・夫婦・親子二一五題二七八頁参照。
（13）石川稔・前注（5）所掲書二一一頁。
（14）親権喪失・剥奪についての審判例の総合的研究としては、鈴木ハツヨ・子どもの保護と後見制度六一頁以下、そのうち虐待による親権喪失については八二頁以下。田村五郎・親子の裁判ここ三〇年二四三頁以下。
（15）鈴木博人・虐待する親の親権喪失・吉田恒雄編「児童虐待への介入」（増補版）七五頁以下、なお、本論文は、虐待による親の親権喪失宣告に関する総合的事例研究としても貴重である。吉田彩・前注（10）所掲書六五頁。
（16）二〇〇二年九月六日付朝日新聞は、里親制度の充実に向けての検討がなされていることを報じ、里親の体験談を掲載している。
（17）前注（9）所掲書八九頁、同一八七頁参照。
（18）許斐有・白石孝・親権の消極的濫用を理由とする親権喪失——児童相談所長の申立により認容された事例の考察——・社

会問題研究四二巻二号四七頁、同・児童虐待を理由とする親権喪失宣告——児童相談所長の申立により認容された事例の考察(2)——・社会問題研究四四巻二号一七五頁。

(19) 長崎家裁佐世保支部審判平成一二・二・二三家月五二巻八号五五頁、評釈・床谷文雄・判タ一〇四六号八四頁。

(20) 吉田恒雄・児童虐待と親権の制限・ジュリスト一一八八号一五頁、特に一八頁。

(21) 大阪家裁審判昭和四〇・五・六、前注(9)所掲書八九頁参照。

(22) 前注(8)所掲書一九六頁、前注(9)所掲書一〇四頁。

(23) 岩佐嘉彦・実務家から見た児童虐待の法的問題・家族〈社会と法〉一七号四一頁以下、特に五一頁。

(24) 前注(9)所掲書一〇二頁、なお前注(8)所掲書一九七頁。

(25) 木村要・特別養子縁組の成立要件・夫婦・親子二一五題二六〇頁。

(26) 児童福祉法の解釈については、佐藤進・桑原洋子監修、桑原洋子・田村和之編・実務注釈・児童福祉法参照。

(27) 吉田恒雄「児童福祉法における一時保護の法的諸問題」白鷗法学八号二七九頁以下参照。

(28) 児童虐待に対して国家が積極的態度を打ち出す重要な転換点となった文書として、厚生省児童家庭局長平成九年六月二〇日児発四三四号及びこれに続く一連の通知が挙げられる。これらの通知については前注(9)所掲書二六二頁以下、前注(8)所掲書二八九頁以下参照。なお前注(20)吉田論文一六頁。

(29) 前注(28)所掲の児発四三四号参照。

(30) 児童福祉法二八条による措置の事例についての総合的研究としては、許末恵「児童福祉法二八条による施設入所等の措置」吉田恒雄編・児童虐待への介入(増補版)四五頁以下、釜井裕子「児童福祉法二八条一項一号の家庭裁判所の承認について」家月五〇巻四号二〇頁以下。

(31) 前注(28)所掲児発四三四号参照。

(32) なお、許末恵「児童虐待」講座現代家族法第三巻親子二八五頁以下、特に二九八頁の提言参照。

5 アメリカの児童虐待防止に関する法的枠組み

カリフォルニア大学サンフランシスコ校精神医学部助教授
本間　玲子

一　はじめに

アメリカでは建国当時には児童の人権よりは、親の権限を尊重する、旧イギリス法の伝統を継受する方針が強かった。そのため児童虐待に関する保護・介入法律や支援システムなどは殆ど存在していなかった。この傾向はヨーロッパ諸国でも強く、一九世紀に入国してきたヨーロッパ移民たちも、親の絶対権力を尊重し、アメリカでの方針になんら違和感を感じなかった。子供たちの体罰は躾け・教育のためには、当然のことと見られていたし、子供たちが十分なケアも受けられず、ネグレクトと考えられる場合でも、それは親の責任で、周りの社会が介入することではないと考えられていた。

しかし一九世紀の後半頃から、行き過ぎた虐待、ネグレクトに対して、市民の注目が集まり始め、徐々に児童の福祉向上・虐待からの保護の必要性が唱えられるようになってきた。更に二〇世紀初期頃からは、医療技術、特に放射線学の技術が開発されるにつれ、小児科に連れてこられる児童の、内出血や骨折などの傷害が診断され易くなり、実在する虐待被害ケースの多いことが理解されるようになってきた。初期の児童虐待防止運動のリーダーとして、アメリカばかりでなく、世界的に認められているのは小児科医、ケンプ（Kempe）(1)であるが、彼は一九六〇年代に各地の検事にアンケートを送り、虐待の実情を把握しようとしたり、更に米国小児医学会や関係団体に呼びかけ全国的な実情調査を行った。その結果、予想以上に虐待被害児の数が多いことが明らかになり、予防運動に拍車が掛けられることとなった。そのとき結成された全米児童虐待防止協会や関係団体は現在も各州・各市に支部を設け、国・州・地域レベルでの行政への働きかけ、虐待防止、予防・教育活動、治療サービス開発、資金調達に努力しているが、いまだに毎年通報される被虐児の全面的な救済・援助ニーズには大きなギャップがあり、関係者たちの間ではいまだに、悩みの種となっている。

二 アメリカにおける児童虐待の現状

アメリカの児童虐待に関する定義は、身体的虐待、放置（ネグレクト）、性的虐待、心理的虐待に分けられる。米国連邦政府、児童局（Children's Bureau）(2)が発表した資料によると、二〇〇〇年度に全国各地の児童保護サービスに虐待・ネグレクトの可能性があると通報されたケースは約三〇〇万ケース、関連した児童の数は五〇〇万人に及ぶと報告されている。人口各一〇〇〇人の率としては一九九三年の一五・三人を最高として、その後一九九九年（一一・八人）まで毎年低下の傾向が続いていたが、二〇〇〇年には多少増えて、一二・二人となっている。これがまた増加傾向の始まりとなるかは、今後の調査を待たなければわからない。被害児の年齢別の分析によれば、幼い子供が一番率が多く、三歳以下の場合、一〇〇〇人に一五・七人となっているが、一六―一七歳の場合は、五・七人と減少している。男女性別の被害率は全般的には一一・二（男）と一二・八（女）人とあまり違わないが、性的虐待は女子が圧倒的に多く、一〇〇〇人に一・七人の率に対して、男子〇・四人となっている。人種別では、全被害児の半数を多少上回る五一％が白人であるが、黒人は二五％、ラテン系が一五％、インデアン・アラスカ原住民が二％、アジア人は一％となっている。

加害者は養育者である親や、親戚、里親、ベビーシッター等が主で、被害児の八四％が親に虐待を加えられている。母親一人の場合は、ネグレクトの四七％、身体虐待の三二％に責任があると判断されているが、性的虐待の場合は父親（二二％）、親戚（一九％）、または他人（二九％）が加害者であると判断されている。

児童虐待のうち死亡にいたるケースは、最も悲劇的な結果であるが、二〇〇〇年度の死亡児童数は一二〇〇人と判断されている。死亡率は全児童人口、一〇万人につき一・七一人で、前年より多少増えているが、その原因は通報システムが改善されたためと解釈されている。最も死亡率の多いのが幼少の子供で、四四％の死亡児は一歳以下、六六％が六歳以下の児童であった。

児童の虐待・ネグレクトを防止するための保護サービスレベルは各州・各地域で異なるが、全国的には被害児の約半分（五五％）に、サービスが提供されたと報道されている。そのうち、約二〇％は親の家から引き離されて、里親家庭や治療・養護施設で委託養育されている。一九九九年度の報告[(3)]によれば、五六万八〇〇〇人の児童が家庭外で養育されており、そのうち二六％は祖父母や親戚の家庭、四八％は里親のところで、一七％はグループホームや養護施設、三％が養子縁組成立前の養育試みとして託置されていた。一九九九年前半期に里親システムに託置された児童の数は一四万三〇〇〇人であったが、同年後半期そのシステムを出て行った児童の数は一二万二〇〇〇人となっている。そのうち五九％が親のところに戻ることができ、一六％は養子、一二％は親戚または後見人のところに引き取られ、八％は成人して自立することができたと報告されている。

保護サービスを受けた児童のうち、約一九％は虐待を受けていないと鑑定されたケースであるが、サービスを受けることが有益であるとみなされた場合であったとなっている。この統計は、全国的に通告方法が統一されていないため、実際のケースよりは下回る数であると見られているが、現実には被害を受けていると鑑定された場合にも、サービスを受けていない、あるいは受けられないケースがかなりあることは事実で、そのギャップをいかに減らしていくかということが、行政やサービス提供者たちの、大きな課題となっている。

三　アメリカの法的枠組み

アメリカは、建国の原則として、各州の共和政体を認め、自治権を尊重することが保障されているため、児童虐待防止・介入に関する法的枠組みも、実際の立法・施行の責任や権限は州に委ねられている。しかし連邦政府は関係分野で、州が法的枠組みを作成するための誘因として、運営に必要な援助資金を授与することによって、各州の児童虐待防止・介入のために必要な、最低レベルの法的枠組み作りに成功している。国レベルの法的枠組みは、一九七四年に立法された連邦児童虐待予防・治療法（Federal Child Abuse Prevention and Treatment Act, P.L. 九三―二四七、以後ＣＡＰＴＡと呼ぶ）に基づいて作られている。その後一九九六年にいたるまで、ＣＡＰＴＡは何回か改定されたが、児童虐待防止・介入問題に関する連邦政府の使命は州に資金を提供し、地域の虐待防止、評価、調査、訴追、及び治療活動を支持することにあることを明確にしている。ＣＡＰＴＡはまた連邦政府内に児童虐待・ネグレクト研究所（Office of Child Abuse and Neglect）を設立し、児童虐待問題に関する全国的な研究、評価、技術援助、資料収集を行うこと、更に児童虐待・ネグレクトに関する最低定義を作ることを指示している。

児童虐待防止運動がはじまった初期には、各州には児童虐待防止に関する法的枠組みは成立していなかったが、連邦政府、保健・教育・福祉省（Department of Health, Education, and Welfare, 後 Department of Health and Human Services）は、児童局（Children's Bureau）が主導となって、州にCAPTAの立法前に、児童虐待防止対策として、虐待通告法を立法することを奨励した。民間でも、連邦政府の努力と同時期に各州で有志、専門家グループ、児童福祉団体等が協力して、立法をめざした活動を行った。その結果、コロラド州でケンプ等の努力により、一九六三年に児童虐待通告法が立法されたのをはじめとして、約三年間の間に全州で、なんらかの児童虐待通告法が作成されるようになった(1)。

各州は児童虐待通告法作成の際に、連邦政府、児童局(4)が提案したモデル法律の他、米国動物愛護協会、州政府協議会、米国医師会から出されたモデル提案も参考資料として考慮に入れられたが、全国的には児童局の提案が最も多く受け入れられているようだと評価されている。各州の法律内容は、州の政治・社会状態によって、様々なバリエーションが見られるが、全州の法律に下記の基本要点に関する対処義務が設けられている(5)。

①　児童虐待の疑惑がある際に通告義務が課されている者
②　通告すべき児童虐待状況の定義
③　通告手続き
④　通告を受け入れ、調査の責任を担った機関
⑤　訴追からの保護免除
⑥　通告怠慢・虚偽通告を行った場合の刑罰
⑦　秘匿特権の破棄
⑧　特定事情に関し、児童虐待定義の免除
⑨　中央情報登録システムの設置・運営

通告法が成立した初期には、報告を義務付けられている対象者は、虐待の症状を最も正確に診断でき、訓練と経験を持っている医師に限られていたが、一九七〇年代に入って、ソーシャルワーカー、教師、コメディカルたちも対象内に加えられた。二〇〇一年の全州の調査報告(5)によれば、一九の州がさらに通告義務対象を広げ、虐待やネグレクトの疑惑があると判断した場合は、皆通告の義務があると規定されるようになった。しかし大多数の州は児童にかかわりのある職業人にのみ通告義務を課しているのが現状である。指定されている職業は医師、看護士、病院勤務者、歯科医、精神保健専門家、ソーシャルワーカー、教師、保育士、警察官、等のほか、検死官、消防士、薬剤師、救急隊員やフィルム・写真現像職にかかわる人たちも対象とされているところもある。虐待のタイプも初期には、原因が事故ではないと判断される身体傷害に限られている場合が多かったが、現在は身体虐待、精神的虐待、ネグレクト、性的虐待も全部対象となっている。また州によっては、妊婦が麻薬・薬物常用者で、誕生した胎児がドラッグテストで陽性となった場合には、虐待として扱われる場合もある。

通告法立法の初期にしばしば問題となった点は、州によっては訴追免除の規定がなかったことである。そのため、法に従って通告義務を行った者が、通告された虐待容疑者によって訴追を受け、弁護に莫大な費用がかかり、被害を受ける場合があった。しかし、現在はCAPTAの規定で、全州が何らかの訴追免除規定を設けるようになった。大多数の州は、免除条件として、通告が"good faith"、誠実・善意な動機によって行われることが要件となっている。しかし州によっては無条件（absolute immunity）で免除を保証しているところもある。ニュージャージー州が例にあげられるが、この場合、悪意で個人の社会的地位を傷つけるために、理由もなく通告され、損害を受けた場合にでも、訴追できないことになっているので、時には問題が起こることがある。

弁護士、牧師、医師、臨床心理士、ソーシャルワーカーなどはクライエントの犯罪行為に関する情報をえた場合でも、秘匿義務があるので、通常は犯罪に関し、通告することが禁止されている。しかし児童虐待問題に関しては例外とされ、医師、カウンセラー、その他の専門家の場合は、秘匿特権は破棄されることが規定されている。ただし、弁護士および牧師の場合だけは、大多数の州が、児童虐待の場合でも、秘匿特権を維持することを認めている。児童に関わる職種専門家が報告義務者として指定されている場合に、通告を怠った場合には四四州が何らかの罰則を課する規定を設けている。そのうち三三州では、罰則の条件として、虐待があると知っていながら、また知っているべき場合、また故意に通告しない場合に限ると規定されている。州によっては、通告を怠った場合には、条件無しで、罰則を科するところもある。虐待に関する通告を怠った場合、三四州では、軽犯罪として扱われ、罰金、更に刑期が科せられることもある。罰金は五〇〇ドルから一〇〇〇ドルが通常であるが、被虐児が死亡した場合には更に多額の罰金、および刑期が科されることとなる。刑期も州によって大幅に異なり、一〇日間から最高六月が規定されているが、死亡・重傷の場合には更に長い刑期が科されたり、重犯罪として扱われる場合もある。

通告義務者と指定されている専門職従業者にとって、通告を怠った場合に科される罰金や刑期以上に問題となるのは、それによって州の専門職認定許可が取り消されたり、保護観察条件が課されることである。そうなると個人で開業を続けることが出来なくなる場合もあるし、施設団体に新しく雇用されることも困難になるので、職業人としては致命的な打撃となる。その例として、カリフォルニアの州心理士協会会長の経歴もある著名な臨床心理士が虐待を通告しなかったということで訴追され、大変な被害に遭ったことがあげられる。彼の場合は最終的に無罪となったが、一年間州の認定が停止され、莫大な弁護費を費やさなければならなかった。こういった結果に巻き込まれないように、一般の通告義務者は多少疑問があっても、通告しておいたほうが安全ということで、通告するのがパターンとなっている。しかし、そのため実質的には虐待に該当しないケースが多く、全国的に通告の数が急増して、調査にあたる機関がその判別・処理に負われているのは、現在問題となっている。

四 カリフォルニアの児童虐待防止・介入システム

カリフォルニアの児童虐待防止・介入システムは一九六三年、刑法第一一一六四―一一一七四・五として立法された児童虐待防止通告法（Child Abuse and Neglect Reporting Act）に基づいて開発されてきた。その後、この通告法は一九八一年、八六年、八七年、八八年と改定され現在にいたっている。一九八七年に改定された際には、この法の意図が子供たちを虐待から守ることに加えて、被害児のニーズを考慮し、更に調査を行う際に精神的な危害をさけるための最善の努力をすることを強調している。その他、下記の条項が規定されている。

1 **虐待の定義** 虐待とは性的虐待、ネグレクト、および身体的虐待、精神的虐待を意味し、その枠内に入る例が詳しく定義されている。

2 **通告義務者** 児童のケア・教育と関係のある広範囲の職業従事者が通告義務者として指定されている。それには託児所や保育所の職員、学校教師、レクリエーションセンターワーカーや、医療ケアに従事する臨床医、看護婦、心理士、福祉士、そして児童保護機関職員なども枠内に入れられている。またコマーシャルフィルム及び写真現像従事者も、一四歳未満の児童が性行動を行っている写真、ビデオ、映画、スライド等を見つけたときには通報の義務があるとされている。

3 **通告期間** 虐待の可能性があると判断した場合には、通告義務をもつものは、電話で即時、通告受け入れ機関に報告する義務があり、更にその後、発見後三六時間以内に、同機関に報告書を提出することが義務付けられている。

4 **通告先機関** 通告は警察または福祉局の児童保護サービスに連絡して行う。

5　通告を怠った場合

虐待の可能性があると判断して、通告を怠った場合は、軽犯罪として扱われるが、一九八七年の改定によって、最高罰金及び最高刑期が増加され、各一〇〇〇ドル、六ヵ月と改定された。更にこの通告法には言及されていないが、州の認定を必要とする専門職業者がその義務を怠った場合には、各職業認定規律に従って、認定が一時停止されたり、場合によっては剥奪されるばあいもあり、その際は専門家としての活動ができなくなる厳しい結果となることがある。

6　福祉局と警察の協力

虐待調査は福祉局と警察の協力によって調査することが規定されている。警察に通報があり、警察が調査を開始した場合には、三六時間以内に福祉局、児童保護サービスに連絡する必要がある。調査の結果、虐待の可能性があると判断された場合は、警察は州の司法局に報告書を送る義務がある。また福祉局の児童保護サービスが通告を受け、虐待の可能性があると調査を始める場合には、警察に連絡し、調査協力を求める必要がある。

児童虐待ケースのうち、虐待が確認された場合、死亡や重傷の身体傷害の場合には、刑事責任を問う刑事訴追が行われる場合が多い。しかし親が加害者の場合、被害レベルによっては、刑事訴追をすることによって、家族の崩壊は免れないことになるし、被害児自身が親の告訴に関係する精神的な苦痛、またそれによって更に親の憎しみを買うことにもなることを考慮して、検察側も刑事訴追を行うことを避けることが多い。カリフォルニアばかりでなく、他の州でも検察側は訴追の代わりに、民事として福祉局の管轄に委ねる方針をとっている。カリフォルニアでは、地方行政は郡政府によって実施されているが、各郡の福祉局内に設立されている児童保護サービス部が、福祉施設法（Welfare and Institutions Code, Section 300）の規定に従って、調査・対処を行う責任を与えられている。地方政府の責任とは異なり、州福祉局の責任は地方政府の児童虐待防止、対処実績の監督、行政指示をすることとなっている。また各郡にある家庭裁判所は被虐児の保護のために、州が一時的に監護権を取得する必要性を審判し、その過程を監督する責任がある。

郡の児童保護サービスが、調査の結果、虐待・ネグレクトがあると結論を出した場合には、被虐児の再虐待を防ぎ安全を確保するために、第一に被虐児を自宅にとどまらせておくか、保護施設に入所させるかの決定が迫られる。虐待が重度であったり、再虐待の可能性が強いと判断された際には、保護施設への緊急入所が必要となる。必要でない場合には、被害児を自宅に留めておくことになるが、調査後四八時間内に、家庭裁判所に要保護児童決定手続きの申請を申し出る必要がある。申請を受けた裁判所は三〇日以内に、被虐児を親元に戻すか、里親または治療・保護施設に入所させるかの審判決定を行うことになっている。被虐児が親元に留まることとなった場合は、親たちは児童保護サービス職員の家庭指導・監督や、その他親子関係を改善するために有益と思われるサービスを受けることが義務付けされる。家庭指導と決められた場合でも、里親、養護施設入所となった場合でも、児童保護サービス職員は家庭裁判所に経過報告を提出し、六ヵ月後再審理を行い、保護対処の継続の必要性を検討する必要がある。しかし傷害が重度であった場合は、一二〇日以内に再審理を行う必要がある。再審理が行われ、親や養育者が充分改善し、加害・ネグレクトの危険性が無くなったと認められた際には、保護・指導は終了し、家庭外でケアされていた児童も親元に戻されることになる。しかし充分な改善が見られない場合には更に家庭外で里親や施設に託置されることになる。一定期間を経ても、状況が改善されない場合には、最終的には、やむを得ず実の親の養育権利の終了手続きが進められることになる。その際、措置選択としては長期里親養育、養子手続き、後見人指定などがある。

児童虐待の際に親権剥奪を認める規定はカリフォルニア州ばかりでなく、連邦政府の基準に副って全州に設けられている。その条件として、親権剥奪の理由があること、そしてそれが親のためでなく、子供の健康と安全保障のために最善の選択（child's best interest）であることがいれられている。その決定に至るまでには、家族関係

カリフォルニアの児童保護手続きの過程

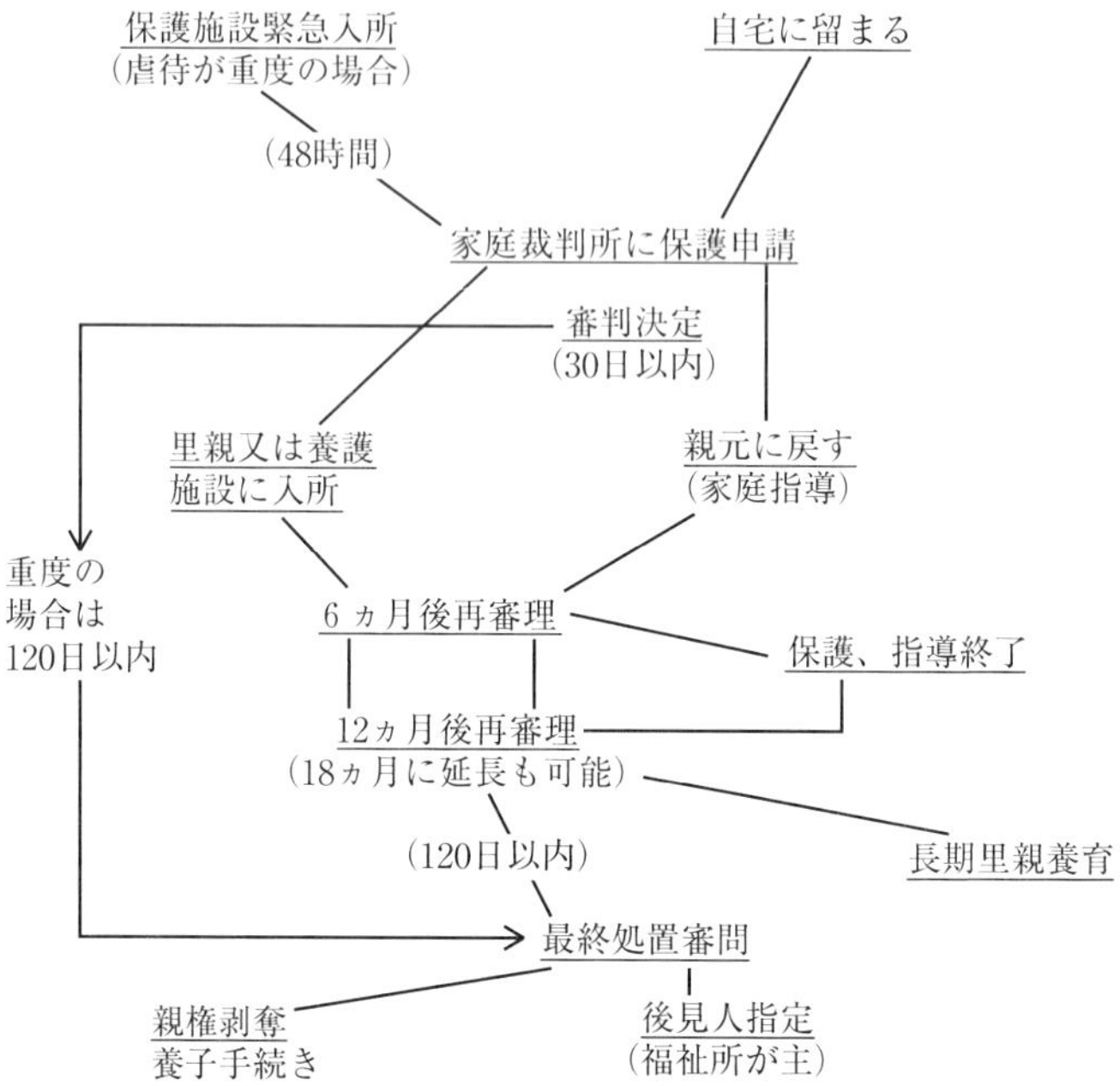

維持のために相応な（reasonable）援助努力をすることが必要とされているが、特殊のケースの場合には、その努力も必要でないとなっている。例としては、児童が放棄されたり、極端な傷害、性的虐待を受けた場合、同じ親が他の子供を殺したり、重傷を与えた経歴がある場合、それに加担した場合、また他の子供の親権が剥奪されている場合などがあげられる。連邦政府は更に、里親元での養育生活が長期間になることを避けるため、二二ヵ月の間一五ヵ月継続的に里親に養育されている場合は、親権を剥奪し、養子縁組を行うように、奨励している。しかしカリフォルニア州のように多数の児童が里親に養育されている場合には、親権を剥奪しても、養子縁組の実現には色々な難関がある。白人の子供の養子縁組は比較的容易に成り立つが、圧倒的に数の多い黒人児童の養子縁組はなかなかはかどらないのが現状である。また、親のドラッグ

や、アルコール中毒のため器質性疾患を持って生まれてきている児童や、虐待のため精神・行動の面で問題のある児童などはケアーが難しいこともあって、養子には受け入れられにくく、心ならずも長期間里親や施設のもとで養育されなければならないのが現状である。

五 まとめ

アメリカでは過去五〇年近くの間に、市民有志・児童福祉団体・医療専門家たちの緊密な協力により、大規模な児童虐待予防・介入活動が組織されてきた。連邦政府のリーダーシップのもと、通常自治権が強い州レベルでも、児童虐待に関しては、全国的に法律的枠組みが作られるようになってきた。各州の事情によって、ある程度のバリエーションはあるが、過去の慣習で親の権利が尊重されたときからは、法的原則は大幅に変更され、児童の健康・福祉を守る最善処置を選択することが強調されるようになっている。各地での経験では、色々問題点もあるが、日本でこれから児童虐待問題に関する法的枠組みの強化が考慮されるとき、アメリカの経験が参考になるようであれば幸いである。

［参考文献］

（1） Helfer, R. E. & Kempe, C. H. (Eds.). (1968). *The battered child.* Chicago : University of Chicago Press.
（2） National Clearinghouse on Child Abuse and Neglect Information. April, 2002. *Summary of key findings from Calendar Year 2000.* Children's Bureau, Administration Children, Youth and Families.
（3） U. S. Department of Health and Human Services. (2000). Adoption and Foster Care Analysis and Reporting System.
（4） U. S. Department of Health, Education, and Welfare, Welfare Administration, Children's Bureau. (1963). The abused

child-Principles and suggested language for legislation on reporting of the physically abused child.

(5) National Clearinghouse on Child Abuse and Neglect Information. April, 2001. *Child abuse and neglect : state statutes elements*.. Children's Bureau, Administration Children, Youth and Families.

第Ⅲ部

虐待への対応・治療と援助の実際

6 児童相談所での対応・保護　中谷真樹

7 児童虐待と家庭裁判所における対応　小野理恵子

8 医療現場での対応・保護　奥山眞紀子

9 保健所における対応・保護　石井トク

10 子ども家庭支援センターの役割と機能　竹内冨士夫

11 子どもの保護・回復と治療　山脇由貴子

12 虐待に関わる要因と親に対する介入・治療　森田展彰

13 親への介入　本間玲子

14 ネットワークと情報の共有化　松原康雄

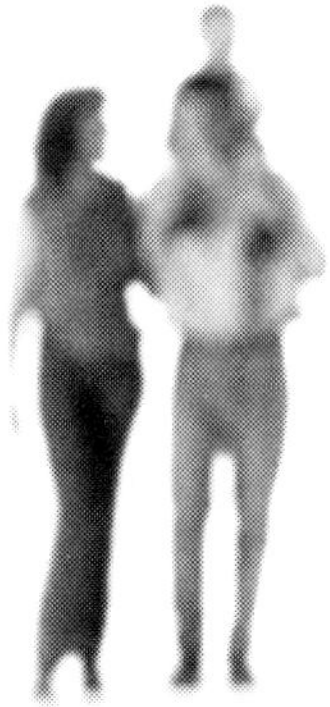

6 児童相談所での対応・保護

中谷　真樹
桜ヶ丘記念病院精神科医長・世田谷児童相談所嘱託医

一　わが国における児童相談所による児童虐待への取組み

全国児童相談所長会が昭和六三（一九八八）年に発表した児童虐待調査の結果を受けて、厚生省は平成二（一九九〇）年から児童虐待の統計を取りはじめ、平成二年大阪に「児童虐待防止協会」、平成三年東京に「子どもの虐待防止センター」が設立され、以後も民間団体があいついで設立された。そして平成一一（一九九九）年に厚生省は「子ども虐待対応の手引き」（日本児童福祉協会発行）を児童相談所・福祉事務所等の関係機関に配布した。さらに衆議院の青少年問題に関する特別委員会が平成一一年一二月一〇日にした「児童虐待の防止に関する決議」に始まり、「児童虐待防止法」の制定が国会の動きとこれに呼応した関係省庁の行動が始まった。(F)

児童虐待を発見し、もしくは疑った場合の通告・相談には、各都道府県・指定都市に設置が義務づけられている全国一七五ヵ所の児童相談所が対応するが、厚生労働省による、平成一二年度の児童相談所における児童虐待相談受付け件数は一万八八〇四件で、うち報告された相談処理の件数は一万七七二五件であった。相談処理件数

表1　虐待に関する相談処理件数の推移

平成２年	平成３年	平成４年	平成５年	平成６年	平成７年
〈100〉 1,101	〈106〉 1,171	〈125〉 1,372	〈146〉 1,611	〈178〉 1,961	〈247〉 2,722
平成８年	平成９年	平成10年	平成11年	平成12年	
〈373〉 4,102	〈486〉 5,352	〈630〉 6,932	〈1,056〉 11,631	〈1,610〉 17,725	

（注）　上段〈 〉内は，厚生労働省平成２年度を100とした指数（伸び率）である。
（出典）　雇用均等・児童家庭局：平成12年度児童相談所における児童虐待相談処理件数報告より。

は、この統計を取り始めた平成二年度（一一〇一件）を一とすると、一〇年で一六倍に増加しており、前年比でも一・五倍になっている（表1）。

この理由としては、平成一二年度に「児童虐待の防止等に関する法律」（以下、「児童虐待防止法」）が成立・施行され、児童虐待に対する社会的関心を高めるための広報・啓発に関する取組強化や、通報義務と専門職の守秘義務との関係が明文化されたことなどによって虐待「発見」の活発化から相談・通告が促進されたことなどが考えられる[1]。なお、厚生労働省ではホームページ上でこの報告書を公開している（http://www.mhlw.go.jp/index.html）。

児童虐待への対応は児童相談所が中心となっているが、一方で児童相談所だけでは十分な対応ができないケースも存在する。児童相談所の体制強化と関係機関の連携強化として平成一二年度から児童虐待対応協力員の配置と児童福祉司の増員、市町村児童虐待防止ネットワークが実施（一二年度から）されるとともに、児童相談所への通告と一時保護・施設入所は年々増加した。しかし、子どもの保護と同時に保護者への指導、親子関係・家庭環境の改善が重要である。そのためには児童相談所のみならず、医療機関・保健機関・警察・相談施設・地域ボランティアとの緊密な連携が要求される[J]。

図A　東京都の児童虐待受理件数

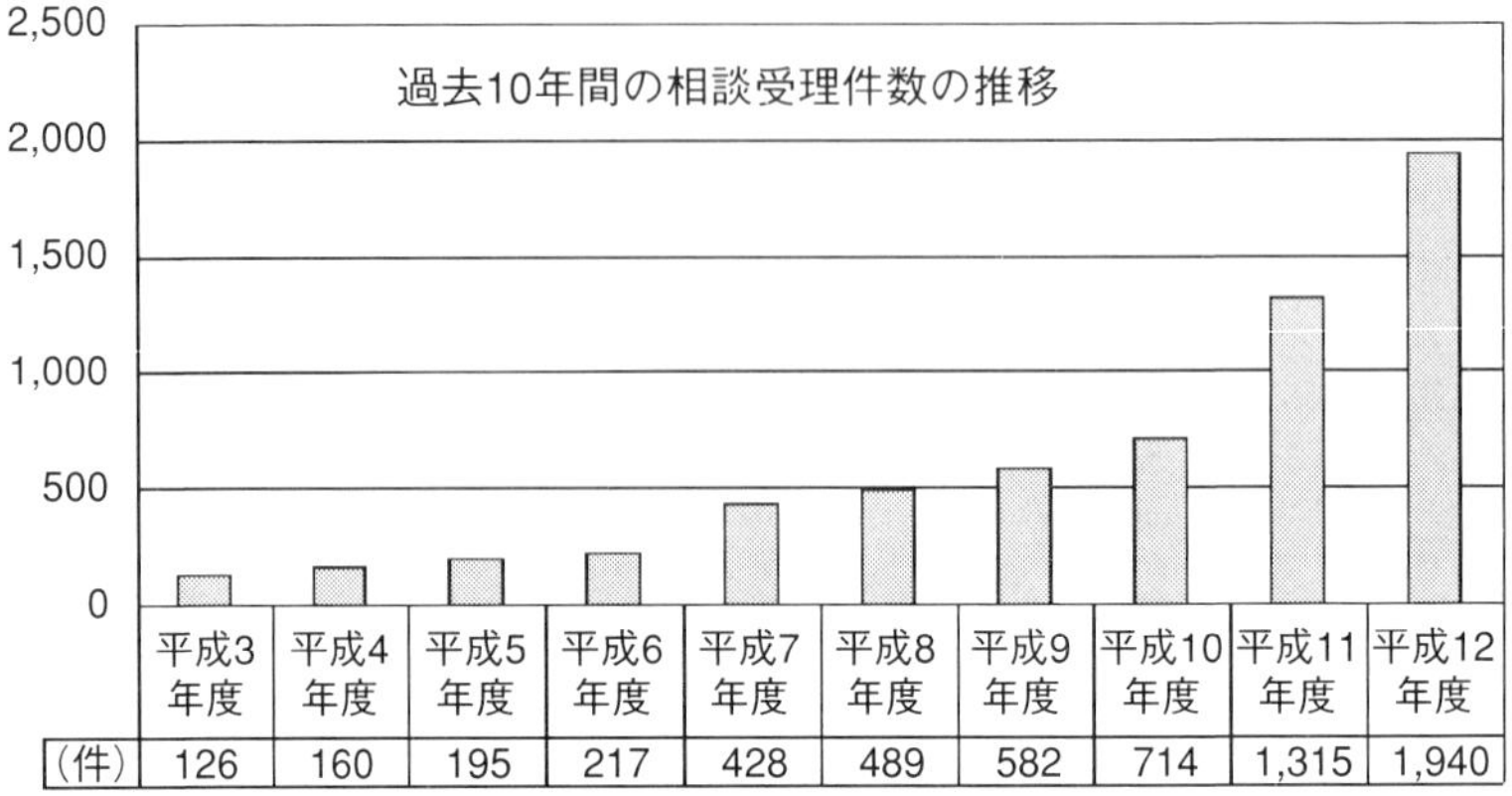

	平成3年度	平成4年度	平成5年度	平成6年度	平成7年度	平成8年度	平成9年度	平成10年度	平成11年度	平成12年度
(件)	126	160	195	217	428	489	582	714	1,315	1,940

（出典）　東京都福祉局：児童虐待の実態 ——東京の児童相談所の事例に見る，東京都，2001。

二　東京都における児童相談所での現状

筆者が嘱託医として勤務する児童相談所がある東京都の場合も、児童相談所によせられる児童虐待の相談件数は年々増加の一途をたどっており、特に、平成一一年度以降の急激な増加が際立っている（図A）。東京都福祉局では、「児童虐待の実態——東京の児童相談所の事例に見る」[2]によって児童虐待の実態調査結果を公表しており、以後はこれに基づいて論をすすめることとする。

平成一二年度に、東京都にある一一の児童相談所が相談を受けた件数は一九四〇件あった。電話相談のみで終了しているものを除いた件数は一六一八件で、そのうち、調査により被虐待が認定された児の数は一二四二人であった。都の子どもの人口（一八歳未満）は、一七五万九一九五人（平成一二年一月、「住民基本台帳」による）であるから、虐待を受けた子どもは、一〇〇〇人に〇・七人の割合となっている。

虐待を受けた子どもの性別は男五一・二%と、男女比はほぼ同じで、この傾向はここ数年変化はない。また、年齢分布では、

図B　虐待の種類と虐待期間

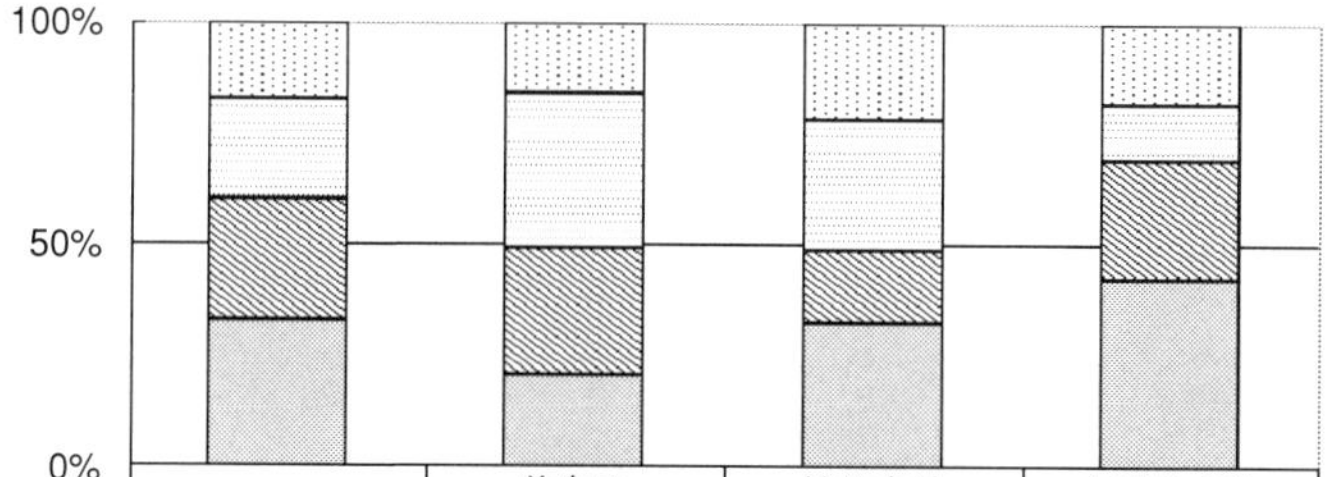

	身体的虐待(433)	養育の放棄・怠慢(284)	性的虐待(37)	心理的虐待(104)
3年以上　(146)	74	45	8	19
1年-3年　(223)	100	99	11	13
3ヶ月-1年(234)	118	82	6	28
3月未満　(255)	141	58	12	44

（虐待期間が不明の384人を除く）　（人）

（出典）　東京都福祉局：児童虐待の実態 ――東京の児童相談所の事例に見る，東京都，2001。

二歳から八歳（小学三年生）までが多く、全体の六割を占めている。二歳から四、五歳にかけては、食事や排泄等の身辺の自立が発達上の課題となり、また、同時に子どもが自己主張し始めるため、親が子育てに困難を感じ、虐待につながると考えられる。

虐待の種類で最も多いのは「身体的虐待」で、全体の五五・五％を占め、次いで「養育の放棄・怠慢」が約三二・七％で、この二つで全体の八割強を占めていた。虐待の重症度でみると、「軽度虐待」が三二・八％、「虐待の危惧あり」二一・五％など比較的軽症の虐待が合わせて五四％と、半数以上を占めた。一方で、児童相談所などの介入が行われないと、子どもの健康や成長・発達に深刻な影響が考えられる「中度虐待」が三二・四％、「重度虐待」が一〇・三％あり、さらには「生命の危機あり」ケースが三・〇％三六件あった。そして全体の約四三％は一年以上の期間虐待を受けていた。図Bに示すように、「養育の放棄・怠慢」と「性的虐待」では半数が、「身体的虐待」でも四割以上が一年以上の長期間の虐待を受けていた。

虐待は、早い段階で児童相談所が関与したり、地域において家庭への支援を行うことで、予防や、重症化への進行を防止することが重要である、と実態調査報告書は指摘している。

三　虐待を受けた子どもの特徴

東京都の調査によると、虐待を受けた子どもの、虐待につながるような要因については「特に無し」が最も多く約四割を占め、虐待につながるような被虐待児の決定的な要因は見当たらない。何らかの特徴がある子どもは約三六％で「問題行動」「知的発達遅滞」「親との分離」の順に多い。従来いわれていた「望まれずに出産」したケースが虐待を受けやすいと言う点について、都の調査では必ずしも「望まれずに出産」されたケースは虐待に直結していなかった。これらのことは、虐待を受けた子どもの問題を修正するよりも、環境調整や親による養育の改善を求めることの重要性を物語っている。虐待を受けた子どもは、虐待の種類を問わず、不安や怯えやすつ状態などの「情緒的・心理的問題」を示すことが多くなっているため、心理的なサポートや精神的な治療のケアのために、専門的な治療援助の体制整備が課題である。

難しいのは、虐待を受けた子どものうち、虐待を行った親と同居し続けたいと望んでいる子どもが約二三％あり、そう望まない子どもの約一六％よりも多くなっていることである。この傾向は低年齢の子どもほど強く、強制的な親子分離は子どもへの心理的な影響が強いため、親子分離については十分な検討とサポートが必要になる。

四　虐待された子どもの置かれている環境

東京都の調査によると、虐待が行われた家族の形態は、実父母と子どもの家族が約四五％で、ひとり親家庭が約三〇％であった。三世代家族は七・二％であり、都全体の世帯における構成比の半分にすぎなかった。

虐待につながると思われる家庭の状況では、「経済的な困難」が二七・五％、「ひとり親家庭」が二三・八％、「夫婦間の不和」が二〇・一％と高率である。また、「親族・近隣・友人から孤立」したり、「育児疲れ」を訴える家庭がそれぞれ約一七％となっていた。これらの要因は複雑にからみあっているが、特に「経済的な困難」と「親族・近隣・友人からの孤立」は他の要因との関連が多くみられた。

財団法人「こども未来財団」による、「平成一一年度海外調査報告：アメリカにおける児童虐待防止・援助についての調査(N)」によれば、児童虐待は、経済階層にかかわりなく起こりうるものであることは、日米問わず明らかな事実であるが、その発生頻度が各階層等しいものであるかについては、慎重な論議が必要であるという。「貧困な階層に児童虐待が多い」という仮説への批判としては、貧困層に通告数が多いのは、その層の人々が地域から「注視」されている結果であり、近隣の眼が届きにくい中流階層以上の地域では、虐待が発生していても通告がなされにくいという議論があるという。また、貧困層が居住する地域の社会資源があまり充実していないことも無視できない。

五　虐待を行った者について

虐待を行った者は、実母が約五九％と最も多く、次いで実父の約二四％となっており、実父母の虐待は全体の八割強を占めている。年代的には、実母の場合は二〇歳代と三〇歳代で約八割を占めており、三〇歳代と四〇歳代が多い実父に比べて若い年齢層が多くなっている。虐待を行ってもそれを認めない者の方が多く、実父の方が実母より認めない割合が高い。また、母の内縁の夫では、認めるものが約一一％に対し、認めないものが半数以上である。父親による虐待の場合は、母親によるものよりも重症のものが多いが、散発的である。一方で、母親による虐待の場合は、継続的な傾向が高い。

虐待者の生育歴については、「特になし」と「不明」で全体の約七割を占め、生育歴として決定的な要因は見当たらない。明らかなものの中では「ひとり親家庭」が一〇・〇％、「非虐待体験」が九・一％、「両親不和」が七・六％となっている。

虐待者の就労状況では、実父で定職のある者は六割弱にとどまり、無職の者が約一四％、また転職が多い者が約九％おり、不安定な就労状況が経済的な困難と結びついて虐待要因の一つとなっている。

六　児童相談所における対応

児童福祉法、「児童虐待防止法」に基づく児童相談所の対応・処遇の基本的流れは図Cに示す通りである。

吉田恒雄「児童虐待に関する法制度」(M)によれば、児童虐待の通告があった場合には、児童相談所長は「児童虐待防止法」八条の規定により速やかに児童の安全を確認しなければならない。親権者との良好な関係を構築する前に、まず児童保護が優先するのである。その調査の過程において、児童の状況により児童を保護者から引き離し保護する必要がある場合には、「児童虐待防止法」八条および児童福祉法三三条一項に基づき、緊急一時保護が行われる。調査にあたっては、任意調査のほか、虐待のおそれがあると判断された場合には「児童虐待防止法」九条一項により住居等に立入調査を行うことができるが、この調査を拒否した場合には罰則が規定されており（児童福祉法六二条一項）、また職務遂行のために必要な場合には「児童虐待防止法」一〇条により警察官の援助を求めることが可能である。

図C　対応・処遇の基本的流れ

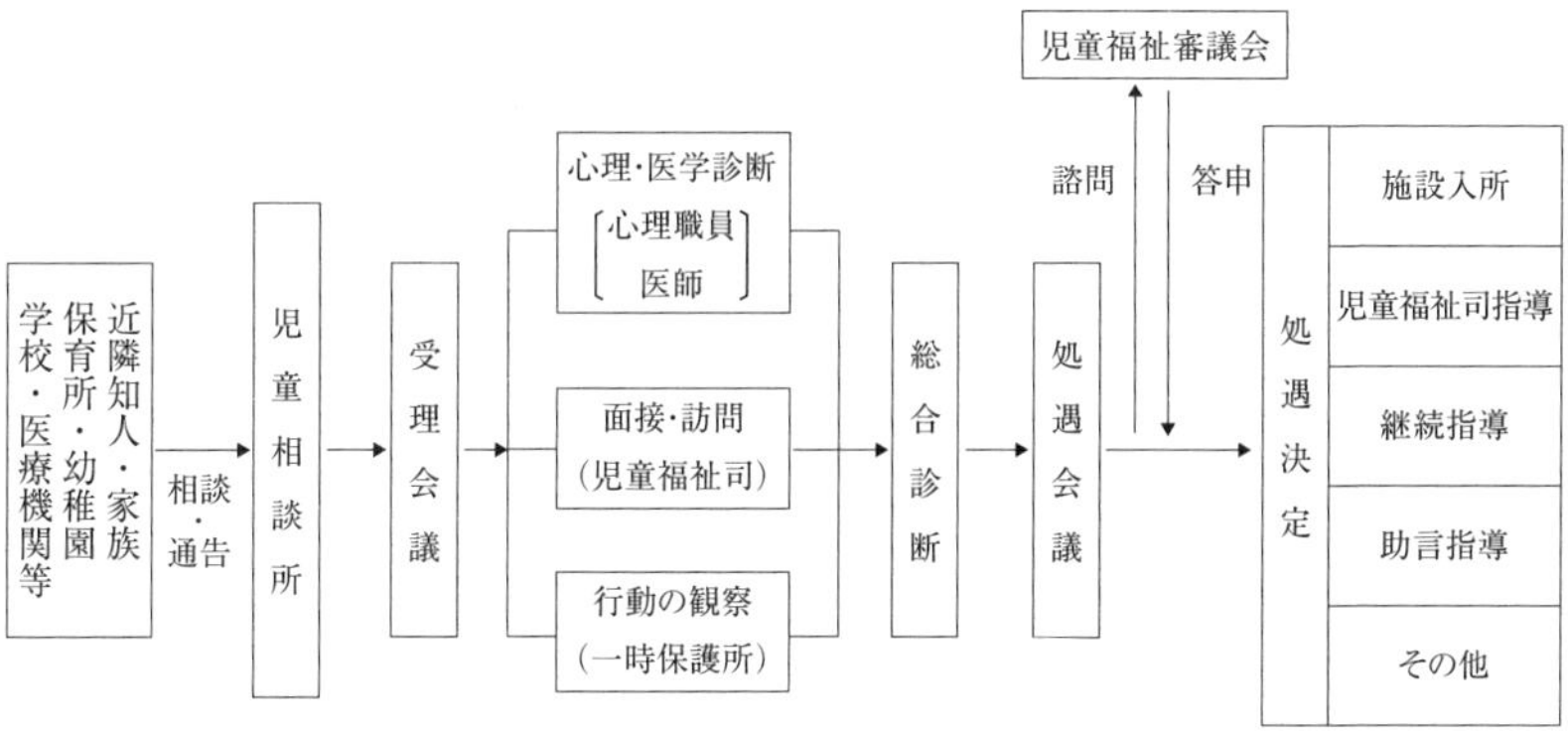

その上で児童相談所は、家族や関係機関への調査、子ども本人の医学的・心理学的評価および行動観察や一時保護の結果を総合し、最善の処遇方針を決定する。また、処遇や見守りについては種々の関係機関との連携が必要不可欠であり、児童相談所にはそういった連絡調整の役割も期待されている。

平成一二年に東京都において、児童相談所での相談件数一九四〇件のうち、電話相談のみで終了したのは三二二件で、児童相談所や関係機関に通告された虐待相談事例は一六一八件あった。そのうち、調査の結果「非該当」となった数は三七六件で、二三・二%あった。「非該当」となったのは、「近隣知人」が最も多く、「近隣知人」が第一発見者であったもののうち、四二・二%は「非該当」だった。また、親戚が発見者の場合も、件数は少ないものの「非該当」の割合が高くなっている。これは、親戚に争いがあり、その解決のために児童相談所を利用する場合がしばしばあることなどによる。

通告一六一八件のうち虐待と認定されたのは調査の結果「非該当」となった三七六件を除いた一二四二件である。児童相談所ではその四分の一に当たる三〇一人を緊急に一時保護した。一時保護をした子どもについて虐待の重症度を見ると、「生命の危機あり」一八人（六・一%）、「重度虐待」五四人（一八・二%）、「中度虐待」一三五人（四

図D　一時保護の有無と虐待の重症度

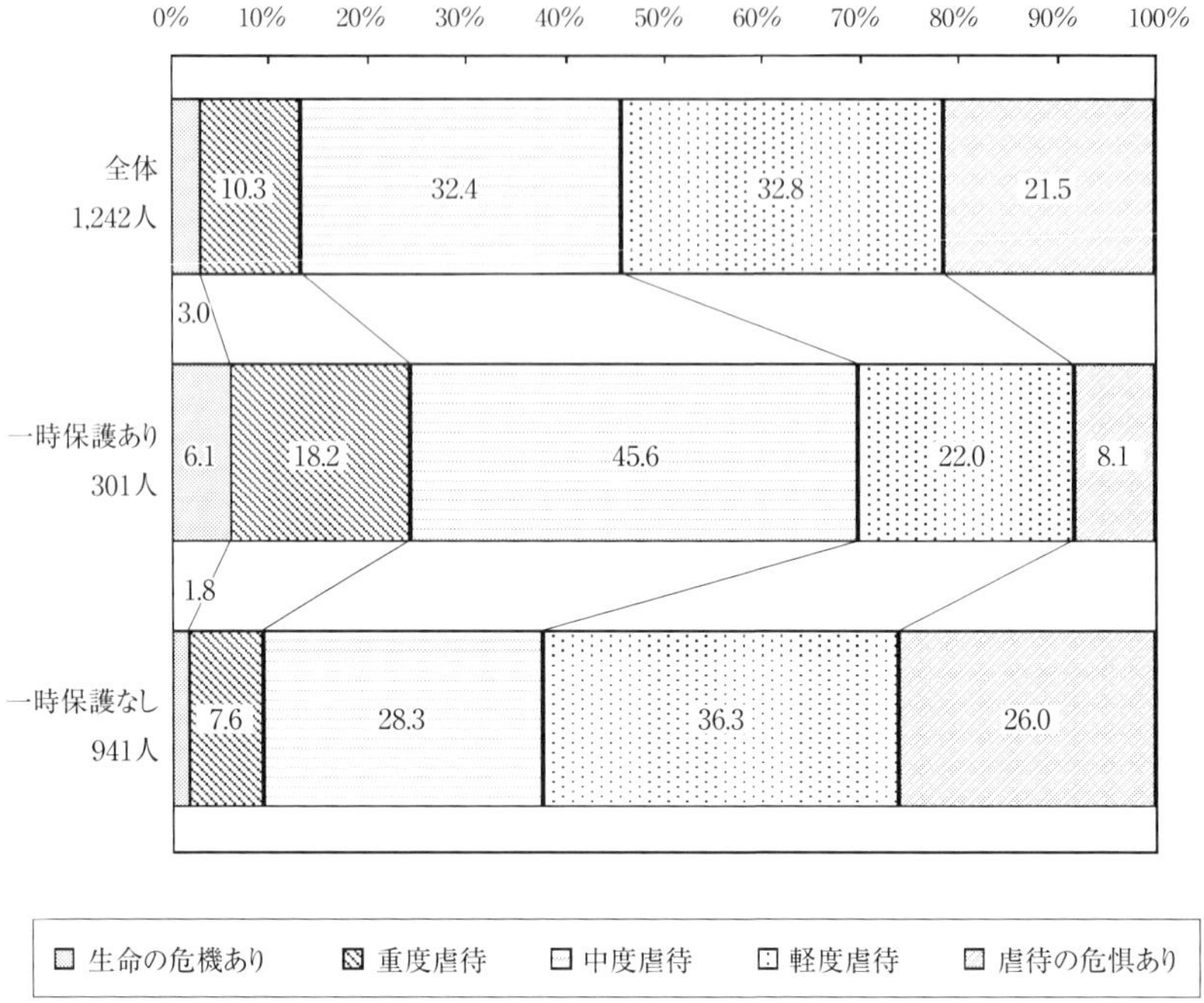

出典：東京都福祉局：児童虐待の実態 ――東京の児童相談所の事例に見る，東京都，2001。

五・六%）と中度以上の被虐待児が七割を占めていることがわかる（図D）。

緊急一時保護の次に多いのは助言指導の二二・二%で、この場合には、児童相談所は子どもを在宅させたまま虐待者に対する指導を一定期間行う。そして外部機関との緊密な連携体制が築け、問題が解消できたと判断した段階で終了になる。

こういった処遇に関する判断は児童相談所が行っているため、親との間には「子どもを取り上げておいて援助を行う」という矛盾を内包した難しい局面が生じてくる。親への援助を行おうとしても、子どもを取り返すために親が児童相談所に対する敵対心を抱いたり、一方で、指導に見せかけの従順さを示している場合も少なくない、と筆者は感じる。

図Ｅ　児童相談所の相談処理状況（1,618件）

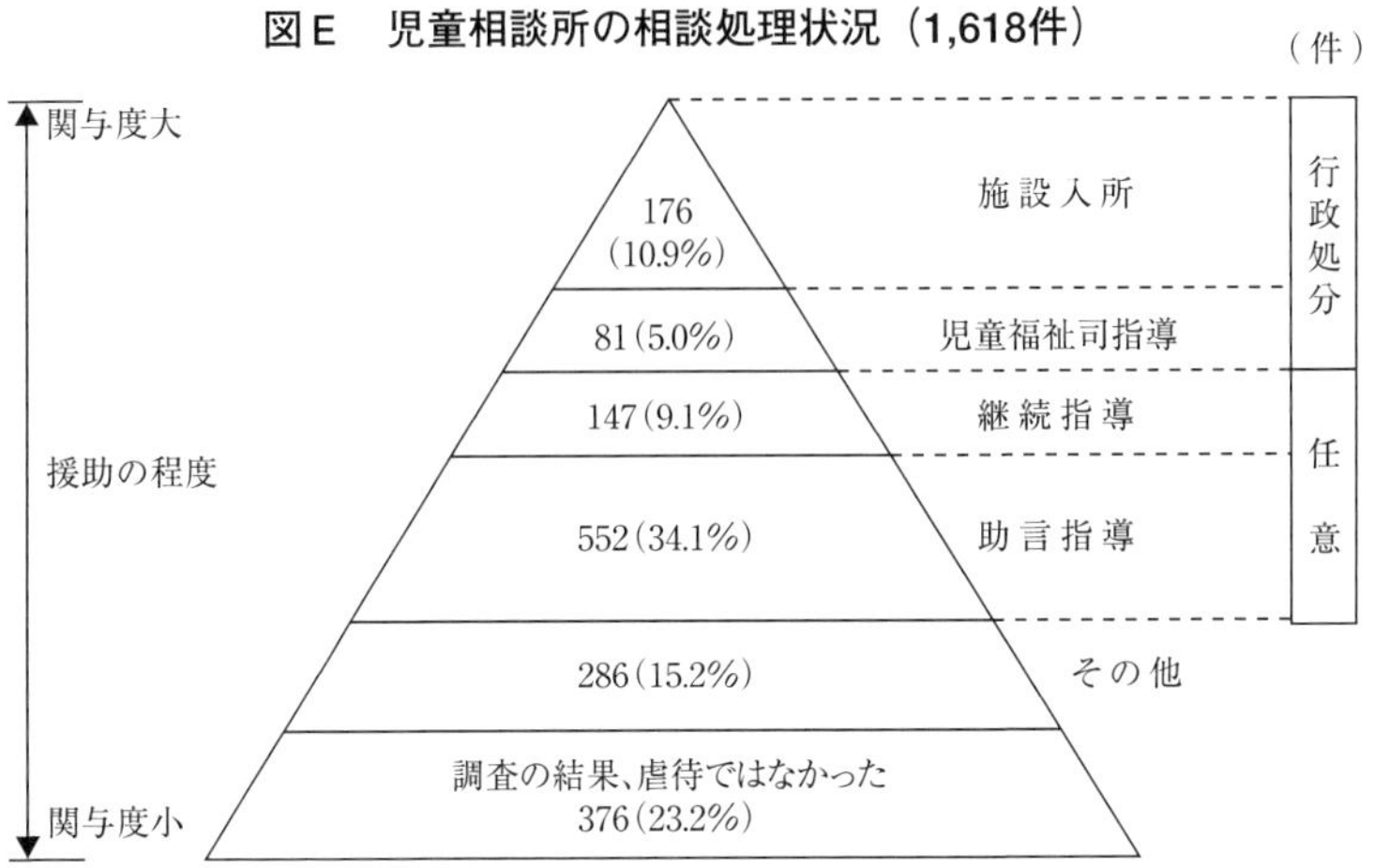

出典：東京都福祉局：児童虐待の実態 —— 東京の児童相談所の事例に見る，東京都，2001。

図Ｅに、平成一二年度の東京都調査における「児童相談所による相談処理状況」のまとめを図示した。調査や処遇検討の結果、家庭での養育が不適当であり、親子分離をして施設入所をする必要があるものが、一七六件（一〇・九％）あった。里親委託に関しては、今回の東京都調査では数値化されていないが、平成一四年児童相談所医師連絡会議資料によれば、東京都では養子縁組を前提とした里親のもとに二一名、縁組を目的とはしないで子どもを養育する里親のもとに二二四名の子どもが委託されている。この制度を運営する場合、児童相談所は児童相談センターの里親担当が協働して里親希望家庭からの相談、申しこみ受け付け、委託児童の養育指導等を行うこととなっている。ただし、全国的には、前述の厚生労働省の全国調査によると、平成一〇〜一二年度において里親等の委託は相談件数の〇・四〜〇・五％であり、この制度はいまだ十分機能をするには至っていないと考えられる（後掲〈資料〉１）。

また、施設入所を行わず、在宅のまま親や子どもの指導・援助を行ったものは合わせて七八〇件（六二・八％）あった。そのうち、児童福祉司が家庭環境や親子改善を図るため、児

表2　虐待の重症度別児童相談所の処遇内容

		児童福祉司指導	助言指導	継続指導	施設入所	一時保護中・調査中等	その他	未記入
生命の危機あり	36	3	8	1	14	8	2	0
	100.0	8.3	22.2	2.8	38.9	22.2	5.6	0
重度虐待	124	17	21	16	40	16	14	0
	100.0	13.7	16.9	12.9	32.3	12.9	11.3	0
中度虐待	392	30	135	56	70	56	44	1
	100.0	7.7	34.4	14.3	17.9	14.3	11.2	0.3
軽度虐待	397	26	193	63	36	59	19	1
	100.0	6.5	48.6	15.9	9.1	14.9	4.8	0.3
虐待の危惧あり	260	4	182	9	12	39	13	1
	100.0	1.5	70.0	3.5	4.6	15.0	5.0	0.4
未記入	33	1	13	2	4	7	3	3
	100.0	3.0	39.4	6.1	12.1	21.2	9.1	9.1

（上段：人、下段：%）

出典：東京都福祉局：児童虐待の実態 ―― 東京の児童相談所の事例に見る，東京都，2001。

童福祉法二七条一項二号に基づき児童相談所への通所または家庭訪問を行う「児童福祉司指導」は八一件で、残りの六九九件は親の合意を得て、関係機関などと一緒に援助を行っている。

「継続指導」は、福祉司指導にいたらない程度のもので、児童相談所が継続して家庭訪問、心理カウンセリング、電話等でのアドバイスなどを行うものである。また、「助言指導」は、問題の解決をみたり他機関と保護者などとの関係ができたことなどにより、児童相談所としては関与を終了したものである。

表2では虐待の重症度と処遇内容について示してあるが、やはり最も重い「生命の危機あり」ケースの施設入所率が一番高くなっている。他方、「軽度虐待」では七一・〇%、「虐待の危惧あり」では七五・〇%が児童相談所や関係機関の関与・援助により、在宅のままでの生活が可能となっている。

七　子どもへの援助

虐待された子どもには保護と治療の両面からの援助が必要と考えられる。子どもの身体的安全確保のためには在宅での指導にとどまらず、施設や病院に身柄を置く必要がある場合が少なくないが、子どもの年齢を考えると、家族分離が新たな心的外傷になる可能性もある(E)。一方で、被虐待児は施設入所の有無に関わらず、問題行動を呈するものが多いといわれ、特に思春期には社会性が未成熟なまま反社会的行動に及ぶ者や、女子では性的逸脱行動など異性との関係が安定しない傾向が高率に見られ、男子は異性をおそれる傾向が見られるという。

具体的な治療プロセスは別稿に委ねるところとするが、子どもとの関わりを通じて当初は非言語的な行動を通じて表現することの安全性を保障し、他者との信頼関係を持つことや、依存欲求の満足と適当な制限を通じて問題行動を必要としない感情の表現法や対人接触の様式を覚えていくことへの援助が重要である。

池田由子(E)は、こういった臨床技術の向上のためには、治療者への個人的集団的スーパービジョンが欠かせないとしているが、被虐待児童には施設内での生活や身体的リハビリテーション、家族との調整、教育的側面など様々な支援が望まれているため、関係者によるカンファレンスを通してのケース理解・評価と援助の方向性、役割分担や責任に関して疎通性を確保することが重要である。このカンファレンスを通してケースマネージメント担当者が相互に支えあうことでより客観的で安定したケースワークが可能になる(B)。また、子どもは、受けた虐待の種類を問わず、不安や怯えやうつ状態などの「情緒的・心理的問題」を示すことが多いといわれ、さらには人格障害や統合失調症（精神分裂病）・脳器質性疾患をもつものもまれではないため、狭義のカウンセリングから精神医療まで、子どもの心のケアのためには専門的・個別的な治療援助の体制整備が課題である(H)。

ここで強調しておきたいのは、被虐待体験を受けた子どもはみな自分の子どもを虐待したり、犯罪者になるわけではないということである。虐待という不幸ないきさつがあっても、多くの被虐待児たちは、親や家族というものに夢や期待を抱きつつ成長していくのであり、その成長を支えることがなにより重要なのである(K)。

図Ｆ　虐待者への指導・援助

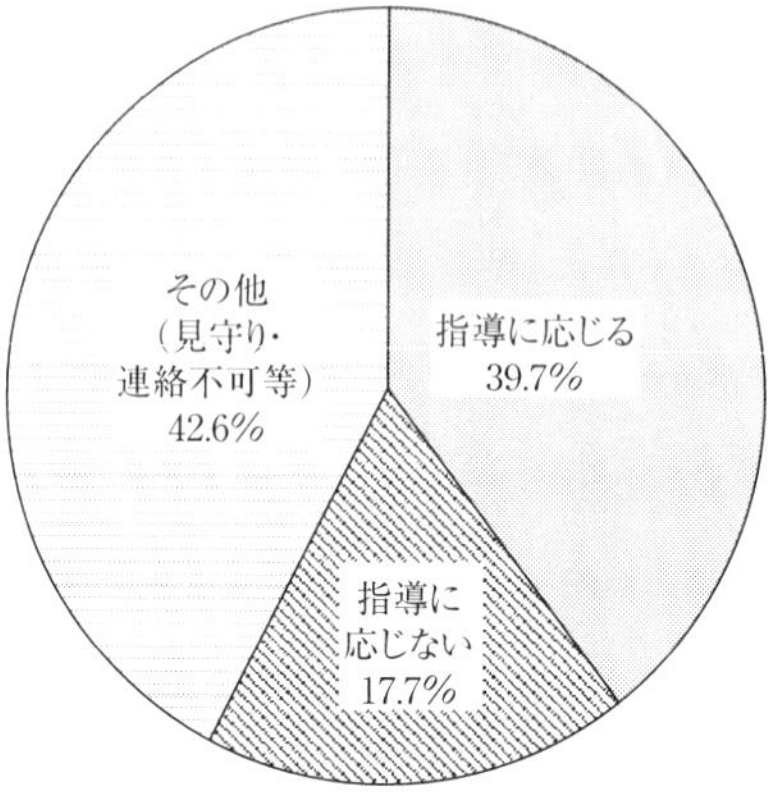

（出典）　東京都福祉局『児童虐待の実態 ――東京の児童相談所の事例に見る』，東京都，2001。

八　虐待する保護者への援助

児童相談所では、虐待を行った保護者に対して児童福祉司による助言のほか、心理職員や精神科医による専門的なカウンセリング・治療指導を行っているが、激増する通告件数に対応する増員がなされていない。

前述の通り虐待事実があるにも関わらず、実父・継父・養父を問わず男性では虐待を認めなかったり、行為は認めながらも「しつけ」だと主張する者が多くある。母の内縁の夫になると虐待を認めない者五一・八％中、援助を求める者は三・七％と極端に少ない。一方で、実母では虐待を認めない者が三五・三％いるものの、虐待を認めたうえで何とか支援して欲しいと考えている者は二一・八％いる。支援を求めている実母に対しては、虐待の回避や重症化の予防の見地からの援助が必要である。このような実態において、図Ｆに示すとおり指導に応じるのは虐待者の四割にすぎない。特に、一時保護で強制的に親子分離を行った場合には、児童相談所と保護者は対立関係におかれ、親への指導が難しくなる。その場合の一つの方策として、

図G　施設入所に対する虐待者の同意

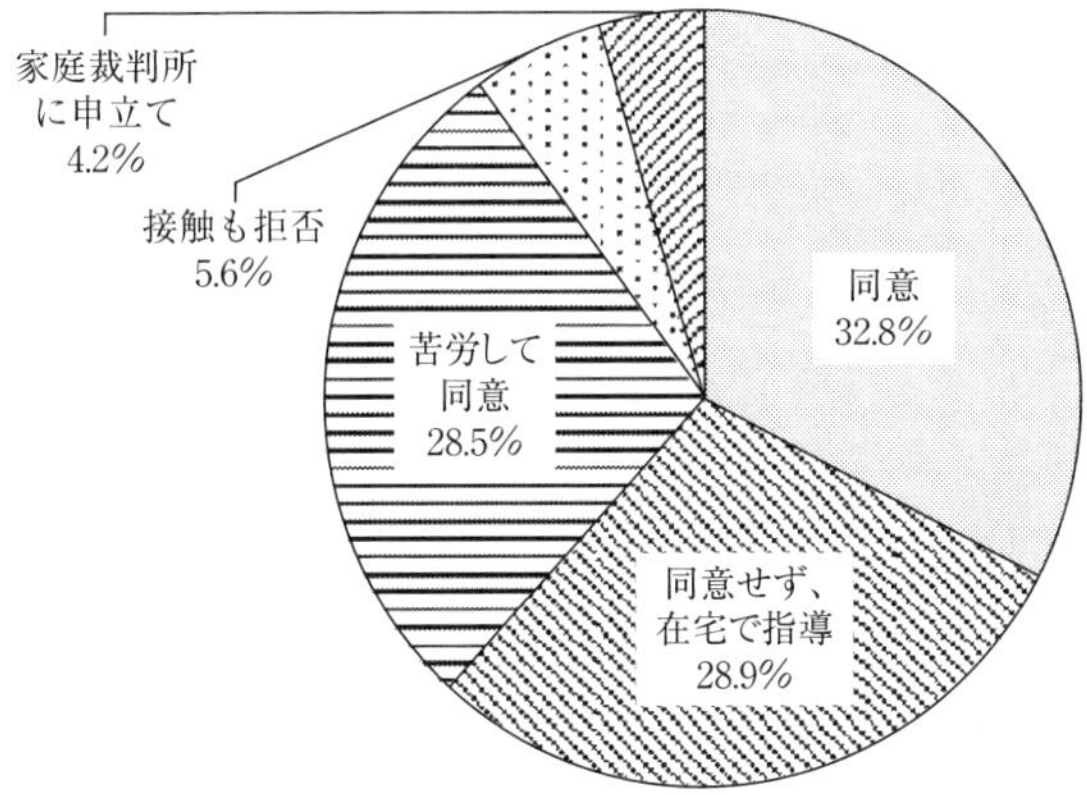

（出典）　東京都福祉局『児童虐待の実態——東京の児童相談所の事例に見る』，東京都，2001。

児童相談所が強制的な措置を行い、他の機関が親の支援に回ることがある。このため、児童相談所は、保健所、児童委員・主任児童委員、福祉事務所、医療機関、警察などさまざまな関係機関と連携する必要がある。

指導・援助を経ても状況が改善しない場合には児童相談所が子どもの施設入所を必要と判断するが、東京都の実態調査では図Gに示すように入所と判定された三〇八人の中で、虐待者が「すぐ同意」、あるいは「比較的簡単に同意」したのは一〇一人（三二・八％）で、「同意せず在宅のまま指導」も八九人（二八・九％）いる。

ひとたび子どもが被虐待を理由にして親から分離された場合には、できる限り親子が再度同居できるように、親子の再統合が図られなければならない。ここでは親の変化が求められることになるが、表3に示すように、指導・援助の結果、「虐待行為そのものを認めない」、「行為は認めるが虐待の意図は否認」の場合は、状況不変の割合が高くなっている。これに対し、「虐待を認めて援助を求めている」親は問題解決、一部解決の割合が合わせて六六・七％と三分の二に達している。このことからも、援助や指導の効果をあげるためには、まず親が虐待を

表3　虐待者の認識と指導・援助効果

	合計	問題解決（状況改善）	一部解決（やや改善）	問題・状況不変	その他	不明	未記入
虐待行為そのものを認めない	124 100.0	13 10.5	31 25.0	30 24.2	8 6.5	21 16.9	21 16.9
行為は認めるが、虐待の意図は否認	127 100.0	19 15.0	35 27.6	38 29.9	12 9.4	5 3.9	18 14.2
行為は認めるが、しつけで行ったと主張	153 100.0	36 23.5	45 29.4	33 21.6	10 6.5	10 6.5	19 12.4
虐待を認めて援助を求めている	180 100.0	38 21.1	82 45.6	29 16.1	4 22	9 5.0	18 10.0
虐待を認めているが援助は求めていない	76 100.0	13 17.1	21 27.6	18 23.7	6 7.9	10 13.2	8 10.5
その他	57 100.0	13 22.8	14 24.6	7 12.3	7 12.3	8 14.0	8 14.0
不　明	307 100.0	33 10.7	47 15.3	27 8.8	24 7.8	87 28.3	89 29.0
未記入	16 100.0	2 12.5	3 18.8	1 6.3	0 0	1 6.3	9 56.3

（上段：人、下段：％）

（出典）　東京都福祉局『児童虐待の実態――東京の児童相談所の事例に見る』，東京都，2001。

認め、公的機関による指導や援助を求めるように仕向けることが重要であると考えられる。

アメリカやカナダでは児童虐待と同様に家族内で問題となっているＤＶ（ドメスティック・バイオレンス）については、さまざまな暴力をふるう者へのプログラムが提供されている。これらは暴力の再犯予防と法的に強制力のあるカウンセリング受講命令についての示唆を多く含んでいるため紹介する。

Donald GD(C)、Adamus D and Cayouette S(A)によれば、ＤＶで逮捕された後に受ける措置としての再犯防止プログラムは、初犯の場合に妻に対する暴力治療グループに参加し、これを修了することを保護観察の条件とするのが一般的な処分である。保護観察条件に反してグループからドロップアウトすれば刑務所行きになるため、裁判所命令で治療を義務付けることが修了率を高められるという。この場合、個人セラピーはドロップアウトの率が高いためグループ治療が推奨される(C)。

Dutton DG, Bodnarchuk M, Hart S らによれば、ＤＶを行う者に対するグループ治療の予後調査を行ったと

表4　東京都児童相談センターにおける家族再統合のための援助事業

<table>
<tr><td></td><td>家族合同グループ心理療法</td><td colspan="2">親グループ
カウンセリング</td></tr>
<tr><td rowspan="2">対　象　者</td><td colspan="3">被虐待を理由に分離中で、グループ参加が可能で、センターに通所ができ、ケア・サポート利用に同意した方
＊「分離中」とは、対象の子どもがほかの家族から離れて児童養護施設や乳児院に入所中または養育家庭委託中、あるいは一時保護から変更して東京児童相談センター治療指導課において宿泊治療中であることをいう</td></tr>
<tr><td>概ね6月〜1年以内に、家庭引取りが見こまれる幼児または小学生と、その保護者と同胞
保護者については、養育が不適切であったと気づいている方</td><td colspan="2">将来的に、家庭引取りが見こまれる児童の保護者（児童の年齢については不問）</td></tr>
<tr><td>グループ</td><td>幼　児・小　学　生</td><td>父　親</td><td>母　親</td></tr>
<tr><td>内　容</td><td>親子グループ
親グループ
子どもグループ</td><td>男同士の
話し合い</td><td>おしゃべり
治　療</td></tr>
<tr><td>回数・期間</td><td>12　回　・　6　ヵ　月</td><td colspan="2">必要な回数・期間</td></tr>
<tr><td>アフターケアの
グループ心理療法</td><td>プログラム終了後のアセスメントで家庭引取りとなった場合にはアフターケアのグループ心理療法を行う</td><td colspan="2">な　し</td></tr>
<tr><td>家族カウンセリング</td><td colspan="3">利用者のうち必要があれば、家族カウンセリングを行う</td></tr>
</table>

（出典）『平成14年　児童相談所医師連絡会議資料』[3]。

ころ、再び暴力を振るう確率がもっとも低いのは自発的に治療に参加し修了した者、次は裁判所命令で参加し修了した者、次は命令で参加しドロップアウトした者、最後が自発的参加でドロップアウトした者であった[1]。東京都においても家庭環境の調整とともに、児童相談センターにおいて家族再統合のための親へのグループ治療を利用した援助事業をはじめており、現在その成果が期待されているところである（表4）。

虐待者の心身状況において、東京都の調査[2]によれば実父の場合、「性格に偏りがある者」二六・六%、次いで「アルコール・薬物依存症」が九・九%となっており、「心身に問題がないと思われる者」が二七・八%である。実母の場合は、「性格に偏りのある者」が一九・〇%で最も多く、次いで医師の診断などにより「精神病（疑いを含む）」と「神経症（疑いを含む）」と判断された者がそれぞれ一三～一四%程度でおり、精神的な要因が背景にある者が少なくない。一方、「虐待を受けた親は、その子どもを虐待する」という「虐待の世代間連鎖」の考え方があるが、前述の調査ではこの傾向は読みとることができなかった。ただし、親への指導においては彼ら自身の被虐待体験を振り返ることも必要になってくることもあることもある。これらのことから、児童福祉司・心理判定員等による指導に加え、精神科医等の協力を得て、保護者の指導を行うためのカウンセリングを強化することが事業化されている。精神科医等の役割は、以下の通りである。

ア　児童虐待の相談を受理した際に行う医学的診断において、必要に応じて診断を行う。
イ　処遇会議において、必要に応じ保護者に関する処遇方針について医学的診断に基づき、助言を行う。
ウ　処遇会議において保護者に対する心理療法が必要であると決定した場合、心理療法を担当する職員に対し適宜助言を行うとともに必要に応じ面接を行う。

九　児童相談所の援助における課題

平成九年度に全国で勤務していた児童福祉司は一一二八人で、平成一三年度には一四八〇人となっている。この間に相談処理件数は三・三倍に膨れあがったが、人員は三〇%しか増員されていないのである。「児童虐待防止法」により、虐待の疑いとしての通告について児童相談所が事実調査をし確認することが求められ、証拠探しや争いごとに起因する「いやがらせ」通告にも児童相談所のマンパワーを用いなければならない。(F) ますます迅速かつ実効的な対応を迫られている現場には十分な人員が配置されていないどころか、実質的には業務はよりタイトになってきているのが実情といえる。

開原久代（Ｉ）によると、児童相談所は子どもの保護や親のケアを行うためには、従来の児童相談所独自での活動を超えた関係機関とのネットワークが不可欠である。しかし、一方で公的機関の職員には守秘義務が設定されている。このため機関外の民間団体との情報共有に懸念が生じる場合がある。このため東京都では平成一二年に東京都児童相談所と社会福祉法人子どもの虐待防止センターの間で協定書を制定したが、守秘義務の問題は、司法関与がないまま行われる多機関・多職種による援助場面において、今後微妙な調整を必要とするであろう。

資料1によれば、アメリカでは親子分離後の家族には、家族再統合のためのサービスが提供される。虐待通告から一時保護を経て中長期的期間に渡るこのプロセスには家庭裁判所がかかわり、通常は一ヵ月、半年、一年単位でこのケースプランを評価し、家族への再統合が可能かどうかの判断を下す。養育上重大な問題がある場合には、親権が剥奪され、養子縁組が目指される。わが国では児童福祉法第二七条第一項第三号の入所措置規定は、児童を親から分離して児童養護施設等へ入所させることの判断及び決定権限を都道府県（もしくは児童相談所長）という行政機関に与えており、この措置を実施するにあたり、親権者等の同意が得られない場合に限って、法第二八条に基づいて家庭裁判所の同意を得た上で入所措置を採るという規定になっているため、家庭裁判所という司法機関の関与の程度・割合に関しては、日米にかなりの違いがある。

無論、家族の再統合が常に目指されるべきではないことは明確であろう。しかし、施設養護が費用的に高くつくという指摘もあり、アメリカでも必ずしも親子分離について積極的な姿勢ばかりではないという（Ｎ）。わが国においても、親子分離後の子どもと家族との支援をどの方向で考えていくべきかは今後の課題である。

「児童虐待防止法」では保護者に対して、児童福祉法に基づく児童福祉司その他の福祉関係者による指導措置を受ける義務を課し、指導を受けない保護者に対しては、指導を受けるよう知事から勧告することが出来るとした。また、児童相談所が施設入所の措置を解除するかどうか決めるについて、指導担当の児童福祉司の意見を聴くこととしたが、虐待の加害者としての保護者に対してカウンセリング受講義務を負わせ、その実効性を保障するために裁判所の権限を導入して親権ないし身上監護権の停止を可能とする法制度は規定されていない。児童相談所により強制的に親子分離された親側からすれば、児童相談所の指導や援助に応じようとしないのは当然ともいえるため、前述のように分離する機関と親をケアする機関を分けることが必要である。岩井宜子は児童虐待行為の多くは犯罪を構成するので、刑務所に入れるかわりの保護観察処分の遵守事項として「ケア受講命令」を裁判所が発することができれば、それが虐待者自身が変わるための強力なインセンティブになりうるとしている。(G) 一方で、親をケアする機関やプログラムが開発されなければならない。医療ケアや心理面カウンセリング、そしてそれらを総合的に判断する判断基準の作成が求められる。

全国児童相談研究会では二〇〇一年に「児童虐待防止法施行一年にあたっての見解」（資料4）を提出したが、虐待を認めない保護者との間の厳しい確執による相談員の疲弊がうかがえた。例えば「お前の家族をめちゃくちゃにするぞ」「日本刀で叩き切ってやる」「家庭裁判所に申し立てたら殺す」「あることないこと新聞社に言ってやる」等が示されていた。また、施設が不足し、一時保護所も定員超過・長期化し、虐待された子どもの人権が守れないこと、施設での年長の被虐待児による年少児に対する目に余るいじめや乱暴などは現在の体制では対応不能になっていることを指摘しており、こういった状況下で相談員がハードワークからバーンアウトしそうになっている状況が伝わってくる。このため職員のメンタルヘルスの改善も緊急のテーマとなっている。こうした状況をふまえ、人口一〇～一三万人に一人という児童福祉司の配置基準を人口五万人に一人に改善し、心理判定員や一時保護職員についても配置基準を明らかにして改善することや、児童養護施設最低基準を見直し、職員配置を「六：一」から「二：一」に改め、児童一人あたりの居室面積を広げ、個室や二人部屋の拡充整備をはかること、が要望されている。

また、「児童虐待防止法」の改正にむけては、児童虐待の定義、通告制度、速やかな安全確認と適切な保護、強制的な介入、子どもと保護者双方への援助やケア、司法と福祉の関係、警察の援助、親子分離や家族再統合についての判断基準等々において、虐待にかかわる児童相談所や児童福祉施設の職員他、関係者が拠りどころとなるような法改正を行うべきで、「児童虐待防止法」の改正のみならず、児童福祉法（児童福祉法施行令、施行規則、児童福祉施設最低基準を含む）、民法などの関係法制の改正も要請している。

津崎哲郎[1]は次のように指摘している。すなわち、従来児童相談所は要保護児童に対する相談の受理→調査及び検査→緊急保護→行動観察→総合診断→措置決定という流れを実践してきたが、児童虐待事例において通告→児童福祉司の調査→一時保護→改善や在宅援助の可能性評価→措置決定、といった従来のやり方を踏襲した一連の流れにそった援助では保護者との協調や子どもの保護がなしえない事例が多発するようになった。日常的な生活の中にも法の即時的介入が要求される今日、児童相談所は今までとは大きく異なった援助の方策を虐待事例に対して模索しなくてはならなくなったのである。

〈資　料〉

（1）厚生労働省雇用均等・児童家庭局『平成一一年度児童相談所における児童虐待相談処理件数報告』厚生労働省雇用均等・児童家庭局、二〇〇〇。
（2）東京都福祉局『児童虐待の実態——東京の児童相談所の事例にみる』東京都児童福祉部、二〇〇一。
（3）平成一四年　東京都児童相談所医師連絡会議資料、二〇〇二。
（4）全国児童相談研究会「児童虐待防止法施行一年にあたっての見解」二〇〇一年一一月二三日（http://www.geocities.co.jp/NeverLand-Mirai/3054/jisouken.htm）。

〈参考文献〉

（A）Adamus D and Cayouette S：Emerge：A group education model for abusers in Men Who Batter：Intervention and Prevention Strategies in a Diverse Society. Civic resarch Inc. Kingstn. USA, 2002（沼崎一郎訳：エマージーバ）。

（B）David N et al：Understanding Child Abuse. Macmillan, Lonon. 1987（鈴木敦子、小林美智子、納谷保子訳『児童虐待防止ハンドブック』医学書院、東京、一九九五）。

（C）Donald GD：Treatment prpgram for a abusive men.（家族機能研究所訳『妻に暴力を振るう男性のための治療プログラム開発』）アディクションと家族一九巻（二号）：一八三—一九一頁、二〇〇二。

（D）Dutton DG. Bodnarchuk M. Hart S et al：Wife assault treatment and criminal recidism. An eleven year follow-up. International J of Offender Therapy and Comparative Criminology, 41(1)：9-23, 1997.

（E）池田由子「被虐待児の心理とケア」ジュリスト一一八八号：二七—三四頁、二〇〇〇。

（F）石川稔「児童虐待の実態と法的対応：児童虐待をめぐる法政策と課題」ジュリスト一一八八号：二—一〇頁、二〇〇〇。

（G）岩井宜子「児童虐待問題への刑事規制のあり方」ジュリスト一一八八号：二一—二六頁、二〇〇〇。

（H）岩田泰子「児童虐待」松下正明総編集『臨床精神医学講座』第一一巻、三二七—三三八頁、中山書店、東京、一九九八。

（I）開原久代「子どもの心のケア—問題を持つ子の治療と両親への助言—（六）対応のネットワークづくり」小児科臨床五四巻増刊号、二〇〇一：一一六二—一一六九、二〇〇一。

（J）野崎伸一「児童虐待の防止等に関する法律と厚生省の取り組みについて」ジュリスト一一八八号：一一—一四頁、二〇〇〇。

（K）斉藤新二、高島美津子、野原良枝「被虐待児の継続的研究——思春期を迎えた被虐待児たち」安田生命社会事業団研究所性論文集三〇号：一一—二〇頁、一九九四。

（L）津崎哲郎「自治体・民間団体の取り組み——児童相談所の対応実態を中心にして」ジュリスト一一八八号：三五—四〇頁、二〇〇〇。

（M）吉田恒雄「児童虐待に関する法制度」『臨床心理学』一巻（六号）：七二五—七三〇頁、二〇〇一。

（N）財団法人「こども未来財団」『平成一一年度海外調査報告：アメリカにおける児童虐待防止・援助についての調査』(http://www.kodomomiraizaidan.or.jp/kaigai/h11_ame/h11_a1102.html)。

7　児童虐待と家庭裁判所における対応

小野 理恵子
大阪家庭裁判所家庭裁判所調査官

一　家庭裁判所とは

1　家庭裁判所の役割

家庭裁判所は、「家庭の平和と健全な親族共同生活の維持」（家事審判法一条）と「少年の健全な育成」（少年法一条）を目的として、昭和二四年一月一日に新しく設置された裁判所である。

家庭裁判所が審理の対象とする事件は、家事事件と少年事件の二つに分けられ、家事事件では、夫婦間の紛争や遺産相続を巡る争いなど家族や親族の中で生じる問題を、少年事件では、原則として一四歳以上二〇歳未満の少年（女子も含む）の非行を扱っている。この二種類の事件は、一見全く異なった分野の問題であると思われるかもしれないが、問題の要因が家庭にあり、問題解決のためには家族あるいは家庭全体を見ていかなければならないという点で深い関わりがある。

家庭裁判所が、夫婦・親子といった身分関係やこうした身分関係から発生する権利義務に関する判断、非行少年の更生に必要な処遇の決定を主な役割としていることから、家事事件や少年事件の審理には、通常の訴訟とは異なる特色がある。

そのなかで最も特徴的なものが、「手続の非公開」である。通常の裁判の審理は、公開の法廷で行われるが（憲法八二条）、家事事件及び少年事件の手続は全て非公開となっており、原則として関係者以外は審理に立ち会うことができない（家事審判規則六条、少年法二二条二項）。これは、家族の問題や少年の非行は家庭の秘密に属するもので、その性質上内容を第三者に公開することがふさわしくないばかりではなく、プライバシーを保護しなければ当事者や少年・保護者が紛争や非行の背景となった事実を明らかにすることに防衛的になり、真の意味で事案の解決を図ることが難しくなってしまうからである。

家庭裁判所の審理の特色には、この他に「職権主義」[1]と「福祉的機能（後見的機能）」[2]がある。「職権主義」とは、事実を認定するために必要な証拠資料の収集・提出を事件関係人のみに任せるのではなく、審理を行う裁判所自らが必要な情報を収集し、これを基に判断することであり、「福祉的機能」とは、家庭裁判所が単に事実を認定し、法律に基づいて判断を行うだけではなく、必要に応じて当事者や少年・保護者に対して適切な助言や指導を行うことによって解決を図ることを言う。これらの特色は、いずれも、家庭の問題に対してできる限り真実を明らかにするとともに、当事者や少年・保護者の自己解決力を引き出すことによって、実質的な解決を図るためのものである。

2　家庭裁判所調査官の役割

家庭裁判所が「福祉的機能」を果たし、家族の問題や少年非行に対して適切な解決や処遇決定をもたらすためには、法律的な視点のみではなく、関係者の人間関係や資質を総合的に考慮して最も妥当な方策を選択する必要がある。こうした目的を果たすために、家庭裁判所には、事件の進行管理や公証事務を担当する裁判所書記官（以下「書記官」という）のほかに、家庭裁判所独特の職種として、家庭裁判所調査官（以下「家裁調査官」という）が置かれている。

家裁調査官の職務は、裁判官の命令を受けて、紛争の当事者や非行少年とその保護者に対する調査を行って審理に必要な資料を収集するとともに、紛争の原因や紛争の解決方針、非行の原因や少年に必要な処遇についての意見を具申することによって裁判官を補佐することである。また、当事者や少年・保護者に対して教育的な働きかけを行うなど、家庭裁判所の「職権主義」や「福祉的機能」を実現するための役割を負っている。こうした職務の特徴から、家裁調査官は、心理学・社会学・教育学等のいわゆる人間関係諸科学の知識をもつ者のなかから採用されており、その調査においては、例えば家事事件の場合、「事件の関係人の性格、経歴、生活状況、財産状態及び家庭その他の環境等について、医学、心理学、社会学、経済学その他の専門的知識を活用して行うように努めなければならない」（家事審判規則七条の三）とされている。

二　家庭裁判所における児童虐待への関与

1　家庭裁判所が扱う児童虐待関連事件

(1)　家事事件

家庭裁判所における児童虐待への関与の在り方は、家事事件として係属した児童虐待関連事件に対応することが、主要なものである。児童虐待が家庭裁判所に家事事件として係属する場合の態様は、以下の三つに大別される。

① 保護者の意に反する施設入所等の措置の承認（児童福祉法二八条事件）　児童相談所が関与する児童虐待

のなかには、子どもの心身の安全を確保するために、保護者から分離して児童養護施設等に入所させる必要があるにもかかわらず、施設入所について保護者の同意が得られないものがある。児童福祉法は、そのような場合について「保護者が、その児童を虐待し、著しくその監護を怠り、その他保護者に監護させることが著しく当該児童の福祉を害する場合において、児童を児童福祉施設に入所させるなどの措置を採ることが、児童の親権を行う者又は後見人の意に反するときは、都道府県又は児童相談所長は、家庭裁判所の承認を得て、その措置を採ることができる」と定めている（児童福祉法二八条・三二条一項）。児童相談所が扱う児童虐待の中でも、最も重篤で対応困難なケースに対する対応策であるが、この、保護者の意に反する施設入所等の措置の承認を求める事件への対応が、家庭裁判所における児童虐待への関与の中核となっている。

なお、この事件は、根拠条文から、一般に「児童福祉法二八条事件」と呼ばれることが多い。

②　親権喪失宣告

民法は、「父又は母が、親権を濫用し、又は著しく不行跡であるときは、家庭裁判所は、子の親族又は検察官の請求によって、その親権の喪失を宣告することができる」旨定めている（民法八三四条）。親権喪失宣告の請求は、子の親族と検察官のほか、児童相談所長も行うことができる（児童福祉法三三条の六）。保護者の意に反する施設入所等の措置の承認が、保護者の親権のうち、監護権等の一部の権利を制限するという性質を持っているのに対して、親権喪失宣告は、親権そのものを剥奪するものであり、法律的に親子の分離を図るための最終手段とも言える。

なお、親権喪失宣告については、これを本案とした審判前の保全処分として、親権者の職務を一時停止し、又は職務代行者を選任することができる（家事審判規則七四条一項）。この保全処分によって、保護者が施設入所に同意しない場合にも、親権者の職務を一時停止して職務代行者を選任し、職務代行者が同意することによって、とりあえず施設入所等の措置をとることができる。子どもの身柄を保護できていない場合や、保護はしたものの保護者が執拗に引取りを要求している場合など、特に緊急性の高いケースついては、児童福祉法二八条事件の申立てと同時に、保全処分を目的として親権喪失宣告を申し立てるという運用がなされることがある。(3)

③ その他の家事事件　親権者変更（民法八一九条六項）や子の監護者の指定その他子の監護に関する処分（民法七六六条一項・二項）を求める事件のなかにも、児童虐待に関連するものがある。これらの事件は、一般には、離婚した夫婦または婚姻中の夫婦の間で、子の親権や監護権、監護方法等を定めることを目的としている。しかし、児童虐待への対応策として、虐待を行っている親の側から適切な監護が期待できる親の側に親権や監護権を変更したり、子どもの引渡しを求めることを目的として申し立てられることがある。また、婚姻中の夫婦間の問題を調整するための調停事件（夫婦関係調整調停事件）は、直接的に子どもを審理の対象にしているわけではないが、虐待を行っている配偶者との離婚を求めて申立てがなされるなど、児童虐待が申立ての契機となっているものがある。

これらの事件については、児童福祉法二八条事件や親権喪失宣告とは異なり、申立てを行えるのは、父（夫）又は母（妻）であるところの当事者本人に限られている。実務上も当事者が主体的に申し立てているものが大半であるが、なかには児童相談所や民間虐待防止機関が関与し、これらの機関が、子どもを監護することが可能な親の側に申立てを教示しているケースもある。

(2) 少年事件

少年事件で家庭裁判所に係属する少年のなかには、虐待を受けた経歴のある者が少なからずいる。特に、幼少時から逸脱行動を反復し、深刻な犯罪を行った少年の生育歴・生活状況を調査していると、かなりの割合で被虐待経験がみられ、虐待が逸脱行動の要因と考えられるケースも見受けられる。虐待の態様としては、身体的虐待やネグレクトが多いが、性的虐待や心理的虐待も少なくない。特に、女子少年の中には性的虐待の被害を受けている者が相当数あって、性的虐待が逸脱行動の隠れた動機となっているケースも珍しくないことは特筆しておきたい。

少年事件で家庭裁判所に係属する少年たちは、児童福祉の対象となる子どもの中では年齢も高く、既に様々な逸脱行動を身につけているために、虐待を受けている少年に対して児童福祉の範疇で保護を加えようとしても困難なことが多い。児童自立支援施設等に収容しても、生活に馴染まず無断外泊を繰り返すなどの様々な問題を引き起こし、更に自らを傷つける行為を反復するために、結局は、司法や矯正という強力な枠組みのなかで保護せざるを得なくなることもあり、処遇には苦慮する。

少年非行と児童虐待の関連については紙面の都合で深く触れることができないが、少年事件の審理においても、児童虐待の視点を持つことが不可欠であると思われる。

2　児童虐待関連事件の動向

家庭裁判所に係属する児童虐待関連事件のなかで、近年、その動向が注目されているのが、児童福祉法二八条事件の申立て件数や処理状況である。児童福祉法二八条事件の申立て件数は、長い間、全国の家庭裁判所に申し立てられる件数が年間に一〇件から二〇件程度と極めて少なく、家庭裁判所が扱う家事事件の中でも「珍しい」種類の事件であった。一九八〇年代の後半には、専門家の間では既に児童虐待が注目されるようになっていたが、そのことがすぐには児童福祉法二八条事件の申立て件数に結びついてこなかった。その要因としては、①申立てにより保護者と児童相談所が対立的な関係になってしまうと、その後の児童相談所のケースワークが困難になること、②家庭裁判所の承認審判がなされるまでに時間がかかること、③虐待の事実を認定することが困難であること、④承認審判が得られたとしても、親権者の親権がどのような制限を受けるかが条文上明確でなく、審判後

表1　児童相談所における児童虐待事件相談処理件数と
児童福祉法28条事件新受件数の推移

	平成2年	平成3年	平成4年	平成5年	平成6年	平成7年	平成8年	平成9年	平成10年	平成11年	平成12年	平成13年
児童相談所における相談処理件数	1,101	1,171	1,372	1,611	1,961	2,722	4,102	5.352	6.932	11,631	17,725	
児童福祉法28条事件新受件数	37	21	19	15	28	36	54	63	65	97	142	169

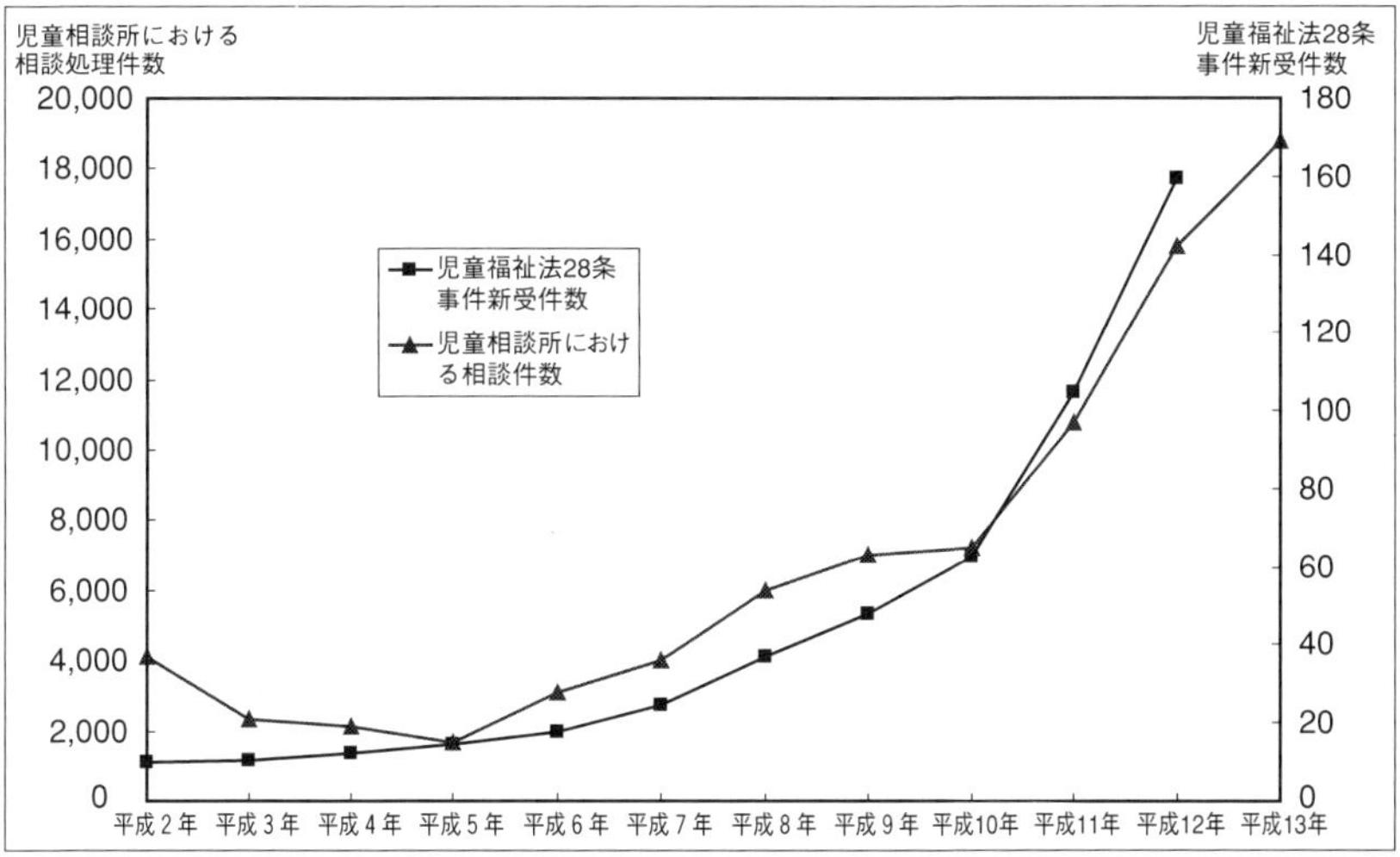

＊　児童相談所における児童虐待相談処理件数は，厚生労働省・児童家庭局総務課「児童相談所における児童相談処理件数報告」による。
＊　児童福祉法28条事件新受件数は，最高裁判所事務総局「司法統計年報」による。

の引取り要求や面会等の要求を制限できる法的根拠があいまいであったこと、などが考えられる。

　しかし、児童虐待が社会的にも大きな注目を浴びるようになった一九九〇年代半ば頃（平成七年頃）から申立て件数が増加しはじめ、一九九九年（平成一一年）には九七件、二〇〇〇年（平成一二年）には一四二件、二〇〇一年（平成一三年）には一六九件と近年急激な増加傾向を示している[4]。なお、児童福祉法二八条事件の申立て件数の増加傾向は、児童相談所における児童虐待相談処理件数の動向とほぼ軌を一にしている[5]（表1）。

　児童福祉法二八条事件の処理状況をみると（表2）、相当の割合の事件が承認されて終結しており、却下になることは極めて稀であることがわかる

表２　児童福祉法28条事件の処理状況

	新受件数	既済件数	認容	却下	取下げ	その他
平成２年	37	33	19	2	12	0
平成３年	21	25	17	0	8	0
平成４年	19	22	18	0	4	0
平成５年	15	12	6	0	6	0
平成６年	28	20	12	0	8	0
平成７年	36	43	18	1	22	2
平成８年	54	51	39	0	12	0
平成９年	63	49	36	0	13	0
平成10年	65	69	40	1	26	2
平成11年	97	81	58	0	23	0
平成12年	142	142	101	6	35	0
平成13年	169	170	131	2	36	1

（出典）　最高裁判所事務総局「司法統計年報」による。

（取下げが多い理由については後述する）。また、近年の審判例をみると、承認された事案の内容は様々で、あらゆる種類の児童虐待が家庭裁判所に係属していることがうかがえる（表３）。

親権喪失宣告については、申立て件数にはっきりした動向は現れておらず、ここ数年、全国の家庭裁判所に申し立てられる件数は、年間一〇〇件前後で推移している(6)。これは、親権喪失宣告が、必ずしも、児童虐待への対応策として申し立てられるとは限らないことに原因があると思われる(7)。

一方で、児童相談所長が親権喪失宣告の申立てを行う例は、僅少にとどまっている(8)。親権喪失宣告は、親子を分離するための究極の手段であるが、児童福祉法二八条事件に較べれば、制度として利用されているとは言い難い。その要因としては、児童福祉法二八条事件が利用されてこなかった要因の①から③に加えて、④親権喪失後の未成年後見人を確保することが困難であること、⑤親権喪失の事実が戸籍に記載されるために申立てが躊躇されること、などが挙げられる。

その他の家庭事件や少年事件については、児童虐待に関連する事件の動向として、統計上明らかになったものがあるわけではないが、実務的な感覚としては、児童虐待を理由とする事件や児童

表3　家庭裁判月報に掲載された児童虐待関係事件の審判例

決定裁判所	決定日	事件名	被虐待児	虐待の概要	結果	掲載年月等			
						年月	巻	号	頁
津家裁	H9.12.24	児童福祉法28条	6歳と7歳の男児	父及び祖父母による保護の怠慢。長期間食事を採らせない,風呂に入れない,衣類の世話をしない等の不適切な監護実態があったもの。	承認	H10.5	50	5	76
広島家裁	H10.1.5	児童福祉法28条	4か月の男児	父母による身体的虐待の可能性。被害児童は,未熟児として出生した乳児。絞首によるものと酷似した低酸素性脳症,頭蓋内出血等が見られたもの。	承認	H10.6	50	6	104
熊本家裁	H10.12.18	審判前の保全処分（本案は，親権喪失宣告）	12歳の女児とその妹の女児	養父による性的·身体的虐待。姉の女児に対しては,小学校4年時から6年時頃まで性交を強要。妹の女児に対しては幼稚園時からしつけと称しての暴力を反復。	許容	H11.6	51	6	67
大阪家裁岸和田支部	H11.11.12	児童福祉法28条	14歳と10歳の男児	母の重度の強迫性障害に起因する精神状態,生活態度及び言動に影響され,自宅への引きこもり等の不適切な生活状況にあったもの。	承認	H12.4	52	4	36
福岡家裁小倉支部	H12.5.10	児童福祉法28条	5歳の女児	父による弟に対する身体的虐待を目の当たりにしたことにより,感情表出が抑制され,情緒的関わりが困難となっていたもの。PTSDに発展する可能性も指摘されていた。	承認	H12.6	52	6	66
長崎家裁佐世保支部	H11.12.1	児童福祉法28条	女児2人と男児（年齢不詳）	父による性的·身体的虐待。男児に対して日常的に身体的暴力を加え,女児に対しては,11歳頃から1年余りにわたって性的搾取を加えていたもの。	承認	H12.8	52	8	55
高知家裁安芸支部	H12.3.1	親権喪失宣告	11歳の女児	父による身体的虐待。乳幼児期から頻繁に暴行を加えていたほか,被害児童を利用して同級生女児を自宅に連れ込みわいせつ行為で逮捕されていたもの。	許可	H12.9	52	9	103
横浜家裁	H12.5.11	児童福祉法28条	9か月の男児	父母及び祖父母による身体的虐待の可能性。頭蓋骨骨折,上腕骨骨折,右鎖骨骨折や鼻腔内への異物挿入が見られたもの。	承認	H12.11	52	11	57
横浜家裁横須賀支部	H12.5.10	児童福祉法28条	6歳，4歳，2歳の女児	母による身体的·心理的虐待。しつけによる体罰と称して暴行を加え,あざ,火傷,擦過傷等が多数回発見されていたもの。	承認	H12.11	52	11	65
広島家裁	H12.7.28	児童福祉法28条	1歳8か月の女児	母の交際相手による性的虐待の可能性。膣壁·会陰裂傷及び直腸裂傷が見られたもの。父は拘置所入所中,母は覚せい剤使用による精神異常のため適切な監護ができない状態にあった。	承認	H13.1	53	1	94
札幌家裁	H13.6.11	児童福祉法28条	11歳の男児	母による不適切な監護。母は,精神的に不安定となると,登校停止,十分な食事を与えない,体罰を加える,屋外に閉め出すなどの行為を繰り返すなど,監護状況が母の精神状態によって左右されていたもの。	承認	H13.12	53	12	88
静岡家裁	H13.7.9	児童福祉法28条	12歳の女児と6歳の男児	母による不適切な監護と継父による身体的虐待。継父は,暴力を振るうほか,夫婦の性交渉を子どもに見せる,身体に触るなどの性的虐待も行っていた。母は,継父との離別と復縁を繰り返し,本件係属時は,アルコール依存症のため入院中であった。	承認	H14.2	54	2	140
宮崎家裁都城支部	H12.11.15	児童福祉法28条	5歳の男児	母による身体的虐待（代理によるミュンヒハウゼン症候群の疑い）。男児は,生後1か月から,原因不明の下痢や発熱,敗血症のため25回もの入院歴を有していた。病状の経過は不自然で,母には点滴に汚物を混入した疑いがあるほか,病状を過大に申告するなどの虚言癖が見られた。父も,母の虐待行為を否認し,施設入所に同意しなかったもの。	承認	H14.4	54	4	74

（出典）　最高裁判所事務総局「家庭裁判月報」による。

虐待の視点を持って対応せざるを得ない事件が増えているように思われる。

3　児童虐待関連事件に関する審理と調査

家庭裁判所が児童虐待関連事件を審理する場合、担当裁判官は、家裁調査官に命じて調査を行わせることが一般的である。[9] 調査の目的や対象・方法は、事件の種類によって若干異なるが、ここでは、家庭裁判所において児童虐待への関与の中核となっている児童福祉法二八条事件の調査を中心に説明したい。

⑴　調査の目的

家裁調査官が行う調査の目的は、審理を行うために必要な事実の収集である。児童福祉法二八条事件の場合、法文上、措置の承認に必要とされている要件、すなわち、①虐待、監護懈怠又はその他の福祉侵害があること、②施設入所等の措置をとる必要性があること、③施設入所等の措置が親権者等の意に反していること、の三点が、審理に必要となる事実である。したがって、調査においては、この三点を認定し、あるいは判断するための資料を整えることが主な目的になる。具体的には、これまでの虐待の態様、原因、監護の実態、監護期間、保護者の生活状況、保護者の監護状況の改善意欲の有無とその可能性、子どもの心身の状態、年齢、子ども本人の意向等について総合的に情報を収集することが一般的である。

⑵　調査の対象と調査方法

①　児童相談所等の福祉機関の調査　児童福祉法二八条事件が申し立てられた場合、家庭裁判所は、直ちに申立書や添付書類を精査し、担当裁判官・書記官・家裁調査官が事件の処理方法を打ち合わせるが、[10] 通常、最初に行うのが、申立てを行った児童相談所やその他の福祉機関の調査である。

申立人は児童相談所長となっているが、具体的には、家裁調査官が担当の児童福祉司等と面接して調査を行うことになる。[11]中立人代理人として弁護士が選任されている場合などには、必要に応じて調査範囲を広げる。児童福祉司等との面接の際には、中立書の内容や添付資料について説明を受けるとともに、児童相談所の児童記録やその他の資料で閲覧できるものには目を通す。

家庭裁判所の審理においては、職権主義が原則となっていることは最初に述べたとおりであるが、児童虐待に関しては、家庭裁判所という一つの機関が網羅的に情報を収集することは困難である。その意味で、児童虐待への関与について中核的な存在であり、児童福祉法二八条事件等の中立ての主体となっている児童相談所からもたらされる情報は重要である。児童相談所では、中立てまでの相当期間、子どもや保護者と対応してきている場合が多いため、担当者からは当事者の人格特性や虐待に関する事実について貴重な情報が得られる。また、中立てまでの間に様々な関係機関が得た情報が児童相談所に集約されていることが多いため、誰が、どのような情報を持っているのかを知ることもできる。

子どもが既に一時保護等によって施設に入所している場合は、当該施設の職員に対する調査も行う。子どもが保護されている環境を確認するためにも、家裁調査官が施設に出向いて調査を行うのが通例である。施設の職員は、施設入所後の子どもの状態やその変化を見ているので、調査を行うことで、子どもの過去及び現在の身体面・精神面の状況が明らかになる。また、子どもが職員に虐待の事実を打ち明けていることもあり、客観的な状況を把握するための手がかりを得られることも多い。

②　虐待を受けた子どもの調査　児童虐待関連事件において、最も重要かつ困難なものが、虐待を受けた子どもの調査である。子どもにとっては、見知らぬ大人と面接するということは、非常な緊張と苦痛を強いられるものではあるが、適正な審理のためには、子どもの心情や健康状態に配慮しつつ、可能な限り子ども本人と直接面接することが基本となる。

しかし、子どもから直接的に虐待の事実を把握することは容易ではない。良く知られているように、虐待を受けた子どもは、保護者に対して恐怖と愛着の入り交じったアンビバレンツな感情を抱いており、その葛藤から容易に事実を語らないことが多く、年齢の低い子どもの場合は、そもそも言語で表現された情報を得ることが困難だからである。

家裁調査官がどのような視点や姿勢で子どもの調査にあたるかについては、既にいくつかの先行研究[12]があるが、基本的には、子どもの身体的所見や精神的所見、面接時における子どもの様子や表情、態度などの事実を足がかりに調査を行う。先に述べたように、児童相談所や子どもが保護されている施設の職員から事前に情報を得た上で子どもに接触し、子どもの年齢等に応じて遊びや描画を取り入れるなど、コミュニケーションの手段も工夫している。家裁調査官が行う調査は、目に見える事実を丹念に拾い集めることによって、虐待という見えない事実に迫っていく作業であるということができる[13]。

また、児童虐待関連事件に限らず、子どもの調査を行うときには、その子どもの年齢等に応じて、家裁調査官が裁判所の職員であることや家裁調査官が会いに来た理由等を極力わかりやすく説明することが大切である。多くの場合、裁判所の人に話すことが、自分の今後にとって重大な意味を持つということは、子どもにもそれなりに理解されるようである。そのため、これまで誰にも話さなかった虐待の事実や自分の本心などを家裁調査官に打ち明けてくれることも少なくない。

しかし、こうした告白をさせることは、子どもに大きな負担を与えることも知っておく必要がある。子どもにとって、保護者に対する意向を明白にすることは、親への恐怖と愛着の板挟みになる厳しい作業である。また、虐待の事実を語ることは、虐待を受けていた場面を想起させ、その時の恐怖や絶望感を再現することにつながる。そのため、調査を終えたあと、興奮して寝付かなかったり、発熱したりという身体症状を表す子どもも多い。子どもの調査にあたっては、日常的に監護を担当している施設の職員等に調査後のケアやフォローを依頼するなどの配慮も重要である。

ある程度年齢が高く、自分なりの主張をすることができる子どもの場合には、これからの生活の在り方について、子ども本人の意向を聞くこともある。(14) しかし、子どもの意向を聞くにあたっては、子どもは、どんなにひどい虐待を受けていても親に愛着を持っており、親を裏切ることへのためらいなどから「家に帰りたい」と言うことが少なくないことを知っておく必要がある。子どもの調査においては、語られた言葉の表面的な内容ではなく、語られた状況と意味合いにも意を注ぐ必要がある。

また、子どもに向き合う時の基本姿勢として、矛盾するようであるが、「あなたの気持ちを尊重する」というメッセージと同時に、「あなたに責任は負わせない（あなたのことは、公的な機関や周囲の大人が責任を持って決める)」というメッセージが必要であると考えられる。

なお、子どもの調査において得られた言語的・非言語的な情報は貴重ではあるが、それを常にそのまま審理の根拠にできるわけではない。子どもの記憶は、何度も事情を聴取されたことによって、変形していることも多い。願望を現実のように語ってしまうこともあるし、稀ではあるが、意図的に嘘をつくこともある。また、子どもの状態についても、一時的な様子だけをみて判断することは危険である。家裁調査官が子どもに接触する時点では、子どもが一時保護等によって施設に入所してから、若干時間が経過していることも多いが、幼い子どもは、安全を保障された場所で生活できるようになると、急速に落ち着きを見せ、会ってみると予想外に安定しているように見えることもある。(15) 家裁調査官は、虐待を受けた子どもの心理について正確な知識を持つとともに、家庭裁判所は、虐待が発見されてから、子どもを保護し、治療し、さらには親子の再統合を図っていく過程の中で、極めて短い期間に立ち会うに過ぎないことをわきまえ、収集した情報をトータルに見ていく姿勢が必要である。

③　虐待を行ったとされる保護者の調査　家庭裁判所の審理においては、反論・弁明の機会を保障するという適正手続の意味合いからも、虐待を行ったとされる保護者に対する調査を欠かすことができない(16)。例外的に、保全処分の審理において、特に早急に子どもの安全を確保する必要がある場合や、子どもを保護する前に保護者が申立てを知ると、子どもを連れて所在をくらませたり、虐待がエスカレートして子どもの生命・身体に危険が及ぶおそれが強い場合には、保護者の調査や審問を行わずに決定を行うこともあるが、原則として保護者の調査を省略することはない(17)。

虐待を行ったとされる保護者の調査についても、子どもの調査と同様に多くの困難が伴う。保護者の多くは虐待の事実を認めないし、そうした事実があったことは認めても、その程度や子どもに与える影響についての認識を欠いていることが多いためである。

調査は、保護者に虐待の事実を認めさせることではなく、できるだけ客観的な事実を引き出すことを目的に行う。虐待の事実については、いつ、どこで、どのような状態で、どんなことが起こったのかという事実関係を聞くことに徹することが重要である。その事実についての保護者の言い分を聞くとともに、診断書等の客観的情報があれば、それと照合し、矛盾点を確認するなどして、さらに事実関係を明らかにしていく。

調査における基本的な態度としては、保護者の状態に応じて、家庭裁判所は子どもの施設収容が相当かどうかを「子の福祉」という観点から判断する立場にあることを説明して裁判所の中立性を理解してもらい、一方的に非難されているという感情を抱かせないことが重要である。そのためには、保護者が持つ不満や不安、その他様々な気持ちを理解して受容的・共感的に接する一方で、保護者の感情に巻き込まれることなく、一貫した態度をとる必要がある。

保護者が家庭裁判所に対して示す態度は、調査や審判に拒否的・無関心となって、呼出しにも応じないもの、激しく攻撃してくるもの等様々である。保護者の中には、性格的な偏りが強い者や、知的な障害を抱えている者、精神疾患の疑いがある者も少なくない。既に広く知られているとおり、虐待を行っているとされる保護者は、悲惨な環境の中で生育し、自らも虐待を受けた経験を持っている者が多い。そのために価値観や対人関係の持ち方が大きく偏っており、子どもの心身に重大なダメージを与える行為を行っていること自体は認めながら、「これは、必要なしつけである」と主張する保護者も少なくない。こうした保護者に対しては、批判的・追及的になることのないよう注意しながら、「しつけ」の真の意味や、世間的な常識を教えることも必要になる。

保護者に対して施設収容に同意を迫ることは、調査の目的ではない。しかし、保護者が調査の経過で、自らの行為や状態を振り返ることができるようになり、児童福祉機関の援助を受け入れる必要があることを認識することによって、結果として、施設入所に同意することは少なくない。最高裁判所事務総局家庭局は、平成一四年四月に、児童虐待防止法が施行された平成一二年一一月二〇日以降に全国の家庭裁判所に申立てがあった児童福祉法二八条事件のうち、施行後一年である平成一三年一一月一九日までに終局した一二三件について事案の動向を調査した結果を発表しているが(18)、このなかでも取下げで終了した事件（同調査では二〇％）の多くが、保護者の同意が得られたことによって解決していることが報告されている。

なお、実務上、保護者の同意の有無やその真意性が争点になることは多くはないが、保護者がもっぱら承認審判を回避するだけの目的で同意しているような事案や、それまでの経緯から前言を翻して引取りを要求してくる可能性が極めて高いような事案においては、同意が真意に基づくものかどうかの検証が必要である。

④　その他の関係者や関係機関　　児童虐待には、多くの機関が関与している。家庭裁判所の審理においては、児童相談所等の福祉機関以外にも、子どもが大半の時間を過ごす保育所・幼稚園・学校等の機関を調査の対象とすることも多い。保母や担任の教諭から子どもの学校生活への適応の具合や問題行動の有無などについて情報を

得ることは、子どもの多面的な理解に役立つ。さらに保育所・学校等が保護者に働きかけを行っている場合には、保護者の人物像、保育所・学校等への対応のあり方、普段の養育態度等についても知ることができる。

身体的虐待が見られるケースでは、保健所・病院等の医療機関が関与していることも多い。子どもに通院歴や入院歴がある場合には、資料として提出された診断書や意見書に目を通すだけでなく、医師等から医学的な所見を聴取することも重要である。子どもの外傷の様子や身体発達の程度、精神的な状態などについて、客観的で専門的な見解を得ることができる。

(3)　調整的な関与

児童虐待関連事件のように危機的な状況にある事件に対しては、早期に事態を把握し、適切な決定を行うことが本来の在り方であるが、事案によっては、最終的な結論を出すまでの間、家庭裁判所が調整的な働きかけをする必要が生じることもある。

家事事件の審理において、家庭裁判所は、「事件の関係人の家庭その他の環境を調整する必要があると認めるときは、家裁調査官に社会福祉機関との連絡その他の措置をとらせることができる」との規定がある（家事審判規則七の五）。これは、なるべく実質的な解決を図るための手段であり、特に当事者に対する調整は、心理的調整とも呼ばれ、通常は、情緒の混乱や葛藤の激しい当事者に対して、情緒を安定させ、理性的な状態で家庭裁判所の手続に参加できるように働きかける援助であるとされている。

先に、施設入所について保護者の同意を得ることは調査の目的ではないと述べたが、子どもと保護者の状況によっては、保護者に家庭裁判所の判断を理解させ、施設入所等の措置を受け入れてもらうことや、自らの行為の問題性を認識して養育態度の改善のための援助（児童相談所の指導等）を受け入れるように働きかけることがある。強制的な解決よりも納得の上での解決のほうが、その後の児童相談所等の指導も行い易くなり、親子の再統合への望みも持ちやすいからである。

また、調査の経過で、保護者が施設入所に同意を示すことが多いことも先に述べたとおりであるが、このような場合に、児童相談所側から、「取下げの判断をするまでに時間がほしい」という要望がなされることがある。保護者が施設入所に同意したといっても、児童相談所は、家庭裁判所への申立てによって保護者との間に対立関係が生じて、指導に困難を感じていることが多く、家庭裁判所に対して、「当面保護者の様子を見てほしい」「保護者に児童相談所の指導に従うよう指導してほしい」という要請を向けてくるのである。

現在の法体系では、家庭裁判所が子どもと保護者の状況を試験的に観察することは予定されていないが、実務においては、子どもの状況や児童相談所と保護者の関係等、当該事件に固有の必要性を見極めた上で、一定期間調整的な働きかけをすることもある。

なお、児童虐待関連事件においてこのような調整を行うためには、あくまで子どもの身の安全の確保が前提になる。特に差し迫った危険がないように見えても、子どもは大人の前では、体力的・精神的に脆弱な存在であり、些細なきっかけで重篤なダメージを受けやすい。「様子を見る」ためには、経過を観察できるだけの子どもの安全が保障されているのかどうかについて、厳しい吟味が必要である。

一般に、民事事件や家事事件においては、本来は当事者の自由裁量に委ねられている事項に関する紛争であることを前提に、当事者の納得による解決を図ることが最も良い方策であるという考え方がある。この考えは、当事者の自己決定を尊重するという意味においては間違いではない。しかし、児童虐待という事態を引き起こすに至った当事者は、自己解決能力が極めて落ちこんでおり、また、他者に暴力を向けるという行為は、飲酒や薬物乱用などと同様に、意思によって十分に制御することが難しいことが多い。児童虐待関連事件に対する調整においては、機能不全の状態に陥った家族（個人）に対する危機介入であるという視点、何よりも子どもの福祉を優先するという視点が重要である。

三　家庭裁判所の対応における課題

1　審理の迅速性に関する課題

従来、児童虐待関連事件が緊急を要するものであるにもかかわらず、家庭裁判所が決定を出すまでに時間がかかり過ぎるという批判があり、このことが家庭裁判所による法的介入が十分に活用されなかった原因の一つであると言われてきた。しかし、近年、児童虐待が社会的に大きな注目を集めるなかで、家庭裁判所も児童虐待には強い関心を寄せており、現在では、児童福祉法二八条事件等の申立てがあった場合には、特に早期に審判を行える体制を整えつつある。先の最高裁判所事務総局家庭局の調査によると、児童福祉法二八条事件の平均審理期間は七二日であり、五三％の事件が二か月以内に、七五％の事件が三か月以内に終局している。

子どもの生命が危機に晒されているという事態に対して、迅速な対応が求められるのは当然であり、平均審理期間七二日は、一刻も早い保護を願っている関係者にとっては、十分とは言えないかもしれない。しかし、児童福祉法二八条事件による施設入所等の措置の承認や親権喪失宣告は、子どもを保護するという側面だけではなく、親の権利を制限するという側面を持っているため、迅速なだけではなく、適正な対応も要求される。家庭裁判所は、迅速な対応と適正な対応という相矛盾する要請に応えるため、さらなる検討を工夫を重ねていく必要がある。

むろん、審理に時間を要する根本的な原因は、やはり虐待の事実認定の困難さにある。虐待の事実認定が困難であること自体は、なかなか容易に解決する問題ではないが、従前は、家庭裁判所の審理において、虐待が認定されるために何が必要かということについて、児童相談所等の福祉機関と家庭裁判所の間で認識にずれがあり、情報のやりとりが効率的に行えないために余計な時間を要している面があった(19)。

近年では、児童相談所側の対応も法的に洗練され、地域によっては、弁護士が申立人代理人に選任されている事件も多くなったため、申立時には、虐待を証明する証拠資料が整理され、身体的虐待が見られる場合などには、診断書や医師の所見が付されているといったこともかなり一般化してきた。

児童相談所と家庭裁判所が連携を密にし、それぞれが得た情報を相手の必要に応じた形で整理し、提供することによって、更に審理の迅速化と措置の適正化を図っていく必要があろう。

2 虐待の事実認定における課題

家庭裁判所が行う事実認定に対しては、児童相談所等の関係機関から、「明白な事実が認められない限り、なかなか虐待と認定してもらえない」、「児童虐待に関する知識が不足していて、児童相談所からみれば、明らかに虐待と思われる事案が虐待と認定されない」といった批判がなされることがある。また、「子どもの心身に危険が及んでいるのであるから、疑わしければ認定するといった姿勢がほしい」という声も聞かれる。

家庭裁判所は、司法機関であるという性質から、虐待を受けた子どもの権利だけではなく、虐待を行ったとされる親の権利をも保障すべき立場にあり、事実認定についての要求水準は、高くならざるを得ない。しかし、必要な保護がなされないような事態はあってはならない。

家庭裁判所が児童虐待に強い関心を持って取り組むようになって数年が経過し、現在では、相当程度実績を積むとともに、児童虐待関連事件の処理に関して実務的な研究を積み重ねている。児童福祉法二八条事件においては、ほとんどの事件が、承認審判がなされるか、施設入所等の措置について保護者の同意が得られたことによって取り下げられるかによって解決しており、却下の審判がなされることは極めて稀である。また、認定された虐待の態様も様々で、「心理的虐待では認定が難しい」といったこともない。事実認定にあたっては、児童養護施設等に入所させる必要性の認定も行なわれることから、虐待者が誰であるかは特定しないまま、家庭において子どもを監護することが子の福祉を害するとして、施設入所を認定した審判例もある[20]。

しかし、現状を細かく見れば、実務経験に基づいて実効的なシステムを積み上げている庁がある一方でこれから一層の整備が必要な庁もあろうし、職員一人ひとりの虐待に対する知識や臨床経験にも差があるのは現状であろう。家庭裁判所は、膨大な事案を処理し、急速に臨床経験を積み上げている関係機関の声には、謙虚に耳を傾け、児童虐待関連事件に対応する職員の執務能力の向上を図っていく必要がある。

3　関係機関との連携に関する課題

児童虐待に関しては、各地で関係機関や虐待に関与する様々な分野の専門家によるネットワークが構築されている。児童虐待への対処においては、一つの機関だけでできることは限られており、家庭裁判所に対しても、他の関係機関とともに連携に加わり、地域のネットワークにも積極的に参加すべきだという声が聞かれる。

従前は、司法機関である家庭裁判所が、具体的な事案について、最初から中立人である児童相談所の主張を実現する方向で関与することは不可能であるという考えから、ネットワークへの参加には消極的にならざるを得ないという意見もあった。しかし、「児童虐待の防止等に関する法律」に、国及び地方公共団体の責務等（同法四条）が定められ、関係機関及び民間団体の連携の強化が明文で求められたことを受けて、家庭裁判所も、これからは、都道府県単位のネットワークに積極的に参加していく方向に向かっている。具体的な事案を離れれば、児童虐待に関わる多様な機関と日常的な連携を保ち、それぞれの機関が持つ機能や役割や限界について相互理解を深めることは、円滑な事件処理のために欠かせないことである。

臨床に携わる者にとって危険なのは、自分が勤務する機関に係属する事案しか知らずにいることによって、自覚しないうちに判断基準が偏ってしまうことである。その意味でも、ネットワークへの参加によって、家庭裁判所への申立てに至らない児童虐待の事案がどのようなもので、関係機関がそれにどのように対処しているのかを知ることは重要である。

また、具体的な事件の処理においても家庭裁判所の積極的な関与や密度の濃い連携に対する要望は強く、特に、保護者に対する指導への協力の要請がなされることが多いことは先に述べたとおりである。現行制度では、家庭裁判所は、児童虐待に関して、極めて限られた事案に、限定された短い期間、関わることしか出来ない。専門家の間では、従前から、米国の法制度のように、家庭裁判所が保護者に対して、カウンセリングの受診命令を発するなど、一定期間、保護者の状況を観察した上で、親子の再統合をはかるべきかどうかを判断するような制度整備が必要であるという指摘がなされている。この点については、今後の法改正の動きを見守りたい。

四　おわりに

児童虐待においては、法的な介入による親子の分離は、問題解決の一つのステップであり、最終的な解決をもたらすものではない。今後の方向性としては、「とにかく手遅れにならないように、親子を分離する」という段階から「いかに適切な時期に、適正な手続で親子を分離するか」という分離の「質」が問われる段階を経て、「いかに親子関係の修復につながる分離を行うか」という課題に向かって行く必要があると思われる。そのためには、分離後の親・子それぞれに対するケアを充実させていくとともに、親子の分離に関与する児童相談所や家庭裁判所が、親子分離の在り方について常に検討を加え続けて行く必要があろう。

（1）「職権主義」は、「当事者主義」に相対する概念である。通常の裁判は、原告と被告（民事事件）あるいは検察官と被告人及び弁護人（刑事事件）といった事件関係人が、互いに自らの主張の裏付けとなる証拠を提出するとともに相手の主張に対する防御を行い、裁判所は対立当事者から独立した第三者的立場で公権的な判断を下すという構造のもとで行われる。これが「当事者主義」と呼ばれるものである。家庭内の紛争の原因となった人間関係や情緒的な問題、非行を犯した少年の性向や非行の背景となる環境要因などは、「当事者主義」による対立的な構造の中では必ずしも明らかにならないことに加え、夫婦や親子のような身分関係に関する問題は、当事者の自由裁量に任せることに適していないことから、家庭裁判所の審理においては、「職権主義」によることが妥当であるとされている。

（2）「福祉的機能」は、「司法的機能」と対になる概念である。家庭の問題や少年の非行には、法律的な観点だけでは割り切れない人間関係の葛藤や心理的な問題などの複雑な要素が絡んでいることが多い。したがって、家族の問題や少年非行について実質的な解決をもたらすためには、家庭裁判所が必要に応じて当事者や少年・保護者に対して適切な助言や指導を行うなど、福祉的な機能を果たすことが有効であるとされている。

（3）児童福祉法二八条事件について、審判前の保全処分が可能か否かについては、法的に争いがある。児童福祉法二八条二項は、家庭裁判所の承認について、これを家事審判法九条一項甲類に掲げる事項とみなしている。さらに、家事審判法一五条三号一項は、「第九条の審判の申立があった場合においては、家庭裁判所は、最高裁判所の定めるところにより」審判前の保全処分ができるとしているが、児童福祉法に規定する事件について最高裁判所が定めた特別家事審判規則には児童福祉法二八条事件に関する審判前の保全処分に関する定めがない。しかし、明文の規定はなくても保全処分を認めるべきであるという考えがあり、保全処分を認めた審判例もある（浦和家裁平成八年三月二二日審判（「家庭裁判月報」四八巻一〇号一六八頁））。ただ、これについては反対の見解もあり、実務的な扱いが定まっているとはいえない。

（4）厚生省（現厚生労働省）が、平成九年六月二〇日に児童家庭局長通知「児童虐待等に関する児童福祉法の適切な運用について」を発出したことを皮切りに、児童虐待に対して積極的に取り組む姿勢を打ち出したことから、各地の児童相談所の姿勢に変化が現れたことが、大きな要因となっていると考えられる。

（5）全国的な視点で見れば、児童福祉法二八条事件の申立ては、大阪などの児童虐待への取り組みが進んだ地域に集中しており、申立てが一件もない都道府県も少なくない。これは、児童相談所の人的・物的態勢にまだまだ地域差があることを示していると考えられる。
(6) 最高裁判所事務総局「司法統計年報」による。
(7) 親権喪失宣告は、離婚後の親権者の変更や面接交渉、子の奪い合い、養育費の請求などの紛争に端を発し、相手当事者の養育態度を非難・攻撃するための手段として申し立てられることが少なくない。もちろん、親同士の激しい紛争の中に子どもが巻き込まれていることは深刻な問題であるが、このような経緯で申し立てられた事件には、児童虐待とは言えない事案、緊急性・重篤性に乏しい事案が多いのが実情である。
(8) 厚生労働省雇用均等・児童家庭局総務課「平成一二年度における児童虐待相談処理件数報告」によると、児童相談所が親権喪失宣告を申し立てた件数は、平成一〇年に九件、平成一一年に一件、平成一二年に八件に留まっている。
(9) 必要に応じて、裁判官が直接審判の場で関係者の主張を聞く方法(審問)も活用される。
(10) 短時間に多くの関係者の調査を行う必要や、対応が困難な保護者に複数で対応する必要等から、複数名の家裁調査官が担当することが多い。
(11) 通常、家庭裁判所と児童相談所は、何らかの形で連携を保っていることから、児童福祉法二八条事件や親権喪失宣告の申立てにあたっては、事前に児童相談所から家庭裁判所への相談や連絡という形で情報が入ってくることが多い。児童虐待関連事件は、対応に緊急を要するため、あらかじめ申立予定日時を知らせてもらい、担当者が申立手続のために来庁した際に家裁調査官が面接(受理面接)を行うこともある。
(12) 後掲参考文献9、10、11、12、13、14。
(13) 後掲参考文献9。
(14) 特別家事審判規則一九条二項は、「当該児童が満一五歳以上であるときは、家庭裁判所は、当該児童の陳述をも聴かなければならない」と定めているが、実務上は、ある程度自分の意志を表明できる年齢に達していれば、一五歳未満の子どもに対しても意向を聴くことが多い。
(15) 後掲参考文献7。
(16) 特別家事審判規則一九条一項は、「家庭裁判所は施設入所等の措置の承認に関する審判をするときには、当該児童を現に監護する者及び親権者の陳述を聴かなければならない」旨定めている。ただし、陳述を聴く機会を保障すればよいとされているため、調査や審問に不出頭を繰り返す保護者の場合は、意向を聴取できないまま審判を行うこともある。

(17)　家事審判法に、「保全処分の審判は、これを受ける者に告知することによってその効力を生ずる」(同法一五の三第四項)との定めがあることから、保護者の調査や審問を省略しても、保全処分の決定自体は保護者にも知らされる。この場合、保護者は保全処分の決定通知に触れて、はじめて家庭裁判所への係属を知ることになる。保護者は、家庭裁判所に激しい不信感や攻撃感情を抱くため、本案の調査が困難になることは避けられないが、子どもの身の安全と適正手続の間でぎりぎりの選択を迫られることも多い。

(18)　後掲参考文献17。

(19)　ケースワークを基本とする児童相談所の関与の経過において得られた情報は、対立的な構造の中での吟味に耐えるだけの証拠としては十分さに欠けることがある。例えば、関係者が直接に把握した証拠と、伝聞によって得た証拠では審理における価値が異なるということは、法律家にとっては常識であるが、福祉機関にとってはとまどいを感じる概念かもしれない。そのため、児童相談所側は、「どんな情報を、どのように提示すれば、虐待の認定に役立つのかわかりづらい」という思いを持つようである。

(20)　横浜家裁平成一二年五月一一日審判(「家庭裁判月報」五二巻一一号六五頁)。

[引用・参考文献]

1　吉田恒雄 編「児童虐待への介入　その制度と法〔増補版〕」尚学社、一九九九年
2　石川稔「児童虐待めぐる法政策と課題」ジュリスト№一一八八、二〇〇〇年
3　吉田恒雄「児童虐待と親権の制限」ジュリスト№一一八八、二〇〇〇年
4　釜井裕子「児童福祉法二八条一条一項の家庭裁判所の承認について」家庭裁判月報五〇巻四号、一九九八年
5　斎藤学 編「児童虐待(危機介入編)」金剛出版、一九九四年
6　西澤哲「子どもの虐待　子どもと家族への治療的アプローチ」誠信書房、一九九四年
7　井上登生「児童虐待について」家裁調査官研究展望二四号、一九九五年
8　津崎哲郎「自治体・民間団体の取組み――児童相談所の対応実態を中心にして」ジュリスト№一一八八、二〇〇〇年

9 橋本和明「子の虐待と家庭裁判所」ケース研究二四九号、一九九六年
10 中谷正昭「家事事件からみた「虐待」の諸相」こころの科学七二、一九九七年
11 岡本吉生 他「家事事件における子どもの調査方法に関する研究」家庭裁判所調査官研修所、一九九七年
12 大阪家庭裁判所「児童虐待に関連する家事事件の調査及び関係機関との連携について」家庭裁判月報五一巻六号、一九九九年
13 神戸家庭裁判所「児童虐待に関連する家事事件の調査及び関係機関との連携」家庭裁判月報五二巻一〇号、二〇〇〇年
14 山本弘二 他「児童福祉法二八条事件の調査方法及び関係機関との連携について」家庭裁判所調査官研修所、二〇〇一年
15 岩佐嘉彦「弁護士から見た児童虐待事件」家庭裁判月報五三巻四号、二〇〇一年
16 厚生労働省雇用均等・児童家庭局総務課「平成一二年度児童相談所における児童虐待処理件数報告」
17 最高裁判所事務総局家庭局「児童福祉法二八条事件の動向と事件処理の実情」最高裁判所ホームページ（http://www.courts.go.jp）、二〇〇二年
18 最高裁判所「家庭裁判所の児童虐待防止に対する取組」時の動き、二〇〇一年

8 医療現場での対応・保護

奥山眞紀子
国立成育医療センターこころの診療部部長

一　虐待対応における医師の役割――歴史と現状

子ども虐待への対応をリードして来たのはアメリカでも日本でも、社会的見方のできる一部の医師たちでした。アメリカでは一九四六年、小児放射線科医のキャフェイ（Caffey）が、頭蓋内出血と多発骨折を伴った六例を発表し、その不自然さに言及しました(1)。これらは後に虐待であることが判明したのです。そして、それが虐待対応に大きく貢献することになった有名なケンプ（Henry C. Kempe）らの〃Battered Child Syndrome〃(2)（一九六二）という論文に繋がっていきました。

この論文をきっかけとして、アメリカの虐待対応は飛躍的に進みました。一九六八年までには、ほとんどの州が公的機関への通告義務を法律化しました。初期には医師のみが通告義務の対象でしたが、その後、他の分野に広がっていきました。対象となる虐待も、身体的虐待のみならず、ネグレクト、性的虐待、心理的虐待と広がっていきました。これは、そのような虐待の社会的発見でもありました。

一方、連邦議会では一九七四年に子ども虐待防止対応法（the Child Abuse Prevention and Treatment Act）が制定され、虐待を定義し、国立センターを設置し、各州に通告を義務づける法律を作るように定めました。それに先立って一九七二年に行われた公聴会で小児科医であるケンプが指摘した以下の三点は現在の日本に十分当てはまることであり、興味深い問題です。(3)

① 虐待をする親は転居を繰り返すことが多いため、国による電子化された子ども虐待通告登録簿を作り、すべての医師が見ることができるようにすべきである。それによってより正確な診断が下せる。

② 両親がケアを受けている間、子どもを保護する里親のネットワークが必要である。それにより、親が対応を学んでいる間、親へのプレッシャーを減らし、危機を減少させることが出来る。

③ 社会福祉局という一専門機関だけでは、子ども虐待やネグレクトに対処したり予防したりすることは不可能である。多専門分野にわたる（multi-disciplinary）サービスユニットを発展させ、ほとんどの保護機関にある伝統的な用をなさない規則や規制を排除しなくてはならない。

しかしながら、現在のアメリカの医療における虐待の取扱いは必ずしも理想的というわけではありません。医学モデルだけでは診断がつかないもどかしさ、他機関との連携の重要性や司法へのかかわりなどに時間がとられること、開業医の地域での評判への配慮などが障壁となり、残念ながら、一般の医師が風邪を診るのと同じように虐待に対応できると言うレベルまでには至っていません。その重要性はわかるが積極的に取り組むことは避けたいという姿勢が見て取れます。また、予防にかかわる医師の関与はそれほど強いものではありません。虐待対応の先進国であるアメリカから学ぶことはもちろん多いものですが、日本では乳児健診などのシステムが整っており、それに関与する医師が多いことから、医療が虐待対応に貢献できる分野は独自に広げることができると考えられます。

その日本では、虐待対応に重要な役割を果たしたのは地域の民間ネットワークでした。そして、それぞれのネットワークの中で医師たちが活躍してきました。しかし、それは一部の医師に過ぎなかったのです。しかし、二〇〇〇年に「児童虐待の防止等に関する法律」が施行され、医師を含めた専門職には虐待の早期発見が義務付けられ、早期発見をしたものは児童福祉法二五条に基づいて通告をする義務があることも明記されました。これにより、虐待対応は一部の医師に任された問題ではなく、全ての医師がかかわる問題であることが法律上は明らかになりました。現時点では医師の卒前卒後の教育に十分な虐待対応が含まれているわけではなく、多くの医師は避けて通りたい問題と考えているのが現状ですが、二〇〇二年六月、日本医師会が医師のためのマニュアルを発刊し、少しずつ教科書や教育にも取り上げられるようになってきています。今後の変化が望まれています。

二　虐待対応の目的

子ども虐待への対応の最大の目的は子どもを心身の危険から守ることであり、虐待者を罰することではありません。もともと、虐待とは子どもの側からの視点です。例えば、普通の子どもが発熱しても、他の症状がなければ、一日頭を冷やして休ませるなどの対応でもそれほど危険はありません。しかし、心臓疾患を抱えた子どもにとっては命取りになりかねません。つまり、子どもの状況によって同じ行為でも介入が必要なときとそうでないときがあるのです。

虐待を受けることによる子どもの危険には、生命や身体の危険、精神障害の危険、被害を繰り返し受ける危険、加害者になる危険、の四つがあります。医療関係者はこれらの危険から子どもを守るべく最善を尽くさなければなりません。特に、命や身体の危険と精神障害の危険から子どもを守ることは、医療が中心にならなければいけない問題です。

また、虐待対応が子どもを守ることであり、親を罰することではないことは、とても重要なポイントです。親を罰するのであれば、その親の権利の問題として「疑わしきは罰せず」が常識ですが、子どもを守るためには「疑わしきは行動を起こす」を常識としなければ、できません。その「行動」の中には親へのサポートも含まれます。虐待の多くは、親子関係の悪循環で起きるものです。悪循環が取り返しのつかないところまで行く前に、親を救うことも大切な対応です。

「虐待」という言葉が親の行為を指す言葉と捉えられがちであり、ネグレクトや親の能力による養育上の子どもの危険などを見過ごしがちになることがあることから、「不適切な養育」という視点で子どもを守ることが求められています。「虐待」と「不適切な養育」は殆ど同意語ですが、言葉のイメージとして、前者が親の行為を指すように思われがちであるのに対して、後者は親子関係を指すことにより、子どもの視点が確保されるからです。ただ、ここでは、全体との整合性の問題で、「虐待」という言葉を使いますが、「不適切な養育」と読み替えていただいた方がわかりやすいかもしれません。

三　虐待対応の医療の課題

子ども虐待対応への医療の課題は、1発見、2介入・保護、3医学的評価、4治療とケア、5予防などがあります。

1　発　見

(1)　医療で発見される虐待ケースの特徴

現時点で、医療で発見される虐待は、以下のような特徴があります。一機関の例ではありますが、一九九八年四月から二〇〇〇年三月に埼玉県立小児医療センターを初診した虐待ケースに関するデータを表1以下にあげておきます（文献(4)より引用）。何らかの身体症状で身体諸科を初診したケースと虐待を受けたことによると考えられる精神的症状で来所した精神科におけるケースとはかなり事情が異なるため、分けて示してあります。これらの表から、何らかの身体的症状を持って受診した子どもの特徴は以下のようなものがあると考えられます。

①　身体的虐待 and/or ネグレクトが多い　医療現場で発見される虐待は傷・事故・低栄養などの主訴で来院する子どもの中から見つかるわけであり、身体的虐待や重篤なネグレクトが多いのは当然です。表3からもそれが見て取れます。しかし、医療の中での認識が上がってくれば、目に見えやすくて発見されやすい身体的虐待や重篤なネグレクトだけではなく、他の虐待の発見も増加してくることと考えられます。

②　重篤なケースが多い　表4・表5からも重篤なケースが多いことがわかります。その一つの理由は、保護者が重篤な状況になって始めて医療機関を受診させるからです。また、一方、医療の方も軽いケースを見逃してしまっている可能性があります。今後、軽いケースをどのように発見して初期の段階で保護していくかが医療の重要な課題となると考えられます。

③　低年齢が多い　表2に示すように、身体諸科を受診した虐待ケースは平均年齢三・〇歳と年齢が低い傾向があります。実際には一〇歳以上の数人のケースが平均年齢を引き上げていますが、乳児のケースが多いのです。低年齢児、特に乳児は脆弱で、命の危険や後遺障害を残す危険が高いので、医療の役割は重要であると言えます。

表１　埼玉県立小児医療センターを初診した虐待ケース数
（1998年4月－2000年3月）

	全病院	身体諸科	精神科
確実、ほぼ確実	76	37	48
疑い	11	6	5
合計	87	43	53

表２　被虐待児の年齢

身体諸科	精神科
3.0歳	7.0歳

表３　虐待の種類

虐待の種類	身体諸科	精神科
身体的虐待	33	31
ネグレクト	8	8
性的虐待	0	9
心理的虐待	1	5

表４　身体諸科の診断名

診断名	ほぼ確実	疑い	合計
頭蓋内出血、脳挫傷	7	3	10
脳震盪	2		2
骨折	3	1	4
窒息	1		1
溺水		1	1
腹腔内臓器出血	1		1
２度以上の火傷	1		1
鼓膜破裂	1		1
灯油誤飲		1	1
重症肺炎	1		1
栄養障害、発達遅延	4		4
その他	16	0	16

表５　身体諸科受診ケースの転帰

転帰	ほぼ確実	疑い	合計
死亡	2	3	5
施設（含一時保護）	17	0	17
親戚に預ける	1	0	1
地域での支援	14	2	16
転院	3	0	3
不明	0	1	1

(2) 医療における発見の手順

① 疑　い　医療においても他の分野と同じように、発見は簡単なものではありません。それは虐待が本来隠されるものであるからです。それを意識し、「不自然さ」を発見する力を持たねばなりません。不自然な傷、不自然な状況、不自然な行動、不自然な親子関係、などに気付く力が必要なのです。例えば、二ヵ月の子どもが「ベッドから落ちた」と連れてこられた場合に、そのまま診察して帰すようでは虐待は発見されません。寝返りができない子どもがベッドから落ちるということは殆ど考えられません。どのような大きさのベッドで、どのように寝かせ、どのぐらいしてからどのように転落に気づいたのかを詳しく聞かなければなりません。それも、「……でなければ落ちるはずがないのですが」と言うように相手にヒントを与えたり、誘導になったりするような聞き方をすることは、後の対応が困難になるので避けなければなりません。このように、虐待を発見するためには、「不自然さ」に気づくトレーニングが必要なのです。虐待に多い子どもの医学的所見や親の説明などに関しての知識も少しずつ集積しています。しかし、一つだけでそれがあれば虐待と言う所見があるわけではありません。虐待はあくまでも総合判断であり、総合的に見る力が要求されているのです。

② 問　診　上記のごとく、虐待を疑うには問診が非常に大切です。何か「不自然さ」を感じたときには、丁寧な問診が求められます。この問診は後で司法のかかわりが出てくる可能性もあるので、「どんな状況でしたか？」「なにをしていたのですか？」といったようなオープンな質問をし、マルティプルチョイスや二者択一の答えを求めるような質問は避けるようにしなければなりません。また、親への問診とともに、答えられる年齢の子どもには、子どもにも状況を聞くことが求められます。その際、子どものトラウマを考慮しながら、子どもを守ることができることを伝え、その上でオープンな質問をします。ただ、虐待を疑うことが妥当であると言う根拠（虐待を確定するわけではない）が得られた時や子どもの不安が強い時には無理をし過ぎないようにします。

③ 診　察　診察も丁寧に行われなければなりません。親に抱かれたままの診察では、全身の傷に気づくことはなかなか困難です。実際、明らかな骨折があった頃に、風邪症状を主訴に医療機関を受診していながら、四肢の骨折が見逃されていることはよく経験されます。それだけの骨折があればその位置が腫れていて、動きが少なくなっているはずですが、親に抱かれたまま、胸部の診察だけが行われていれば、見逃すのも無理はありません。小児の診察、特に乳児の診察の場合には、どのような場合でも必ず裸にして、診察台の上で全身を観察することが推奨されます。

④ 観　察　子どもの行動や親子関係を観察することは重要です。大声ではしゃいでいる子どもが、親が近づくと無表情になったり、びくびくするような行動がある時には注意が必要です。また、親が無表情であるときにも、意識しておく必要があります。普段から聴診器を当てるだけではなく、親や子どもの表情や行動に敏感である医療が求められています。

⑤ チーム対応と情報収集　虐待を疑った時には一人で悩んでいるより、皆で集まって考える方がうまくいく確率が高くなります。大きな医療機関であれば、病院内のシステムがあるべきですが、そのような病院はまだ少数です。虐待が疑われた時には、それぞれの場での情報を収集することが必要になります。医師の前ではおとなしく従順な人間を装っている親でも看護婦や事務員の前では子どもを叩いている可能性もあります。院内でその子どもと家族にかかわった人の情報を集めます。紹介をしてくれた医師がいればその医師からの情報も集めることが必要になります。他の機関や関係者から情報を集めるためには親の許可が必要なこともあります。

⑥ 普段からの医療の姿勢　地域に根ざした医療を行っているほど、虐待を発見することができるはずです。保健所との連携、学校医や保育園の園医などとしてのかかわりを持つことで、地域での情報が共有されるからです。事実、そのような医師には、保健師、保育士、教師などの他の職種からの紹介や相談が多く寄せられます。

その中から、虐待、つまり、不適切な養育を発見する機会が多くなるのです。

2　介入と保護

(1)　院内でのネットワーク

上記のような発見の時のみならず、介入に関しても院内システムがあると、より良い形を取れます。虐待への対応は主治医一人の肩に乗せてしまうと、判断があいまいになりがちです。院内システムがあれば、そこでの広範囲な情報収集が行われ、いろいろな角度からの知恵が集められ、より良い介入に結びつけることができるからです。そして、通告や告知に関しても、主治医一人の判断ではなく、病院全体の判断とすることで、主治医も動きやすくなりますし、他機関に対しても病院が一致した形で動くことが連携を容易にします。

(2)　通　告

虐待を疑ったケースへの社会的介入の第一歩は児童相談所もしくは福祉事務所への通告です。通告は児童福祉法で制定されている義務です。通告は口頭でも良いことになっています。しかし、最終的には文書で送るほうが誤解を少なくします。児童相談所は通告元を親に明らかにしなければならないわけではありませんが、医療機関のケースの場合には、重篤なケースが多いことや、通告意図が明確に示せることから、通告元として明かされる方が子どもを守ることに役立ちます。ただ、地域のかかりつけ医が親の唯一のサポートになっており、通告したことが今後の対応に障害になると判断されたときには、より大きな病院に紹介し、そこから通告してもらうといった工夫が必要になることもあります。

(3)　告　知

「虐待が疑われるので」、もしくは「不適切な養育とかんがえられるので」、あるいは「子どもの安全が保障されているとの確信がもてないので」、児童相談所に通告したことを親や家族に告知するのは医師の役目です。通告とは親を告発することではなく、子どもの安全を確保するためであることを十分説明します。ただ、ケースによっては予め児童相談所と十分に連絡を取りながら、告知の方法を検討する必要が場合もあります。

(4) 保　護

虐待対応の最大の目的である「子どもを危険から守る」ために、まずは子どもを安全な場所に保護することが必要になります。幸い、医療においては入院という方法があります。まずは入院と言う形で保護し、情報収集や検査を行って、判断することが求められます。入院施設のない医療機関では、入院できる医療機関に紹介すると言う方法も有効です。

医学的に全く入院の必要はないが、危険が高いときには児童相談所に一時保護ができます。しかし、これはあくまでも、児童相談所の判断です。よく児童相談所と協議をする必要があります。

また、虐待としてのシステムに乗せるより、育児支援が必要であると考えられる親や家族もいます。そのような時には保健機関と相談することが求められています。いずれにしても、疑っていながら、自分で打ち消して放置することだけは避けなければなりません。

(5) 警察への通報

明らかな傷害事件や性犯罪と考えられるときや、子どもや関係者に危険が及ぶと考えられるときには警察に通報したり、連携することが必要になります。児童相談所が告発することもできるので、通常であれば児童相談所と連携しながら警察の関与を求めるかどうかを検討します。また、夜間緊急の場合には警察に通報することで児童相談所との連携ができることもあります。

3　医学的評価

虐待から子どもを守るためには、医学的に総合的評価を行い、その結果を福祉や司法に専門的な説明ができることが求められています。そのためには以下のことがなされている必要があります。

(1)　記　録

虐待を疑った時にはその記録をきちんとしておく必要があります。診察結果、問診、観察事項などを細かく記録しておくことが大切です。皮膚所見などを写真やビデオで撮っておくことも意味のあることですが、それと平行して記録もしっかりととる必要があります。

(2)　診察・検査

虐待の医学的な総合評価を行うには、主訴となる問題に対応する科の診察のみではなく、状況によって他科の診察や検査が必要になります。検査や診察は、子どもの医学的治療に必要なもののみならず、司法の判断で子どもが救えるかどうかの状況を想定して、虐待を証明するためのものも必要です。

一般に低年齢の被虐待児には全身の骨をレントゲンで調べる必要があります。また、虐待に特徴的とされる微細な骨折の所見を判断するには、小児放射線科医へのコンサルトが欠かせません。また、骨折は初期には判断が困難であり、疑わしい場所がある時には、一〇日から二週間後に再撮影が必要となります。それに加え、頭に強い外力が加わったと考えられる場合には頭部の骨のCT、MRI、脳波などの検査と、眼科や耳鼻科や歯科の精査が必要になります。CTでは頭蓋骨や顔面骨の骨折や頭蓋内出血の有無を見ます。ただ、虐待で多く見られる脳の古い傷や微量の出血はMRIでなければ判断が困難なこともあります。眼科的な精査では、網膜損傷、白内障、水晶体脱臼、眼底出血などの外傷性眼障害のチェックが必要ですし、耳鼻科では、鼻骨骨折や鼓膜破裂などの外傷のチェックが必要となります。また、歯科では口腔内の傷や歯根、上顎・下顎の外傷のチェックが必要になるのです。熱症などの皮膚所見がある時には、どのような機序が最も考えられるかを皮膚科の専門的な視点から診察が必要となることがあります。

さらに、どのような形の虐待でも、本来は精神医学的チェックが必要です。どのような精神的問題があり、どのような危険性があるかの判断が必要だからです。乳幼児期の愛着障害、トラウマの症状などの判断が求められています。

これらの所見の全てをとり、総合判断をするためにはマネージメントをする医師が他の医師とのチームを組んで対応する必要があります。しかし、現時点ではその重要性がまだ認識されておらず、そのような専門チームのある医療機関は殆ど存在せず、意識のある医師に頼っている現状です。

このような、医学的評価を行い、司法に耐えられる意見書を作成して子どもを守るためには、虐待に精通してマネージメントをできる医師と、子どもに精通した小児科、脳神経外科、整形外科、放射線科、眼科、耳鼻科、皮膚科、歯科などの医師が求められます。そのような点を考えると、少なくとも各県に一ヵ所ぐらいずつは、虐待に関して拠点となる医療機関が必要と考えられます。

4 治療とケア

虐待ケースの場合には、医療で行う治療やケアに関しても他機関との連携の下、総合的支援計画の一部としてなされる必要があります。身体的治療を行っている医師が、人格障害のある親に取り込まれ、他の機関と対立関係になり、協力体制が築かれず、子どもに更に重篤な障害が起きてしまう危険さらされるといったこともあります。十分な連携が必要です。

表6　精神科の受診目的

受診の目的	
評　　価	19
治　　療	34

表7　精神医学的診断

主たる診断	
トラウマ反応	17
愛着障害	15
行為障害	6
多動性障害	4
その他	10

(1)　身体医学的治療・療育

身体医学的問題に関する治療や療育は他の治療と変わるものではありません。しかし、在宅での治療では、親が来院を怠ったり、家での治療や訓練を殆どしないといった問題が生じることがあります。来院しないからといって放置せず、危険信号のひとつとして支援に加わっている児童相談所や保健所などに連絡をする必要があります。他の機関から来院を促してもらうことも有効です。

(2)　精神医学的治療

表6と表7にあるように、精神医学的治療を必要とされるような問題を持ってくる子どもは多くおり、愛着の問題やトラウマの問題を抱えています。最近では、解離性障害、反社会性人格障害、境界型人格障害、物質依存、摂食障害、うつ病、などといった成人の精神障害の背景に虐待を受けた体験がかかわっていることが明らかになっており、それらの障害の予防としても早期からの精神医学的介入が必要だと考えられます。虐待を受けることによって、人を信頼できず、攻撃的になり、多動で落ち着きがなくなるといったように、育てづらさが増し、それが養育をしている人の負担となって、子どもと良い関係が作れず、悪循環となる傾向も見られます。虐待者と離別した親や施設職員や里親が養育をになう時にもこの悪循環が起きないよう注意が必要です。したがって、早期からの精神医学的介入は直接の治療とともに、養育者が子どもの行動を理解し、適切なかかわりをすることで悪循環を防ぐことも含まれているのです。

(3)　虐待をしている親や家族の治療やケア

親や家族の治療やケアも医療の関与が求められている問題です。しかし、重篤な虐待をする親ほど治療の必要性を認識しておらず、治療意欲がないのが現状です。これまでの医療は治療意欲のある人にだけ治療を行ってきました。今後、治療の強制の方法が進めば、その受け皿として、治療意欲のない人にどのような治療を行っていくかと言う方法論が求められて来ます。虐待という事実への直面化、グループの力の利用、ロールプレーの利用など、様々な手法の施行とその適応の検定が必要だと考えられます。まだまだ医療の関与は足りない状況ですが、今後の発展が必要です。

(4)　在宅ケアへの関与

虐待はあるが分離をするほどではなく、在宅でケアしていくことも多いものです。その際、医療も支援機関の一つとして関与していくことが求められることも少なくありません。病気や障害や精神的な問題で医療にかかる必要がある時にはもちろん、乳幼児では予防接種や健診の場での観察や、何らかの理由で受診した時に全身チェックをすることができるからです。前述のごとく総合的な支援計画の下、他機関と連携しながらかかわりを続けます。その際、何か変化があったときの情報の流れと危機状態になったときの動き方を共有しておくことが大切です。そして、数ヵ月に一度は定期的に現状を関連機関が把握していく必要があります。

5　予　防

虐待を未然に防ぐことは理想的なことであり、医療の中でもそれに向かって様々な努力がなされつつあります。その幾つかを紹介してみましょう。

①　プレネイタル・ビジットや産科での係わり　妊娠期の親や家族と会うことで、親やパートナーの精神状

態や親としての準備状態、望まれた子どもであるのか、家族の問題の有無などを把握することができます。支援が必要と考えられる親や家族には妊娠中から支援することができるため、その効果が期待されています。また、産後のうつの状態を早期に発見し、かかわることで、ネグレクトなどの問題に至る前に対応することができると考えられます。産科と小児科の連携、さらには保健との連携も予防には必要になってきます。

②　健診をスクリーニングから相談の場へ　かつての乳幼児健康診査（健診）は乳幼児期の疾患、特に股関節脱臼の発見のためのスクリーニングであり、その後、脳性麻痺の早期発見の為のスクリーニングを中心にその機能を果たしてきました。現在でも、疾患や発達障害の早期発見早期介入の意味は非常に大きなものがあります。しかし、大きな部屋で流れ作業的に行われる健診の場面では親の殆どは子どもの合否の判定をされている意識が強く、困ったことを相談しようという意欲がわきません。健診が個別になっていく中で、相談の機能が付加されることが大切です。親からの相談を受けることで、育児の困難さに早期に対応し、虐待にいたることを防ぐことができると考えられます。

③　かかりつけ医の重要性の認識　親の中には設備の良い大きな病院にかかることを求めてしまう傾向があります。しかし、そのような医療機関では医師の交替も多く、子どもを全体として捉えてもらうことができにくいものです。かかりつけ医は、子どもの特徴を知るのみならず、家族や地域の様子もわかっているため対応が画一化されたものではなく、その子どもに合わせたものになります。そのようなかかりつけ医は、親の状況も把握し、適切なサポートに結びつけることによって虐待を予防する力があります。そのためには、かかりつけ医の必要性を社会に認識させることが大切です。一方、かかりつけ医が虐待のリスク因子に精通し、サポート能力を高めていくような方策がとられることも求められています。

④　未熟児および疾患や障害をもった子どもを抱えた家族へのケア　未熟児および慢性疾患や障害を持った

子どもはそうでない子どもに比べて虐待を受ける率が高いリスク因子として知られています。その理由として、生まれた直後の親子分離の問題と育てにくさが挙げられています。そのような子どもを持った親に対するサポートは予防に関する医療の役目として非常に重要です。子どもの身体の治療だけではなく、親や家族へのサポートも医療の一部として組み込むことや親の会との連携が求められます。そのようなケアによって、親が孤立することを防ぎ、支援を求めやすくなり、虐待に至るのを防ぐことに繋がるからです。

四　医療での虐待対応に関する障壁

虐待を受けた子どもが医療にかかわる機会は多いはずです。しかも、最近では乳幼児健診も個別の医療機関で行われることが多くなってきており、さらにその機会は増加していると考えられます。しかし、医療からの虐待通告はそれほど多いものではありません。その原因としての医療現場における障壁のいくつかを挙げてみましょう。

1　医療関係者のマインド

医療にかかわる人は、人を助けたいと言う思いから職業選択をしている人が多いのです。つまり「善人」であり、さらに、「治す」ことを通して「尊敬される」人を目指す自己イメージがあります。一方ではそれが過酷な労働の原動力となっているのですが、目の前にいる親の言っていることを疑うことに罪悪感を抱き、気になることがあっても疑う自分を否定してしまいがちです。

また、医療関係者の中でも、特に医師は、自然科学としての医学を求め、自然科学として解決のできないものを遠ざけたいと言う気持ちが働くこともあります。さらに、どの職種でも同じことだと思いますが、争いになったり、司法との関係などで厄介なことに巻き込まれたくないという気持ちが働くことも当然あります。

このようなマインドの問題の多くは、虐待対応に対する誤解がその根底にあることが多いのです。例えば、医療関係者の多くが未だに、「虐待」を子どもの側から見て危険を守ることを考えようとする枠組みと捉えるのではなく、大人からの積極的な行為に限定して考えている傾向があります。例えば、虐待者が誰かわからないが、不自然な傷が繰り返しあるときや、子どもの状態が危なくても親が精神遅滞であるときなどは、虐待と考えずに通告をせず、子どもにとって取り返しのつかない状態になるまで放置してしまうこともあります。そのような医療関係者に、「不適切な養育」であるかどうかを聞くと、殆どの人が「不適切な養育には入ります」と答えるのです。そして、そのような医療関係者は虐待への対応は親を罰することに繋がると考えている人が多いのです。実際には虐待は子どもの側から考えられる問題であり、虐待への対応は親を罰することではなく、子どもを守ることです。そして、子どもを守るために必要であれば親に多くのサポートがなされることになるのです。全ての医療関係者が、「虐待」という言葉のイメージに左右されるのではなく、「不適切な養育」による危険から「子どもを守る」ための発見であることを認識するように卒前・卒後の教育を徹底させる必要があります。

2　医療の方向性との矛盾

かつての医療は、医者と患者の信頼関係の中で、医師が情報の全てを持ち、患者やその家族には十分な情報を与えずに一方的に治療を行う傾向がありました。しかし、医療が複雑になり、患者や家族の権利が重要と考えられるようになってきて、最近では、患者さんと家族に十分な情報を提供し、医療行為の意思決定に関しても医療側のみではなく、患者さんや家族と十分な医師の疎通をしてなされる必要があると考えられるようになってきました。

患者が子どもであるときには、親が子どもの意思を代行できる存在と考えられています。つまり、昔は、知識と技能を兼ね備えた医者と無知な親という構図だったのですが、最近は親も医者と同等であり、子どもの医師を代弁する人と考えられ、様々な決定に関与するようになってきているのです。例えば、予防接種に関しては、以前は死に至る病の流行から社会を防衛するために強制的に行っていましたが、現在では「勧奨」という形で、最終決定権は親に与えられるようになりました。親は子どもの最善の利益を追求するという前提の基に考えられてきており、その意識を医療関係者が強く持つ傾向が出てきています。簡単に言うと「親に強制していはいけない、親を重視しなくてはいけない」という意識です。もちろん基本的にはよい流れですが、それが、虐待をしている親という考えを否定してしまう一つの障壁になってしまっているのです。

虐待をしている親、つまり不適切な養育になっている親や家族の場合には、子どもの最善の利益を追求すると言う保証はないのですが、医療の流れの中では、そのような親にも当然同じような権利が与えられています。権利には当然責任がついて回ります。親は子どもに代わって医療的情報を得、治療を決定する権利があるがあるという背景には、親は子どもの最善の利益を追求する責任が課されているのです。そして、その責任が果たされていない時にはその権利も放棄していることにほかなりません。しかし、子どもにとって最善の利益を追求すると言う責任を果たせる親であるかどうかを判断するのは医療の範疇を超える問題です。子どもを守ることを第一に考え、そのためには親を説得することは重要ですが、それでも対立するときには行政や司法の決定を仰ぐ必要が出てくるのです。今後更にそのような問題が多く出現してくることになると考えられます。権利の擁護とは手間隙《ひま》のかかることなのですが、医療関係者もそれを十分認識しなければなりません。

3　経済的問題

虐待にかかわると、かなりの時間がとられる上に、それに対する対価が支払われないという医療経済上の問題もあります。特に最近では公立の病院でも収支が問題とされ、経済効率の悪い問題への忌避が強くなる傾向にあります。また、親に告知することで、医療費が未払いになる危険もあります。さらに、地域によっては「あそこへ行くと虐待と疑われる」という評判が立ち、患者が来なくなるのではないかという心配がもたれることもあります。これらの問題が虐待でなければよいと言う無意識の期待に繋がり、判断を誤らせてしまうことがあります。

今後、虐待に対応することが医療費の圧迫に繋がることがないような何らかの行政的対応が求められています。

五　医療における対応を向上させていく方法

医療においての虐待への対応を向上させるために様々な努力が必要です。そのなかのいくつかについてあげてみましょう。

①　医療関係者には、自分で自分の意思を表現できない子どもや障害者を守る使命があることを明確にする。
②　医療関係者全ての卒前・卒後の教育に、虐待への対応を組み込む。
③　医療関係者が他の機関との連携になれるような教育や対策をとる。
④　受け皿としての拠点病院を作り、対応をしやすくする。
⑤　虐待の対応や予防に必要な技術や時間に正当な報酬が与えられるような配慮を行う。
⑥　虐待への対応や予防の方法論を確立し、専門家として一般の医師の相談に乗れるような、虐待医療という専門性を確立する。

⑦ 司法医学を発展させる。

⑧ 被虐待児や虐待者や家族への精神医学的治療やケアを行える人材を増やし、その方法論を確立する。

⑨ 福祉や司法の関与が速やかに行われるようにし、子どもを守る医療を行いやすくする。

⑩ 地域に密着した、かかりつけ医を定着させる制度を作る。

六　最後に

虐待に対する医療の対応はまだまだ確立されておらず、緒に就いたばかりです。一方、虐待への対応が特殊なことではなくなってきた現在、社会運動だけではなく、専門性に裏づけされたそれぞれの技術の向上が強く求められています。医療に関しても、医療という専門分野として、虐待対応の技術を向上させることが急務と言えます。

［引用文献］

（1）Caffey J. Multiple fractures in the long bones of infants suffering from chronic subdural hematoma. Am J Roentogenol 1946 : 56 : 163-173.

（2）Kempe C.H., Silverman F.N., Steele B.F., et al. The Battered Child Syndrome. JAMA 1962 : 181 : 17-24.

（3）Squyres S.B. Child Abuse : Betraying a Trust. Information Plus. Texas : Wylie 1997.

（4）奥山眞紀子「医療機関における対応と課題」柏女霊峰・才村純編『子ども虐待へのとりくみ』（別冊［発達］26, pp.46-54, 2001）。

〔参考文献〕

（1）日本子ども家庭総合研究所編『厚生省　子ども虐待　対応の手引き』（改訂版）、有斐閣、二〇〇一年。

（2）Helfer M.E., Kempe R.S. & Krugman R.D. ed. The Battered Child. 5th ed. Chicago ; University Chicago Press, 1997.

（3）Monteleone J.A. & Brodeur A.E. ed. Child Maltreatment. A Clinical Guide and Reference. 2nd ed. St. Louis ; G. W. Medical Publishing, 1998.

9 保健所における対応・保護

石井トク
岩手県立大学看護学部教授

一 はじめに

わが国では、古くから子捨て、子殺し、親子心中などが恒常的に存在していた。子は親の所有物としての認識と、高率な乳児死亡を背景に、子どもの生命を軽んじる風土があった。その後、社会、科学、医療の急速な進展によって乳児死亡率は著しく改善された。その一方では、少子化現象が急速に進み、親の子に対する期待が過大になってきた。親の子に対するイメージの差異、期待に反した子と親の衝突は多くなり、弱い者である子が犠牲となる。親の反応は感情的であることが特徴的である。したがって身体的暴力が多い。ときには無視、ネグレクトとも結びつきやすい。親の保護を必要とする低年齢であればあるほど、子どもに及ぼす侵襲は大きく、生命を脅かすことになる。

その要因に、親が幼少時から子どもについての常識を学習する機会が少なくなってきたことも無視できない。少子化によって兄弟の面倒をみるということも少なくなり、子どもに対する常識的知識が、今日では常識的でなくなってきた。そこに、地域が一体になって母子をサポートする必然がある。住民の窓口である保健所が、児童相談所、病院等の関連機関と連動しながら機能させるかが重要課題である。

そこで、本稿は地域住民の健康管理機関である保健所における児童虐待対策に焦点をあて、その対応、問題点について述べたい。

二　地域保健法と保健所

保健所は、「保健所法」（昭和一二年四月五日）に基づいて社会防御的な視点から公衆衛生行政を実施してきた。しかし、少子化・高齢化社会、慢性疾患の増加を中心とする疾患構造の変化から、地域住民個々の健康の保持・増進を目的とし、全面的に改正が行われた。名称も現行の「地域保健法」に変更された（平成六年）。

1　保健所の機能（新たな地域保健の体系）

改正によって、地域保健対策は、市町村保健所が実施主体となり、地域住民に対するサービスの提供を行うことになった。都道府県保健所は、広域的・専門的・技術的業務を担うと共に、市町村におけるサービスが円滑に実施されるように支援する責務がある（図1参照）。

保健所の事業（同法六条）の項目は、次の通りである。

①　地域保健に関する思想の普及および向上に関する事項
②　人口動態統計その他地域保健に係る統計に関する事項
③　栄養の改善および食品衛生に関する事項

図1 新たな地域保健の体系

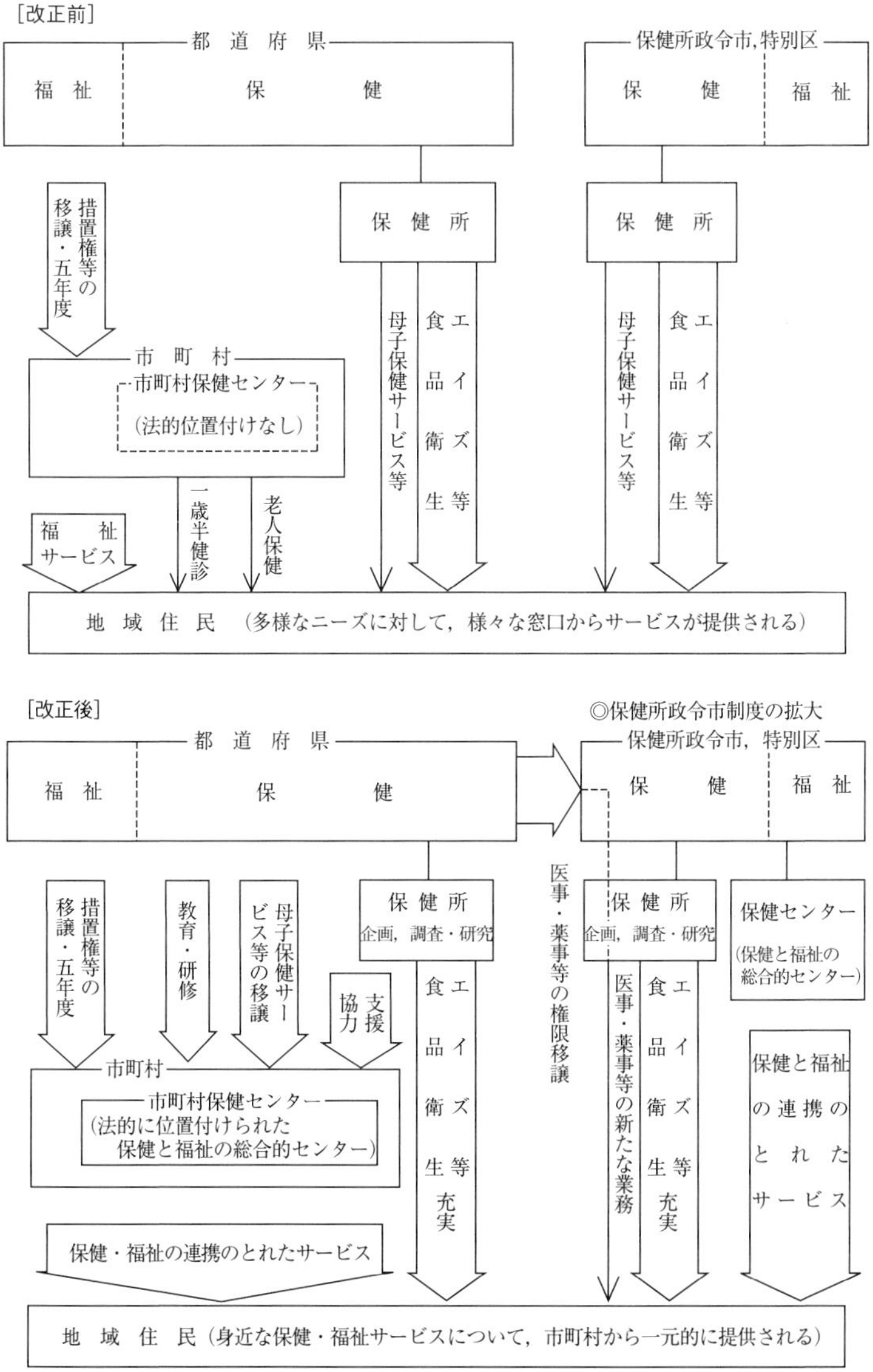

〈出典〉 厚生省保健医療局地域保健・健康増進栄養課 監修『地域保健関係法令実務便覧』,第一法規,62頁,2000年。

④ 住宅、水道、下水道、廃棄物の処理、清掃その他の環境の衛生に関する事項
⑤ 医業および薬事に関する事項
⑥ 保健師に関する事項
⑦ 公共医療事業の向上および増進に関する事項
⑧ 母性および乳幼児並びに老人の保健に関する事項
⑨ 歯科保健に関する事項
⑩ 精神保健に関する事項
⑪ 治療方法が確立していない疾病その他の特殊の疾病により長期に療養を必要とする者の保健に関する事項
⑫ エイズ、結核、性病、伝染病その他の疾病の予防に関する事項
⑬ 衛生上の試験および検査に関する事項
⑭ その他地域住民の健康の保持および増進に関する事項

以上の事項につき、企画、調整、指導およびこれらに必要な事業を行う。また、市町村に保健センターを設置し、住民に対し、健康相談、保健指導および健康診査その他、地域保健に関し、必要な事業を行うことになっている（同法一八条）。

保健所あるいは保健センターでは、住民の健康管理を担う看護専門職である保健師（厚生労働大臣の免許を受けて、保健師の名称を用いて、保健指導に従事することを業とする者――保健師助産師看護師法第二条）によって、健康サービスを提供している。各種事業の中でも児童虐待予防対策は、母子保健活動の重点課題でもある。したがって、助産師の資格を有する保健師の活躍が期待されている。

2 母子保健行政と保健師の責務

わが国は、世界に類をみない急速な高齢化社会を迎え、二〇〇六年には六五歳以上の高齢者が二〇％となる。ちなみに、平成一三年度（二〇〇一年）の平均寿命は、男性七八・〇七歳、女性八四・九三歳であり男女とも過去最高となっている。高齢化問題は同時に少子化問題でもあるが、行政が同じ土俵で論じることはなかった。「子どもを持つ持たない」はプライベートな問題とした誤った認識があったことも事実である。一九九八年、少子化を特集にした旧厚生白書によって初めて「子育て環境」の諸問題が明示された。

これらを踏まえ、厚生労働省は二一世紀に迎えた健康づくりの国民運動指針として「健康日本21」を掲げ、同時に少子化対策として母子保健の視点から「健やか親子21」として母子の諸問題について四つの課題を体系的に示し、その中で児童虐待予防について言及している（図2）。

3 「健やか親子21」と児童虐待の予防的措置

四つの課題とは、①思春期の保健対策の強化と健康教育の増進、②妊娠・出産に関する安全性と快適さの確保と不妊への支援、③小児保健医療水準を維持向上させるための環境整備、④子どもの心の安らかな発達の促進と育児不安の軽減である。特に「児童虐待」は、④項の中で妊娠、出産、育児を通して公衆衛生的、医療介入による予防・早期発見・早期介入の可能性から、医療職の役割期待の可能性を強調している。

4 児童虐待に関する通告義務と医療職の責務

平成一二年一一月、「児童虐待の防止等に関する法律」が施行された。すでに児童福祉法の第二五条に児童虐待の通告を謳っていたが、本法によって通告者の職種を明記することによって、その責任を自覚し、被虐待児の

図２　「健やか親子21」の概要

21世紀初頭における
母子保健の国民運動計画
2001～2010年

課　題	①思春期の保健対策の強化と健康教育の推進	②妊娠・出産に関する安全性と快適さの確保と不妊への支援	③小児保健医療水準を維持・向上させるための環境整備	④子供の心の安らかな発達の促進と育児不安の軽減
主な目標（2010年）	○十代の自殺率（減少） ○十代の性感染症罹患率（減少）	○妊産婦死亡率（半減） ○周産期医療ネットワークの整備（47都道府県） ○不妊専門相談センターの整備（47都道府県）	○周産期死亡率（世界最高水準を維持） ○乳児のSIDS死亡率（半減） ○幼児死亡率（半減） ○初期，二次，三次の小児救急医療体制が整備されている都道府県の割合（100%）	○育児支援に重点をおいた乳幼児健康診査を行っている自治体の割合（100%） ○親子の心の問題に対応できる技術を持った小児科医の割合（100%）
親子	応援期 思春期	妊産婦期～産褥期 胎児期	育児期 新生児期～乳幼児期～小児期	育児期 新生児期～乳幼児期～小児期

↑ 目標達成に向け運動

国民（住民）

↑

地方公共団体　専門団体　民間団体

「健やか親子21」推進協議会

↑ 支援

国（厚生労働省,文部科学省など）

（出典）　桑島昭文「21世紀のわが国の母子保健行政」『小児保健研究』61巻２号151-156頁，2002年。

早期発見、早期対応、被虐待児の適切な保護の施策を推進することを狙ったものである。

同法第五条に「学校の教職員、児童福祉施設の職員、医師、保健師、弁護士その他児童の福祉に職務上関係のある者は、児童虐待を発見しやすい立場にあることを自覚し、児童虐待の早期発見に努めなければならない」と規定している。法に専門職が明示されたことは法的責任が伴うという意味で重要である。

(1)　医療施設外来での発見と通告義務

医療施設、なかでも総合病院で、児童虐待を発見できるのは、小児科だけではなく、意識不明を主訴とする「救急外来」、「脳外科外来」、骨折・打撲などによる「整形外科外来」である。また、「産婦人科外来」における性的虐待の発見が重要である。性的虐待の発見は、乳幼児・学童・思春期の各期にわたるので、性器の疼痛、炎症、出血などの訴えがある場合は、常に性的虐待を疑い、視診をすることが重要である。したがって、産婦人科医は、小児科医・外科医らと密なる連携がとれるような体制が望まれる。

また、リプロダクティブ・ヘルスの専門職である助産師は母親、子どもの言動からの観察によって虐待の予測をすることができるので、助産師との共同体制も欠かせない。

(2)　妊娠・出産を通しての早期発見

先に延べたように、「健やか親子21検討会報告書二〇〇一年一一月」は、児童虐待の基本対策として妊娠から、出産・育児を通じての支援の重要性を謳っている。したがって、周産期医療に関わる助産師は、虐待の可能性を予測し、予防的介入をする責務がある。

表１　全国児童相談所が処理した虐待相談の経路別相談件数

	総数	家族	親戚	近隣知人	児童本人	福祉事務所	児童委員	保健所	医療機関	児童福祉施設	警察等	学校等	その他
平成10年度	6, 932	1, 861	224	616	159	939	142	292	395	324	415	895	670
	(100%)	(27%)	(3%)	(9%)	(2%)	(14%)	(2%)	(4%)	(6%)	(5%)	(6%)	(13%)	(9%)
平成11年度	11, 631	2, 611	370	1, 678	228	1, 543	323	473	573	580	617	1, 431	1, 204
	(100%)	(23%)	(3%)	(15%)	(2%)	(13%)	(3%)	(4%)	(5%)	(5%)	(5%)	(12%)	(10%)
平成12年度	17, 725	3, 692	544	2, 449	294	2, 306	467	829	799	858	1, 109	2, 382	1, 996
	(100%)	(21%)	(3%)	(14%)	(2%)	(13%)	(3%)	(5%)	(5%)	(5%)	(6%)	(13%)	(11%)

（出典）　佐藤拓代（分担研究者）『子ども虐待予防のための保健師活動マニュアル——子どもの関わるすべての活動を虐待予防の視点に（マニュアル版）』平成13年度厚生科学研究補助金「子ども家庭総合研究事業」地域保健における子ども虐待の予防・早期発見・援助に係る研究報告書、2003年。

三　保健所による児童虐待の対応

児童虐待の早期発見の観点から、通告及び情報経路と、医療機関との連携を考えつつ、保健所での対応策を概観する。

1　児童虐待の通告

全国児童相談所の児童虐待相談処理件数は六九三二（平成一〇年度）、一一六三一（一一年度）、一七七二五（一二年度）と倍増している。

児童虐待の情報経路の内訳で注目すべきは、家族・近隣などで約半数を占め、医療機関・保健所は一割にも満たないことである。これは、被虐待児の早期発見の最も高い「場」でありながら、また「職種」につきながら機能していない証であるといえる（表1）。

遅すぎた児童虐待の情報であることを示唆している。言い換えれば、情報を得た段階で、すでに問題は深刻化し、被虐待児は重症例が多いということである。

一九九二〜一九九九年の被虐待児の司法解剖件数は四五九例であった。年度別内訳では、一九九〇年・三二件、九一年・三四件、九二年・三七件、九三年・三八件、九四年・五一件、九五年・四七件、九六年・四六件、九七年・五七件、九八年・七二件、九九年・四四件である。年齢では〇から四歳までが最も多く八三・〇%、死因別では頭部外傷が最も多かった（出典、日本法医学企画調査委員会「被虐待児の司法剖検例に関する調査『日本法医学雑誌』五六号二七六―二七九頁、二〇〇二年）。

(1)　医療機関との連携

最悪な事態にならないためには、医療従事者は、親、あるいは子どもの来院時の主訴から、児童虐待の可能性を疑い、親及び当事者の言動の観察、当事者の身体の観察、X線撮影などから疑いを深めることによって確証を得ることができる。

疑いの段階では、再診を約束したり、訪問看護部門に経過観察の連絡、さらに、地域の保健所に連絡することも必要である。医療施設の医療従事者は、早期発見を担う責務があることを認識したい。そのためには、①自覚、②虐待に関する知識、③連携体制を整えることが急務である。

(2)　診療所、助産所との連携

診療所の医師及び助産所の助産師は、最も地域に密着し、母子保健活動を担っている健康管理者である。特に、古くから家庭訪問指導を主流とする助産師には、家族も構えることがないので、保健師との連携によって、早期発見の効果が期待できる。

2　保健所における母子保健施策

被害者の中でも、自らの身を守ることができない児童に対する救済は、「家庭のプライバシーより優先されなければならない」という基本姿勢を持っていなければ、早期介入はできない。さらに、「躾《しつけ》か、虐待か」の確証を得ようとすることも無意味である。児童虐待の発見は「確証」ではなく、「疑い」で十分である。

(1) 保健所における児童虐待情報経路の特徴

保健所が得た児童虐待情報は、全体の僅か四~五%（平成一〇年度四%、一一年度四%、一二年度五%）に過ぎなかったが、その情報手段には特徴がある。つまり、通告を受けることもあるが、母子保健事業活動を通して虐待を予測し、専門的観察から得た情報を査定するというプロセスである。これを「プロセス情報」と称するならば、全体の約半数を占めていた。その内訳は、「乳児健診から」が最も高率で七割、出生届、その他の職員からが各一割、次いで妊娠届、医療公費負担からという特徴がみられた（表2）。

(2) 児童虐待と母子保健法

母子保健業務活動の法的根拠は、母子保健法（昭和四〇年八月一八日）である。母子の健全な出生と育成を理念とした法律で、措置として次の点を挙げている。

①知識の普及（第九条）、②保健指導（第一〇条）、③新生児訪問指導（第一一条）、④健康診査（満一歳六月から満二歳に達しない幼児。満三歳を超え満四歳に達しない幼児。第一二条）、⑤市町村の妊産婦又は乳幼児健康診査（第一三条）、⑥栄養の摂取に関する援助（第一四条）、⑦妊娠届（第一五条）と母子健康手帳（第一六条）、⑧妊産婦の訪問指導等（第一七条）⑨低体重児の届出（第一八条）、⑩未熟児の訪問指導（第一九条）、⑪養育医療（第二〇条）などである。

表2　把握経路

1 これまでの関わり	29	(7.0)
健診等		
2 乳児健診から	152	(35.4)
3 妊娠届	12	(2.8)
4 出生票表	26	(6.1)
5 医療費公費負担	9	(2.1)
6 精神福祉相談員	1	(0.2)
7 その他職員	23	(5.4)
家族		
8 養育者から子の相談	45	(10.5)
9 養育者以外から子の相談	3	(0.7)
10 他の相談から	6	(1.4)
機関		
11 出生病院の連絡	23	(5.4)
12 入院病院の連絡	5	(1.2)
13 児童相談所	11	(2.6)
14 家庭児童相談室	3	(0.7)
15 福祉事務所	2	(0.5)
16 市町村保健所関係者	14	(3.3)
17 保育所	18	(4.2)
18 幼稚園	1	(0.2)
19 通園施設	3	(0.7)
20 他の保健所市町村	6	(1.4)
21 虐待ホットライン	3	(0.7)
近隣		
22 近隣から	4	(0.9)
23 民生・児童委員	3	(0.7)
24 その他	26	(6.1)
計	428	100.2

出典は表3，4と同じ。

保健所及び保健センターでは、保健師自身の

図3 主な母子保健施策

平成13年5月現在

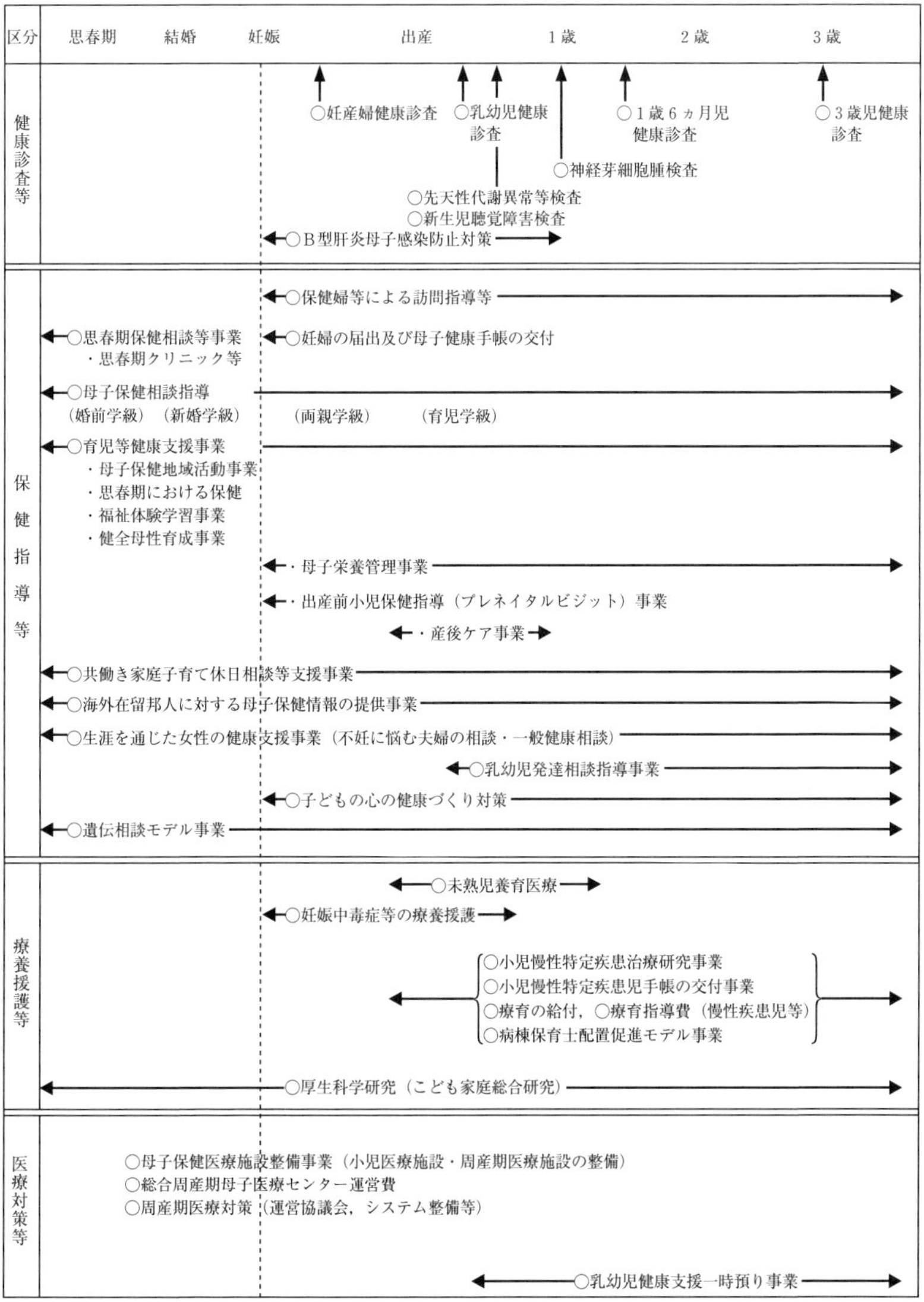

(出典)『国民衛生の動向・厚生の指標』臨時増刊,48巻9号,通巻752号,厚生統計協会,2001年。

表3　子どもの背景要因の継続経過把握と初回把握

(N＝440)

背景要因		継続経過把握(A) 人 (%)	初回把握(B) 人 (%)	初回把握率(B／A)
把握問題なし		67 (15.2)	102 (23.2)	
出生時の特性、疾患	1 未熟児	70 (15.9)	63 (14.3)	90.0
	2 新生児時期の特別ケア	26 (5.9)	18 (4.1)	69.2
	3 基礎疾患あり	41 (9.3)	20 (4.6)	48.8
発達遅れ・疑い	4 発育遅れ	86 (19.6)	37 (8.4)	43.0
	5 発達遅れ、疑い	224 (50.9)	171 (38.9)	76.3
病気にかかり易い	6 病気にかかり易い	19 (4.3)	4 (0.9)	21.1
行動情緒の問題	7 行動情緒の問題	96 (21.8)	47 (10.7)	49.0
双胎	8 双胎	14 (3.2)	14 (3.2)	100.0
継子	10 母の継子	2 (0.5)	0 (0.)	0
	11 父の継子	2 (0.5)	0 (0.)	0
	12 養子	1 (0.2)	0 (0.)	0
育てにくい子	13 育てにくい	62 (14.1)	24 (5.5)	38.7
	14 なつかない	13 (3.0)	4 (0.9)	30.8
	15 言うことを聞かない	36 (8.2)	14 (3.2)	38.9
	16 多食	2 (0.5)	1 (0.2)	50.0
	17 小食	27 (6.1)	11 (2.5)	40.7
その他	18 その他	58 (13.2)	32 (7.3)	55.2

(出典) 全国保健婦長会『子どもの虐待防止のためのハイリスク要因等実態調査』調査の全体像，58－81頁。

発見情報が期待されている。ところが、発見は、「乳児健診」に多く依存している感がある。乳児健診時に子どもの発達の遅れ、母親・子どもの言動の矛盾などから発見する方法の効果は高く評価できる。しかし、裏を返せば、新生児訪問指導、妊産婦訪問指導、未熟児訪問指導などの家庭訪問活動が十分でないことの証でもある。児童虐待は家庭内という密室で起こる。だからこそ、家庭訪問指導を強化する必要があろう。

3　父母及び子のリスク要因と虐待予測

(1)　子どものリスク要因と情報把握

虐待の誘因となる子と親のリスク要因については、すでに多くの研究によって明らかにされている。しかし、リスク要因、児童虐待予測は、数回のアプローチによって、把握できるものである。そこで、この点に注目した全国保健師会の調査を概観する(表3、4)。

「子どもの背景要因の継続経過観察と初回把握」は、保健師が関わり始めたとき(初回把握)、その後の経過を通じて把握(継続経過把握)による情報把握の相違を比較検

表4　背景要因の継続経過把握と初回把握（N＝440）

背景要因	父親 A 継続経過把握 人（%）	父親 B 初回把握 人（%）	父親 B／A 初回把握率	母親 A 継続経過把握 人（%）	母親 B 初回把握 人（%）	母親 B／A 初回把握率
把握問題なし	83（18.9）	152（34.6）		10（ 2.3）	42（ 9.6）	
生育歴・個別性						
1 生育歴の問題	30（ 6.8）	8（ 1.8）	26.7	84（19.1）	22（ 5.0）	26.2
2 知的障害	17（ 3.9）	15（ 3.4）	88.2	48（10.9）	30（ 6.8）	62.5
3 精神疾患	6（ 1.4）	3（ 0.7）	50	73（16.6）	49（11.1）	67.1
4 アルコール類	7（ 1.6）	7（ 1.6）	100	7（ 1.6）	2（ 0.5）	28.6
5 シンナー覚醒剤等薬物の問題	4（ 0.9）	0（ 0.0）	0	12（ 2.7）	6（ 1.4）	50.0
6 性格の問題	58（13.2）	24（ 5.5）	41.4	64（14.6）	30（ 6.8）	46.9
7 身体的疾患	6（ 1.4）	4（ 0.9）	66.7	22（ 5.0）	9（ 2.1）	40.9
8 身体的障害	4（ 0.9）	1（ 0.2）	25.0	5（ 1.1）	4（ 0.9）	80.0
育児不安・負担感						
9 育児不安	6（ 1.4）	1（ 0.2）	16.7	124（28.2）	96（21.8）	77.4
10 育児能力に問題がある	78（17.7）	28（ 6.4）	35.9	220（50.0）	147（33.4）	66.8
11 育児負担が大	8（ 1.8）	7（ 1.6）	87.5	107（24.3）	58（13.2）	54.2
夫婦・家庭不和						
12 夫婦不和	64（14.6）	18（ 4.1）	28.1	71（16.1）	16（ 3.6）	22.5
13 家庭内不和	17（ 3.9）	5（ 1.1）	29.4	53（12.1）	18（ 4.1）	34.0
14 経過の中の離婚	15（ 3.4）	3（ 0.7）	20.0	18（ 4.1）	2（ 0.5）	11.1
15 経過の中の再婚・同棲	9（ 2.1）	4（ 0.9）	44.4	15（ 3.4）	5（ 1.1）	33.3
16 片親家族	6（ 1.4）	4（ 0.9）	66.7	12（ 2.7）	6（ 1.4）	50.0
17 未婚	2（ 0.5）	2（ 0.5）	100	14（ 3.2）	12（ 2.7）	85.7
18 血縁以外の者を含む家族	12（ 2.7）	4（ 0.9）	33.3	15（ 3.4）	2（ 0.5）	13.3
家庭の経済・父失業						
19 経済的問題	79（18.0）	31（ 7.1）	39.2	83（18.9）	24（ 5.5）	28.9
20 父の失業	39（ 8.9）	11（ 2.5）	28.2	5（ 1.1）	1（ 0.9）	20.0
21 父の転職	22（ 5.0）	4（ 0.9）	18.2	1（ 0.2）	1（ 0.9）	100
22 劣悪な住環境	14（ 3.2）	8（ 1.8）	57.1	25（ 5.7）	10（ 2.3）	40.0
若年の母・未健診						
23 若年の母	0（ 0. ）	0（ 0. ）	0	35（ 8.0）	30（ 6.8）	85.7
24 若年の父	11（ 2.5）	10（ 2.3）	90.9	0（ 0. ）	0（ 0. ）	0
25 妊娠中の合併症あり	0（ 0. ）	0（ 0. ）	0	12（ 2.7）	8（ 1.8）	66.7
26 妊婦健診無、非常に遅い時期の健診	0（ 0. ）	0（ 0. ）	0	17（ 3.9）	9（ 2.1）	52.9
29 飛び込み分娩	0（ 0. ）	0（ 0. ）	0	8（ 1.8）	3（ 0.7）	37.5
30 望まない妊娠	3（ 0.7）	1（ 0.2）	33.3	19（ 4.3）	6（ 1.4）	31.6
子を受容しにくい親						
31 極端な育児方針を持つ親	17（ 3.9）	6（ 1.4）	35.3	19（ 4.3）	8（ 1.8）	42.1
32 子どもを受容しにくい親	23（ 5.2）	4（ 0.9）	17.4	74（16.8）	28（ 6.4）	37.8
33 子どもに医療を受けさせない親	6（ 1.4）	3（ 0.7）	50	13（ 3.0）	2（ 0.5）	15.4
34 子どもの健診未受診	9（ 2.1）	2（ 0.5）	22.2	46（10.5）	24（ 5.5）	52.2
35 養育者がくるくる変わる	0（ 0. ）	0（ 0. ）	0	3（ 0.7）	0（ 0. ）	0
子育て支援なし						
36 援助者がいない	17（ 3.9）	2（ 0.5）	11.8	72（16.4）	16（ 3.6）	22.2
37 近隣からの孤立	27（ 6.1）	7（ 1.6）	25.9	76（17.3）	11（ 2.5）	14.5
38 **障害を持つ家族がいる**	14（ 3.2）	11（ 2.5）	78.6	24（ 5.5）	10（ 2.3）	41.7
39 **外国人**	2（ 0.5）	2（ 0.5）	100	3（ 0.7）	2（ 0.5）	66.7
40 **その他**	71（16.1）	43（ 9.8）	60.6	62（14.1）	31（ 7.1）	50.0

（出典）全国保健婦長会『子どもの虐待防止のためのハイリスク要因等実態調査』調査の全体像，58－81頁。

討している。対象の家族と保健師との信頼関係の形成、専門的観察力に支えられた経時的観察による重要性を示唆している。父親と母親のリスク要因と情報把握も同様に興味深い。母親の育児不安は初回で把握できるが、夫婦不和、家庭内不和の把握は困難である。時間と根気、専門的知識とスキルが必要である。

児童虐待の背景には、父親、母親の問題ではなく、夫婦の関係を無視することができない。さらに、夫婦不和には性生活の問題も内在していることも明記したい。

四　保健所の児童虐待予防・対応の課題

保健所の保健活動、特に母子保健活動は、児童虐待予防に、ある程度の成果を上げているが、まだ、始まったばかりである。そこで、児童虐待に対する保健所の課題として、次の三点を挙げたい。

① 保健所事業は地域保健法を基盤としているが、児童虐待防止対策においては、母子保健法の十分な活用が望まれる。家庭という密室内の出来事は、家庭訪問が不可欠である。保健師・助産師らによる未熟児訪問指導、新生児訪問指導、妊産婦訪問指導を有効に機能させる計画が今後の課題である。

② 次いで、医療などの関係機関との連携の構築である。連携の確立は、早期発見、対処、予防の最大の武器である。

③ 対策・対応のための地域別事例検討会の推進である。地域の保健所が中心になって、児童相談所と連携し、被虐待児に関与する人々、例えば保育園の保育士、学校の教師、地域の医師、地域の助産師らによる情報の共有が肝要である。「知」の結集は、被虐待児はいうまでもなく、加害者である両親、支援する専門職の支えにもなる。死亡してからでは遅い。「家庭のプライバシーより、児の生命を優先する」を重ねてここに強

調したい。

［参考文献］

1 上野昌江、山田和子「児童虐待の援助における保健師の役割に関する基礎的研究」『大阪府立看護大学紀要』三巻一号、一五―二五頁、一九九七年
2 桑島昭文「二一世紀のわが国の母子保健行政」『小児保健研究』六一巻二号、一五一―一五六頁、二〇〇二年
3 佐藤拓代『子ども虐待予防のための保健師マニュアル、地域保健における子ども虐待の予防・早期発見・援助に係る研究報告書』、二〇〇二年
4 石井トク「児童虐待の病理性――母子保健の視点から」、萩原玉味、岩井宜子編著『児童虐待とその対策』一九二―二〇八頁、多賀出版、一九九八年
5 全国保健婦長会『子どもの虐待防止のためのハイリスク要因など実態調査　調査の全体像』、五八―八一頁

10 子ども家庭支援センターの役割と機能
——子ども家庭支援ネットワークの構築を目指して

竹内冨士夫
三鷹市子育て支援室長

一　はじめに

都市化や核家族化の進行により、地域・近隣との関係が希薄となり、子育て家庭の孤立や子育てに対する不安や負担感の増大、家庭や地域の子育て力の低下が指摘されている。このような子どもと家庭を取り巻く厳しい社会環境の変化に対応するため、子育てや家庭の問題をより身近なところで気軽に相談に応じられる相談窓口の設置など、子育て支援サービスの充実が求められている。

都心から一五キロ圏に位置し、都立井の頭公園、国立天文台、国際基督教大学など豊かな緑に囲まれた人口約一七万人の住宅都市三鷹市も子どもと家庭をめぐる状況は同様である。

三鷹市では、平成一四年四月、三鷹駅前に市の新しい子育て支援の拠点として、「中央通りタウンプラザ」がオープンした。その中核施設として、市として二つめとなる「子ども家庭支援センターのびのびひろば」を開設した。これは、平成一三年に策定した新基本構想及び第三次三鷹市基本計画に基づく最重点プロジェクト「子ども・子育て支援プロジェクト」の総合的・重点的な事業展開の一環でもある。

この子ども家庭支援センターの中心的機能は、弁護士・精神科医・臨床心理士などのスーパーバイザーや、児童相談所・保健所などの関係機関と強力なネットワークを形成し、このネットワークを基盤に、身近な子育て不安から虐待・いじめなど深刻なケースに至るまで、子育てに関するあらゆる相談に総合的に対応し、問題解決のための具体的な援助を行うことにある。

特に、虐待相談件数は急増しており、児童虐待の予防と早期発見にあたって、迅速かつ的確な対応を図るためには、専門機関としての児童相談所の対応機能の強化はもちろんのこと、地域の子ども家庭支援センターを核とした子ども家庭支援ネットワークをもとに、地域と一体となった即応体制の構築が求められている。

以下、本稿では、子ども家庭支援センターの基本的な役割を紹介した上で、三鷹市子ども家庭支援センターのこれまでの取り組みと、今後の機能強化に向けた取り組みを紹介する。

二　子ども家庭支援センターとは

(1)　設置の背景

出生率の低下により少子化対策が国家的課題となり、国は、「エンゼルプラン（一九九四年）」とその具体的目標である「緊急保育対策等五ヵ年事業」に基づき、保育サービスの充実施策を打ち出した。その中で、地域の実情に応じた子育て支援活動を展開できる保育所の機能に着目し、地域の子育て家庭の相談や交流を進める保育所実施型の「地域子育て支援センター事業」が開始された。

一方、東京都では、都市的事情を考慮し、区市町村で子どもと家庭に関する総合相談などの事業を行うため、一九九五（平成七）年度から単独事業として子ども家庭支援センターの設置を進めてきた。引き続き平成一六年度までに都内全区市町村への「子ども家庭支援センター」の設置と地域ネットワークの構築に向けて支援している（平成一五年三月一日現在、都内三五区市町に三七ヵ所設置されている）。

(2) 基本的役割

子ども家庭支援センターには、地域における子ども家庭支援システムの核として、乳幼児期の子育て、不登校やいじめ、思春期の子どものことなど、子どもと家庭に関するあらゆる相談に応じるほか、地域の子どもと家庭に関する総合的な支援を行うことが求められている。

基本的な事業内容は、①子育て不安やいじめ、虐待などの総合相談事業及び関係機関との連携による援助の実施、②親子の交流・あそびの指導などのひろば事業、③一時保育やショートステイなど子ども家庭在宅サービス事業の提供・調整、④地域子育てサークルの育成など、地域の組織化が事業の大きな柱となっている。

期待される役割は大きいが、児童相談所のような法的な根拠・権限があるわけではない。設立から日が浅いだけに、まだまだ地域における認知度も低い。活動内容・運営体制などその取組状況も自治体によって異なるのが実情である。特に関係機関との連携が必要な深刻なケースの相談事業については、これまでの経緯から子ども家庭支援センターではなく、児童福祉主管課が所管している市町村が多い。

児童館や保育所などの機能を活用して、地域の親子の集まる場を提供し、そこで身近な子育て相談・指導を行う「子育てひろば事業」も展開されているが、虐待など急増・深刻化する相談内容にどこまで対応できるか、「子ども家庭支援センター」の活動成果が問われている。

図1　三鷹市子ども家庭支援センターの紹介

子ども家庭支援センターの事業内容

① 子どもと家庭に関する総合相談
② 親子の交流・あそびの指導などのひろば事業
③ 一時保育やショートステイなどサービス事業の提供・調整
④ 地域子育てグループの支援

a　**相談**　0歳から18歳未満の子育てに関するあらゆる相談に応じています。専門職のスーパーバイザーや関係機関と連携して、身近な子育ての不安から虐待、いじめ、ひきこもりなど深刻なケースまで、あらゆる相談に総合的に対応し、問題解決のために具体的な援助を行っています。困ったなと感じたとき、お気軽にご相談ください。経験豊富な職員がいっしょに考え、アドバイスをします。直接お話をするほか、電話やメールでの相談も受け付けています。

電　話：0422-40-5925
メール：“みたか子育てねっと”
http://www.kosodate.mitaka.ne.jp/
「相談」にアクセスしてください。

b　**ショートステイ／緊急一時保育**　保護者が出産や入院するときなどに、お子さんをお預かりします。

●ショートステイは宿泊を伴い、施設から学校や幼稚園、保育園などに送迎します。
●緊急一時保育は市内の保育園で日中の保育をします。

c　**一時保育＊トワイライト**　ちょっと美容院へ行くときや、仕事の帰りが遅くなるときに、お困りになったことはありませんか。

●一時間単位でお預かりします。食事やおやつもお出しします。
●一時保育は3ヵ月から小学校就学前のお子さん、トワイライトは小学生が対象です。

d　**親子ひろば**　同じくらいの年齢のお友達をつくったり、日ごろの子育てについておしゃべりしたりして過ごしませんか。すてきなおもちゃもそろえています。

●利用できる方は0歳から3歳までのお子さんと保護者

e　**病後児保育**　仕事などで保育ができないときに、病気の回復期のお子さんを“あきやまルーム”でお預かりします。

●あきやま子どもクリニックで登録してください。

f　**すくすくひろば**

利用できる方：0歳から3歳までのお子さんと保護者
開館時間：月曜日～金曜日の午前10時～午後4時30分
場　　所：市立下連雀保育園のお隣の白い建物です。

親子ひろば(わいわいひろば)でお子さんといっしょに自由に楽しく遊びましょう。お食事をしたり、ミルクをつくったりできるサロンコーナーもご利用ください。子育てクループの皆さんには、お部屋をお貸しします。

三　三鷹市のこれまでの取組み

(1)「子ども家庭支援センターすくすくひろば」の開設

平成六年、子育てに悩む孤立した母親の増加という子育て環境の変化を踏まえ、保育園の地域開放事業の発展形として、学童保育所跡の建物を利用し、センターの前身となる「すくすくひろば」を開設した。隣接する保育園と連携して、保育園や幼稚園に入園していない乳幼児とその親を対象に、親子で自由に過ごせる場所や遊びの提供、子育てに関する相談や情報提供、子育て講座の開催、子育てグループの援助などを開始した。

平成九年には、建物を新築し、市の子育て支援の拠点施設と位置付け、「三鷹市子ども家庭支援センターすくすくひろば」を開設した。すくすくひろばでは、従前の事業に加え、その後開始した緊急一時保育やショートステイの受付・調整も行いながら、事業の中心となる総合的な相談事業への本格的な取り組みを開始した。

ここでの相談事業は、特別な相談室や相談日時を設けることなく、日常的な事業展開の会話の中で、例えばひろば事業の中での遊びや育児方法、発達などの相談、緊急一時保育やショートステイの申込相談を受けながら、相談員がその背景にある家庭の問題を把握することから始めた。相談員が、気軽に自由に訪れる親子の日常的な悩みに耳を傾けながら、「相談」という枠にはまることなく、身近な立場から親に寄り添って解決に向けた努力をしてきた。こうした「敷居の低さ」がすくすくひろばでの相談事業の特徴でもある。もちろん、相談内容は、身近なちょっとした悩みから虐待など深刻で複雑なケースに至るまで実に様々である。相談員は、相談内容・必要に応じて、児童相談所、保健所、市の総合保健センター・児童養護施設などの関係専門機関につないで支援を行ってきた。その連携の基盤となったのが「子どもの相談連絡会（現子ども家庭支援ネットワーク）」である。

(2)　関係機関との地域ネットワーク――「子どもの相談連絡会」から「子ども家庭支援ネットワーク」へ

支援センターを中心に、子どもの相談窓口を設置している庁内関係課の連携を目的として「子どもの相談連絡会」を設置し、その後児童相談所や保健所など関係機関の参加を得て、児童虐待防止に関するネットワークを形成した。このように三鷹市では早くから関係機関によるネットワークの必要性に着目し、地域における子どもと家庭を総合的に援助する体制づくりと援助の質を高める努力をしてきた。

一四年四月「子ども家庭支援ネットワーク」と名称を改めたが、ネットワーク会議を開催することにより、関係機関の相互理解が深まり、総合的な援助が可能となると同時に、互いにチェック機能を高め、援助の質の向上に向けた取り組みが可能となった。

「子ども家庭支援ネットワーク」の基本的枠組みは、次のような三層構成をとっている。

①　連絡会　構成機関の課長級職員・実務担当者で構成する。年一回、年度当初に開催し、情報交換及び活動報告を行うとともに、支援ネットワークの運営方針を確認する。

②　定例会　毎月、実務担当者による情報交換・事例検討・研修等を目的として定例会を開催する。

③　ケース検討会　問題を抱える子どもと家庭を支援するため、関係機関の実務担当者による個別ケースの検討会を随時開催し、ケース援助に関する情報の共有化、共通認識の形成を図りながら、対応や処遇方針を検討する。

なお、市内の杏林大学附属病院には児童虐待防止委員会が設置されており、児童虐待に積極的に取り組んでいる。市では、同病院医療福祉相談室とも緊密な連携を取っており、松田博雄教授を中心とするスタッフにも幅広く指導・協力をいただいている。

(3)「子ども家庭支援センターのびのびひろば」の設置

平成九年の開設以来、「すくすくひろば」が中心となって総合相談事業を進めてきたが、子どもを取り巻く状況は、社会経済情勢の影響を受けて一層厳しくなり、児童虐待やいじめ、不登校などが社会問題化し、子どもと家庭・学校・地域社会が内包する問題は、ますます深刻化する様相を呈してきた。平成一二年には児童虐待防止法が成立し、取り組みに一定の進展がみられるが、これらの問題解決には、子どもや家庭が抱える問題を早期に発見し、行政だけでなく地域全体で対応することが重要である。専門機関としての児童相談所も管轄が広域にわたり、急増する通報・相談件数をまえに、地域できめ細かく、迅速に対応するには限界がある。

そこで、市では企画部、健康福祉部、教育委員会からなる庁内プロジェクト「三鷹市子育てネットワーク研究会」を設置し、子育て支援対策の具体的方向性を検討した。同研究会では子ども家庭支援ネットワークの強化と支援センター機能の強化を打ち出した。

これを受けて、平成一四年四月、三鷹駅前に市の新しい子育て支援の拠点として、二つめとなる「子ども家庭支援センターのびのびひろば」を開設し、総合相談事業の拠点とした。

この施設は、

二階　市立三鷹駅前保育園（公設民営：〇～二歳・定員三〇人）

三階　子ども家庭支援センター（事務室、一時保育室、トワイライトステイ室、親子ひろば）ファミリー・サポート・センター（事務室兼用）

四階　国際交流協会、女性交流室

五～七階　中堅所得者層向け市民住宅

という駅前の立地を生かした複合施設である。

「のびのびひろば」は、健康福祉部子育て支援室に所属しており、職員はセンター長と経験豊富な専門相談員二人（保育士、ケースワーカー）、保健師一人、元市立保育園園長一人の計五人で、子どもと家庭の総合相談から一時保育、トワイライトステイ、ショートステイなどのサービス受付・調整まで行っている。また、同センターは、新たな子育て支援事業のファミリー・サポート・センター事務局も兼ねており、二人の職員が援助活動の調整を行っている。実態的には、職員七人で相互に協力・連携しながら相談からサービス提供まで包括的・一体的な事業展開を行っている。なお、駅前保育園と一時保育、トワイライトステイ（小学生）、親子ひろば（〇～三歳親子）は、一括して社会福祉法人に運営を委託している。

四 三鷹市子ども家庭支援センターの相談機能

本市では、すくすくひろば開設時から関係機関とのネットワークを基盤に、相談機能を重視した運営を続け、その中で虐待など深刻なケースも数多く取り扱ってきた。

相談を受けた後の具体的なケース援助については、子ども家庭支援センターが、児童相談所や総合保健センターなどと緊密な連携をとり、これら関係機関との情報共有と処遇検討のためのケース検討会を開催しながら、インテーク（情報確認）からモニタリングまでの一貫したケースマネジメントを行っている。

(1) 子どもと家庭の総合相談窓口

支援センターは、〇歳から一八歳未満までの子育て支援の拠点として、身近な子育て不安から虐待・いじめ・ひきこもりなど深刻なケースに至るまで、子育てに関するあらゆる相談に総合的に対応し、問題解決のための具体的な援助を行っている。新たな相談拠点である「のびのびひろば」は、一時保育室・トワイライトステイ室・親子ひろばを併設しているものの、施設自体としては約三九〇㎡と決して広くない。あくまで相談機能を重視した施設である。

また、平成一三年二月からは、子育て支援に関する情報をホームページ「みたか子育てねっと」で提供するとともに、インターネットによるメール相談も開始している。

(2)　「子ども家庭支援ネットワーク」の運営主体

子ども家庭支援センターは、「子ども家庭支援ネットワーク」の構築と運営にあたって、その事務局機能を担っている。個別ケースの対応にあたって、複数の関係機関が関わって援助やサービスを提供する必要があると想定されるケースについては、複数機関の協働を前提とした援助計画を作成するために関係機関でケース検討会を開催するなど、支援センターが関係機関相互の調整やケース会議の設定及び運営に関する中心的な役割を担っている。

このように支援センターは、「子ども家庭支援ネットワーク」の構築と全体の調整を図りながら、情報の収集・整理、援助やサービスの調整など関係機関をつなぐ役割をもっている。ネットワークでの緊密な連携が活動の共通基盤となり、虐待など緊急時の対応に威力を発揮し、よりスムーズな対応が可能となる。「ネットワークはフットワーク」というのが専門相談員の実感でもある。

(3)　個別ケース援助に関するケースマネージャー機能

子ども家庭支援センターでは、相談者自身の心身の状況、家族、親族関係などの情報や活用できる公的・私的な資源情報について、支援の初期段階より継続的に把握するよう努めている。相談・調査の過程で収集した相談者に関する情報を整理・分析するとともに、相談者自身の問題解決をしていく上で活用できる家族や地域の資源、公的サービスなどの活用の可能性についてあわせて検討し、援助計画の作成、援助の実施に結び付けている。

この際、支援センター自らが相談や訪問などの援助を行うとともに、相談者のニーズに応じて最適なサービスを選択して利用できるよう、援助計画に基づいて必要とされる関係機関の調整を中心的に行う役割も担う。

このように、子ども家庭支援センターは、アセスメントから援助計画の検討・作成、援助の実施及びサービスの調整と、個別ケースの援助に関するケースマネージャーの主な担い手として位置付けられる。

(4)　援助後のモニタリング機能

支援センターと関係機関による援助及びサービスによって、状況が一定程度落ち着いた後も、支援センターが中心となって、援助やサービスが適切であったか、子どもと家庭の状況の変化がないか見守っている。また、関係機関が把握した子どもと家庭の状況の変化等については、センターで連絡を受けている。援助やサービスの提供が適切でないと判断された場合、また、子どもと家庭の状況に新たな変化があった場合には、ニーズを改めて調査し、必要に応じて援助計画を見直している。

(5)　児童相談所との役割分担と連携

虐待ケースの対応において、法的権限を有し、中心的役割を果たすのは児童相談所であるが、「児童相談所が適切に機能するためには、他の機関の虐待に対する対応能力が高いことが条件である」という指摘がある。児童相談所が各地域で発生したケースについて、通報（相談）から処遇まで全ての局面をマネジメントし、責任を負うことは、児童相談所の広域的専門機関としての機能・対応能力から自ずと限界がある。また、以前から指摘されているように、介入機能と調整機能を同一機関が担うということは、ケースの継続的援助という点から好ましくない。

児童相談所との役割分担としては、Ⓐ子ども家庭支援センターが、地域における子ども家庭支援ネットワークの中核機関として、①地域の全体的な状況の把握とネットワークの運営・管理、②個別ケースにおけるケースマネージャー機能を担い、他方、Ⓑ児童相談所は、広域的専門機関として、一時保護や施設入所など法的な権限を行使する必要があるケースや地域における対応のみでは不十分で専門的な指導援助や治療が必要な場合のケースワークを行う、というような基本的な役割分担が適切と考えられる。

虐待ケースも内容は様々であり、養育能力が低く子どもにとって好ましくない養育環境だが、一時保護するまでには至らず、市・学校・地域で継続して見守っていくようなケースも多い。このようなケースでは、支援センターが児童相談所と連携しながら、ケースマネージャーとしての役割を果たしていくことになろう。実際の児童相談所との関係では、右の役割分担を基本としながらも、日々連絡を取り合いながら、市担当の児童福祉司にはケース会議等にほとんど常時出席してもらい、通報（相談）による家庭訪問にも同行というように、より緊密な連携を取って活動している。子ども家庭支援センターとしては、地域における児童相談所的な機能を発揮しているともいえる。

五　子ども家庭支援センターの機能強化に向けて

東京都は、平成一五年度事業として先駆型子ども家庭支援センター事業を創設した。これは、従来型の支援センターに、虐待防止訪問事業と見守りサポート事業を付加し、虐待防止と再発阻止の機能を持たせ支援センターの機能を強化しようというものである。本市では比較的早い段階から虐待の予防・防止的な立場にたって児童相談所、保健所、総合保健センター等の関係機関と連携し、虐待リスクの高い養育不安などの問題を抱えた家庭への支援を行っている。

以下、今後の本市の子ども家庭支援センターの機能強化に向けた取り組みを紹介する。

(1) 新たな子ども家庭支援ネットワークの構築

① 教育領域への拡大　これまでのネットワーク（「子どもの相談連絡会」）は就学前児が中心であり、小中学校など教育領域を含めたネットワークは形成されていなかった。しかし、各ケースへの支援は、就学を機に整理・完結するものではなく、むしろ就学後の新しい環境へ適応できるよう一貫した援助を行っていく必要がある。また、兄弟姉妹全員をケアする必要のあるケースで、保育園から小中学校まで関係する場合もあり、ネットワークを拡大する必要があった。もちろん、これまで学校も教育相談室・児童相談所などと連携をしながら対応してきたが、それはそれぞれの学校独自の動きにとどまっている。

そこで、子ども家庭支援センターのびのびひろばの開設を機に、「子どもの相談連絡会」を「子ども家庭支援ネットワーク」に発展させ、就学前児を対象としたこれまでのネットワークとの調和・連続性を重視しながら、就学後の小中学校及び教育委員会を含めたネットワークの形成に向けて取り組みを始めた。

これまで個別のケースでは、小中学校の協力を得ながら援助を続けてきたが、子ども家庭支援センターの活動内容に対する教育領域における認知度はまだまだ低い。一四年度は教育委員会と具体的な連携の方策について協議をし、「校長会」「生活指導主任会」への情報提供に努めている。今後、子ども家庭支援センターとしては、

子ども家庭支援ネットワークの構成メンバー

三鷹市	健康福祉部	子ども家庭支援センター（事務局）	関係機関及び外部	杉並児童相談所
		子育て支援室		三鷹武蔵野保健所
		市立保育園		三鷹警察署
		母子生活支援施設		母子相談員（東京都）
		生活福祉課		医師会
		健康推進課（総合保健センター）		市内私立保育園及び保育室
		北野ハピネスセンター（療育センター）		市内私立幼稚園
	教育委員会	指導室		民生・児童委員
		市立小・中学校及び幼稚園		主任児童委員
		生涯学習課（児童青少年担当）		助産師会
		むらさき子どもひろば		児童養護施設
		社会教育会館		
		児童館（東、西）		
		教育センター教育相談室		
	企画部	企画経営室（女性施策担当）		

（注）　網掛けは、新規メンバー（予定）。
＊　平成14年度から、生涯学習課（児童青少年担当）、むらさき子どもひろば及び児童館は、子育て支援室から教育委員会へ移管。

市立小中学校への子ども家庭支援センターを中心とした子育て支援活動の周知、小中学校の連携窓口の明確化、教育相談室・スクールカウンセラーとの連携などについて、具体的な対応を図る必要があり、課題は多い。

② 児童虐待防止ネットワークとDV防止ネットワーク

「子ども家庭支援ネットワーク」は、児童虐待の防止と早期発見、迅速かつ的確な対応を図る児童虐待防止ネットワークの機能を果たしているが、ＤＶ（ドメスティック・バイオレンス）対策でも重要な機能を果たしている。平成一三年一〇月ＤＶ防止法が施行されたが、緊急保護や自立のための援助を必要とするケースでは、被害者は女性（母親）だけでなく、子どもも暴力をふるわれ虐待を受けているケースが多い。これらのケースは、母子相談員を通じて情報が入ってくる場合が多いが、子ども家庭支援センターでは、「子どもの視点」で母子相談員、子育て支援室、警察、保育園・学校などと連携をとりながら対応している。

一時保護や保護命令が必要な場合をはじめ、これら緊急時の対応を円滑に進めるためにはＤＶ対応のネットワークが必要だが、関係機関は児童虐待防止のネットワークと重なり合う部分が多く、事実上ＤＶ防止ネットワークの機能も果たしている。

⑵　ファミリーソーシャルワークの視点からの援助

最近の子どもと家庭をめぐる問題ケースは、児童虐待、養育力不足による育児放棄、保護者の精神疾患など問題が複雑化している。解決困難な家庭生活上の課題への支援にあたっては、身近な地域で、児童だけでなく家庭全体を視野に入れた総合的な対応＝関係機関の連携による家族支援（ファミリーソーシャルワーク）を展開する仕組み作りが求められている。

この点を踏まえ、支援センターの開設にあたり、専門相談員を増員し、新たに生活保護のケースワーカー経験が豊富な相談員を配置した。これまでケースワーカーとして、様々なケースを経験しているだけに、複雑な家庭状況を抱える児童の援助ケースには、大きな力となっている。

⑶　ケースマネジメント機能の強化

個別ケースの援助にあたっては、インテークからアセスメント、援助計画の作成、援助の実施・サービス調整、評価・モニタリングまでを総合的に行うケースマネジメントの手法が不可欠となる。これまで子ども家庭支援センターをはじめとして、関係各機関が必要に応じてこの手法を用いて援助を行ってきた。

しかし、現在の子どもと家庭をめぐる問題の複雑さを考慮すると、関係機関の中でも総合保健センターとともに、ケースマネジメントを中心的に担っていく機関として子ども家庭支援センターを位置付け、専門的な技量をもった機関としてさらに機能を強化する必要がある。本市では、二つ目の子ども家庭支援センター設置による相談機能の強化にあたり、ケースマネジメント機能を前面に打ち出し、この機能強化を図ったところである。

(4)　長期にわたるモニタリング機能の強化

子ども家庭支援センターの認知度の上昇に合わせて、通報・相談など取扱件数も急増しているが、短期間で解決するケースは稀である。当初から長期にわたる援助を想定して対応せざるを得ない状況にあり、特に数世代にわたって問題を抱えている家族への援助にあたっては、出口が見えず相当長期にわたるモニタリング機能が必要になる。継続的で一貫した支援を行おうとすれば、今後は、地域の子どもと家庭に関わる問題の情報を一元的に管理するシステムを構築することとあわせ、子ども家庭支援センターを長期モニタリングを担う機関として明確に位置付ける必要がある。

情報管理システムとしては、個人情報の厳格で慎重な取り扱いが要請されるのはもちろんであるが、地域の関係機関から情報を一括的に把握・管理することができ、また、対象者別または対象家庭別に情報が一元的に整理されるようなシステムが求められる。

(5)　スーパーバイザーの活用

児童虐待など児童・家庭をめぐる深刻で複雑なケースには、専門的立場からの指導・助言を必要とする場合が多くなっている。特に、精神面の問題を抱える割合が五〜六割に達している。このようなケースでは、専門的にその問題を分析・評価し、必要に応じて治療に関与できるような精神科医や臨床心理士など専門家との連携が欠かせない。児童相談所や保健所がキーマネージャーとなるようなケースは当該機関に所属する専門家がみることになるが、そういったケースでも、保育園・児童館・学校などで日常的にその親子に関わっていく機関や、総合保健センター・子供家庭支援センター・母子相談員などが相談機関として関わっていく場合が多い。そのような状況の中で、各現場の職員がどのように関わっていけばよいのか、専門家の具体的な助言・指導が必要となっている。

そこで、本市では、精神科医、弁護士、臨床心理士、ファミリー・ソーシャルワーカーなど各専門分野から指導・助言を仰ぐため、「三鷹市子ども家庭支援ネットワーク・スーパーバイザー」を設置した。具体的には、個別のケース検討会議でのアドバイスや保育園など現場での親・子への対応の仕方など、より実践的な助言・指導を受けたり、対応能力を高めるための研修会等を開催したりしながら、サポートを受けている。

(6)　地域とのネットワークの強化

地域での子育て力の低下が言われているが、子育てには、家族や行政の力だけでなく地域全体の支援が重要であることはいうまでもない。地域の人々に見守られ、支えられて、はじめて安心して子育てができる。

児童虐待などのケースでは、地域に早期発見や発生予防などに大きな役割と期待がかかっている。

また、長期にわたってのモニタリングや地域での継続的な見守りが必要なケースも多い。

しかし、行政が市域を全てカバーし、長期間モニタリングすることは、特定のケースを除いては、事実上困難である。そういう意味でも、地域で活動している民生・児童委員や主任児童委員に日常的な情報の収集・提供を求めざるをえない事例も多く、小中学校を含め、地域との具体的な連携のあり方を明確にしておく必要がある。

地域には図2のように子育て支援に関わる多くの社会資源がある。これら社会資源の機能を最大限引き出すため、各機関の協働による地域ネットワークの強化が求められている。

図2　三鷹市における子ども家庭支援に関わる社会資源の状況とネットワーク

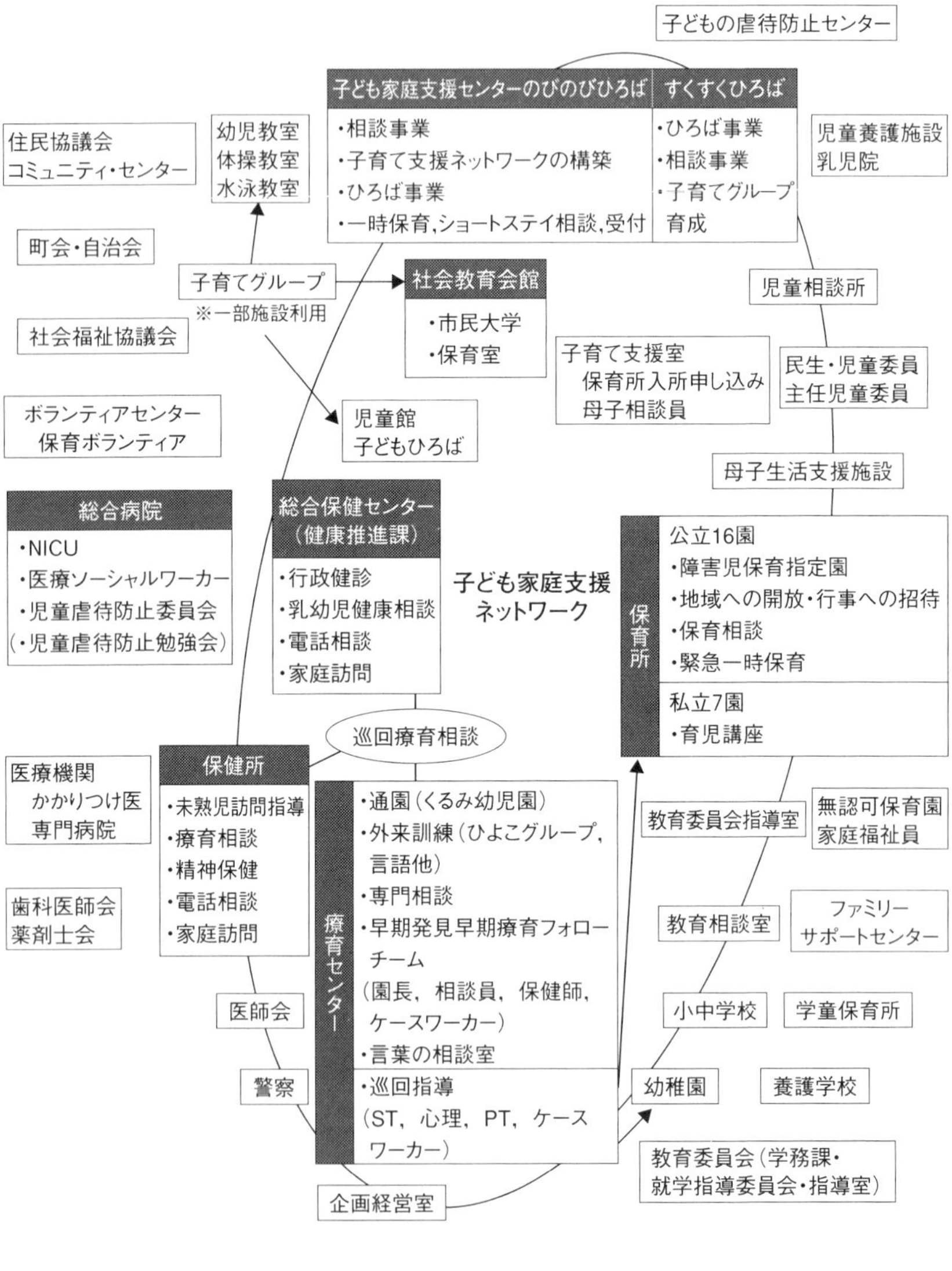

（出典）　山本真実・三鷹市健康福祉部子育て支援室「三鷹市における乳幼児期の子育て支援ネットワークの資源」，『発達』84号より一部改変。

(7) 個人情報管理の徹底

児童虐待などのケースでは、本来的に多くの関係機関が関与し、ネットワークを構成し、情報を共有しながら適切な処遇を検討してきた。

しかし、ネットワークの拡大により、個人情報が漏れる可能性も高くなる。ケースで取り扱っている個人情報は、本人だけでなく家族全体の広範な情報が含まれている。精神疾患を抱えているようなケースもあり、病歴などより慎重な取り扱いと高度の守秘義務が求められる。公的機関同士、例えば市の関係各課のやりとり、学校とのやりとりだけでなく、民間病院や私立保育園など民間施設とのやりとりなども想定され、具体的にどのように情報を提供しながら対応を検討していくべきなのか、整理すべき課題が横たわっている。ネットワークの拡大にあたっては、個人情報漏洩の危険性を踏まえた、より厳密かつ具体的な個人情報管理のルールが求められる。

六 おわりに

二つ目の子ども家庭支援センターは、「市にも児童相談所のような機能を果たす施設が必要だ」という市長の強いリーダーシップのもと、実現した。地域で安心して子育てができるよう、地域に密着した自治体の援助が求められている。

開設と同時に支援センター担当として異動し、一年が経過したが、センターの相談事業、サービス提供事業の中で見えてくるのは、子育てをする母親の孤独な子育て、「地域からの孤立」と「父親不在」という二重の意味での孤立である。政府は、男女共同平等社会の実現は二一世紀の最重要課題の一つと位置付けているが、「男は仕事、女は家庭」という男女の固定的な役割分業を見直し、子育てや地域活動に男性が関わりを持つことができるような雇用環境の整備が真に望まれる。

〔主な参考文献〕

三鷹市ファミリーソーシャルワーク実証モデル事業報告書（平成一三年三月：三鷹市）
三鷹市子育てネットワーク研究会中間報告書（平成一三年三月：三鷹市）
東京の社会福祉（二〇〇二年版：東京都）
子育て環境の充実について――乳幼児編（平成一四年七月：東京都市長会）
玉井邦夫著『〈子どもの虐待〉を考える』（講談社現代新書）
助産婦雑誌第五六巻第一一号〝特集子ども虐待防止支援ネットワーキング〟（医学書院）

〈みたか子育てねっと〉

http://www.kosodate.mitaka.ne.jp

11 子どもの保護・回復と治療

東京都児童相談センター心理カウンセラー
山脇 由貴子

一 被虐待児との面接——被虐待児の語る言葉とその心理

1 恐怖

家庭という閉ざされた空間の中で起きていることを知るのは難しい。例えば、明らかに親からの虐待を受けている子、虐待が疑われる子は、家庭の中で、親から何をされているかを尋ねられたとき、何を語るだろうか。何を語れるだろうか。

彼らは、いつも怯えている。漠然とした、慢性的な恐怖にさらされている。これから何が起こるのか、何をされるのか、自分の置かれた環境に、目の前にいる人に、これから起こることに安心感が持てず、不安が拭いされない。それは何故なら、彼らが今まで常に恐怖にさらされ、安心できない環境で生活しているからだ。いつ怒られるか分からない。いつ殴られるか分からない。食事を抜かれる、閉じ込められる、追い出される、縛られる、無視される。どんなに自分の身を守ろうとしても、守ることは出来ない。逃げることは出来ない。先のことを予測して、怒られないため、殴られないために行動しても、予想通りにはいかない。良い子にしていても怒られるときもある。昨日と同じ事をしても殴られる。黙っていて、褒められるときもあれば、叱られるときもある。優しかったお母さんが、突然鬼の様になる。笑っていたお父さんが突然殴る。親の虐待という行為に一貫性はない。虐待のスイッチが入るか入らないかは実は子供の行動によるのではなく、親の気分や機嫌などによって決まってしまう。その一貫性のなさが、彼らの恐怖を倍増させ、不安を募らせる。

だから彼らは語ることが出来ない。親によって繰り返された恐怖体験と、裏切られた体験による恐怖と不信は、大人全般に広がってしまっている。目の前にいる大人も信用出来ない。この人も殴るかもしれない。怒るかもしれない。僕の事、私の事を「嘘つきだ」と言うかもしれない。子供達は、真実を話しても大丈夫だという安心感が持てない。「あなたの言う事を信じるから」、「絶対に叱らないから」、「あなたの事を守るから」、そんな言葉は信用出来ない。今までずっと、約束なんて破られ続けてきたのだから。どうせ破られる約束は、最初から信じない。信じてしまえば、裏切られた時にもっと悲しいから。だから最初から諦めておく。どうせ、大人なんてみんな一緒なのだから。

目の前の大人を信用出来ないだけではない。子供達は、真実を語ってはいけないという事を非常によく知っている。家庭の中で、自分がされていることは、周りの人に知られてはいけないことなのだということをよく知っている。そして、語ったときに、自分が受けるであろう仕打ちを、罰を、知っている。だから彼らは余計に語れない。親からの仕打ちが怖くて。罰が怖くて。語ってしまえばきっともっと怒られるから、殴られるから。

子供達が親から受ける仕打ちによって受けるダメージは、身体的な痛みや、その場の恐怖だけではない。子供にとって親というのは、どんなにひどい虐待をする親でも、絶対的に、「大好きな」「愛して欲しい」存在である。だから、子供達にとっては、一番怖いのは、親から「愛されない」ことであって、「嫌われる」ことである。

子供にとって最も愛して欲しい存在であり、最も重要な存在である「親」は、自分の生命をも左右する存在である。親から「嫌われる」ことは、「捨てられる」ことであり、自分の死にすら結びつく。親から「愛されていないかもしれない」という不安を拭いされずに生活している子供達は、自分の存在自体に安心感が持てていない。自分が明日生きているかどうかにすら、確信を持てないのだ。もちろんそれは、明確に意識化された不安ではないのだけれど。彼らは、心の深いレベルで、自分はいつ死んでもおかしくないと感じている。だから彼らは明日のことは考えられない。彼らにとっての時間は、「今」の連続でしかない。子供達は「今」のことしか考えられない。今、この場をどう切り抜けるか。どうしたら怒られずに済むか。どうしたら殴られる時間が短くて済むか。その時の彼らに「明日」はない。

子供達が生きてゆくためには、親は絶対に必要である。たとえ、食事だけが与えられていても、「愛されていない」と子供達が感じていれば、身体は最低限育つとしても、彼らの時間は止まったままで、心は死んでいるも同じである。だから子供は必死に親の愛を求める。愛されるために必死に努力する。たとえ、どんなに虐げられようとも。

2　捨てられない期待

子供達が、親から受けている虐待を隠し、親の側を離れないのは、恐怖だけが理由ではない。子供達はほんの一瞬であっても、優しい親の姿を見てしまうと、その一瞬にすがる。きっとまた優しくしてもらえる。きっと愛してもらえる。そう期待を抱く。そう信じていないと彼らの心は壊れてしまう。子供達はまだまだ親からの愛を求めており、諦めていないのだから。

子供達は、その幼さと愛を求めるけなげさ故に、親の、goodとbadの部分を切り離そうとする。優しいお母さん、殴らないお父さんがgood。怖いお母さん、お父さんはbad。たとえほんの一瞬であっても、goodの部分を見てしまうと彼らは親の側を離れられず、badが現れるのを自分のせいにする。「僕が悪い子だから」、「私が悪い子だから」。幼く、けなげな子供達は親を悪者をすることが出来ない。かといって、badが現れる理由も分からない。だから、その理由を自分の中に見いだす。それは彼らの切ない期待に基づいている。「僕さえ、私さえ良い子にしていれば、きっと殴られない」。優しい、殴らないお父さん、お母さんが、本当のお父さん、お母さんの姿なのだと信じていたい。だからきっとgoodはまた現れる。そう、「僕さえ、良い子にしていれば」。

子供達は、恐怖と期待という相反する二つの感情から、時に親を庇う。殴られた怪我を「自分が転んだから」と言い、「友達と喧嘩したから」と言う。頻繁に食事を抜かれていても「お母さんのご飯はおいしい」と一生懸命語り、食事を抜かれる事はない、と言い、恐ろしくてたまらない親のことを「優しいよ」と言う。「あんまり怒らないよ」と言う。そして、父親、母親のことを「好きだよ」と言う。そうなのだ。どんなに殴られようと、無視されようと、「あんたなんかいらない」と言われようと、子供達は親のことが好きなのだ。だからこそ、愛を諦めることが出来ずに、切ない期待を抱きながら側を離れず、献身的に努力し、親を庇うのだ。彼らが恐れている親からの仕打ちは、暴力以上に、「捨てられる」ことなのだ。

子供達が事実を語ろうとせず、親を庇っているときに、虐待の事実を語らせようとすることは意味がない。真実を語らせることが、逆に子供を追い詰める可能性があるからだ。特に、性的虐待の場合は、話すこと自体が苦痛を伴い、セカンド・レイプの様な体験になってしまう可能性もある。私達は、子供が自然に語れるようになる時を待つしかない。それは子供が「話しても大丈夫だ」安心感を抱けるようになった時であり、「この人にならという信頼を寄せてくれた時である。それは、継続的な長い治療のプロセスの中で、治療者に語られるかもしれないし、生活の中で、最も信頼出来る大人に語られるかもしれない。いずれにせよ、子供が安心感と信頼感を抱いていないときに、語る事を強要するとむしろ関係性を悪化させる。

子供達は、いずれ聞かれなくとも、自発的に事実を語るようになるだろう。それは、子供達が、結局は、親がgoodからbadになるか、badからgoodになるかは自分の努力とは関係がないということを知る時である。それは彼らの長すぎた恐怖と裏切られ体験の歴史の結果であり、悲しい諦めである。子供がここまで達したときは、彼らは自発的に親から離れることを望むだろう。しかし、この段階まで子供を虐待環境に置いておくのは、身体的な危険という面でも決して望ましくないし、彼らの心理的健康度を保つためにはリスクが高すぎる。

子供の、虐待によって受けた心の傷を癒すため、彼らが幸せに生きるための心理的健康度を回復するための治療の開始には臨界点がある。その時期を超えてしまうと、虐待によって受けた傷の回復は難しい。問題行動がエスカレートし、犯罪に結びつくかもしれない。あるいは様々な精神症状が病気へと進行してしまうかもしれない。臨界点を見極め、逃さずに治療は開始される必要がある。

二　心理診断

1　知能検査

虐待されてきた子の中には、知的な発達が遅れている子は少なくない。学業面に関しては、勉強出来るような心理的状態にはなかったということが要因である。いつも恐怖にさらされていれば、当然に勉強どころではない。空腹が慢性的に続いていても同様。衣食住が保証され、心理的に安全を感じていなければ、学業の積み重ねが難しいのは当然のことと言える。

そしてもう一つには乖離症状が原因となっている場合もある。病的なレベルの乖離ではなくとも、怒られたり、殴られたりすることが頻繁であって、その理由に一貫性がなかったり、暴力が激しすぎるような怒られ方をしていたり、性虐待が繰り返されていたり、強い恐怖にさらされる場面を頻繁に経験してきた子は、その恐怖を軽減させるために、恐怖場面で感覚を失い、記憶を失う。これは子供の心を守るために必要な心理的機制である。記憶に止めておくには、あまりに辛く、悲しすぎる。忘れてしまわないと心が壊れてしまう。だから子供は無意識に、心を閉ざし、自分の時間を停止させ、記憶に残らない時間を創り出す。これはあまりに辛かった経験の積み重ねの結果である。一度このメカニズムが出来上がると、子供は恐怖場面や、緊張の高まる場面の度にすっとカプセルに入ってしまったかのように、外界の刺激をシャット・アウトする。そして、その時間の記憶を失う。その間の感覚も失う。自分が経験していながら、他人が経験している様な感覚を抱く。そのため、時間に連続性がなくなり、結果として、当然の事ながら、積み重ねが出来なくなる。連続性のない、断続的な時間を生きているのだから、昨日覚えた掛け算が今日は出来なかったりするし、今日覚えた漢字を明日すっかり忘れてしまうという事も起こりえる。

次に上げられる特徴は、集中力の低下である。今目の前にあるやるべき課題に集中出来ない。この特徴は、落ち着きの無さとして周囲に認められている場合も多い。

集中力のなさ、落ちつきのなさは安心感のなさである。落ちついて座って何かに集中するというのは、その環境の中で安心していないと出来ない。自分の身に何が起こるか分からないという漠然とした慢性的恐怖を抱いてしまっている子は、たとえ数分であっても課題に集中出来なくなったりする。いつも自分が脅かされている様な心理状況にあって、数分先にすら安心感が持てない。その不安が目の前にある課題への集中を阻害する。

この不安による集中力のなさは過敏さとも関連している。自分の置かれている環境に安心感が持てず、常に心理的に脅かされているため、自分の状況を把握しようと、取り巻く環境のあらゆる刺激に対して過敏になる。この後、自分に何が起こるか。危険は迫っていないか。子供達は懸命に探ろうとするのだ。

安心感のなさは、子供を全ての刺激に対して過敏にさせるために、逆に一つの物に対する集中力を低下させる。何かに集中しようとしても、些細な物音が気になったり、カーテンの揺れが気になったり、足音が気になったりする。家庭の中では、そんな些細な刺激が、自分のこれから襲う事態の兆候を示していたりするからだ。この過敏性が極端な観察力の高さに結びつく子もいる。常に脅かされているために、環境に対して過敏であらねばならなかったという歴史が、外界に対する観察力を極端に高める。

しかしながら、往々にして、虐待されてきた子供は、外界を過敏に観察し、大人の顔色や態度を観察する力はあっても、見通しを立てる力は弱い。子供なりに精一杯、「良い子」になろうと努力し、親の機嫌をとろうとし、殴られないよう、叱られないように努力しても、その努力が実を結んだ経験が少なすぎるのだ。努力は実を結ばず、期待は裏切られる。自分の予想外の事が次々起こる。同じ事をしても、同じ事を言っても、叱られる日もあるし、殴られる日もあるのに、逆に誉められる日もある。一生懸命良い子にしていたのに、学校でも褒められたのに、家に帰ったらお父さんに殴られたりする。常に何が起こるか予想がつかない。そうした環境に置かれてきた事により、次に起こる事態を予測する力は低くなる。中には、見通しを立てる力がとても高い子もいる。そうした子たちは、彼ら自身も虐待を受けていても、もっとひどい虐待を受けている兄弟姉妹から学んでいる場合がある。見通しを立てる力が高い子は、親の怒りを刺激しない術を身に着け、より被害が少なくなる。しかし、最もひどい虐待の被害児は予測が立てられないために、親の怒りを買い、さらに虐待されてしまう、という悪循環が生まれる。

もう一つ、虐待を受けた子供の知能検査の結果の特徴としてあげられるのは、自信のなさである。自分の判断や考えに自信が持てない。だから質問に対して答える事に戸惑い、不安が高まる。その不安の高まりによって緊張度も高まり、結果として思考力自体が低くなる。普段なら出来ることが出来なくなったり、答えが分かっていても、検査者の顔色を窺い過ぎたり、反応を気にしすぎて答えられなくなったりする。

知能検査の場面では、当然、検査者は質問に対しての答えが出るまでは待つ。明らかに子供がこちらの反応を窺っていたり、合っているかを確認しようとしているのが分かっても、思考途中の段階で、「合ってるから大丈夫」や「間違ってるからもう一度考えて」など、成否を教える声かけはしない。何も言ってくれないということが虐待されてきた子供の不安を高める。前述の様に、虐待されてきた子供達は、常に心理的に脅かされており、これから起こる事に不安を感じ、大人の顔色を窺っているので、彼らにとっては、何も言われないということは、「叱られる」という不安と戦い続けることになるからだ。

こうした自信のなさは、自分自身の考えを述べたり、自身の判断や決定で行動することを制限されてきたことによる。彼らは、「カラスは白い」と言われれば、「カラスは白いんだ」と思い込まなくてはならないような環境に置かれていたのだし、明らかに正しいことを言っても叱られることもあったし、昨日と同じことをしても殴られるときもあった。だから、自分の中に何が正しくて、何が間違っているかの基準がない。彼らの行動基準は「叱られるか」、「殴られるか」あるいは「無視されるか」、「食事を抜かれるか」などの親から受ける仕打ちであって、正しいか正しくないかはどうでも良いのである。つまり虐待されてきた子供達は、正しいか正しくないかによって不安を抱くのではない。「自分の言った事に大人がどう反応するか」に不安を抱いている。だから、自分が知っている事実でも答えるのに戸惑い、迷う。そして、検査者が何の反応も返してくれないことに不安を高まらせる。

こうした特徴の総合的結果として、被虐待児の知的発達は非常にバランスが悪い場合が多い。

2 心理検査

心理検査にも、被虐待児特有の反応は様々な形で出てくる。しかし、心理検査に関しては、膨大な種類があり、どの検査を施行するかは case by case である事と、知能検査の項と重複する面も多いため、ここでは描画検査とロールシャッハ・テストに関してのみ概略を言及する。

① ロールシャッハ・テスト

ロールシャッハに関しては、解釈法も様々であるので、虐待されてきた子の反応内容として特徴的な点だけを述べる。

ロールシャッハ・テストの結果は、子供達が外界をどう認知しているかが現れる。

一〇枚の図版の多くを「何も見えない」という子は、外界の明白な事実を否認しながら生きてきている。それは彼らが、否認しなければ生きてこられなかったほどの辛い環境の中にいたということである。

何枚かの図版あるいは全ての図版に反応したとしても、反応数が少ないのは、自己判断・自己決定を許されなかった結果である。「カラスは白い」と親に言われれば、「白い」と思い込まなければならなかった子供達は、自分で判断することが出来なくなっている。明らかに黒い物でも、親が「白い」と言ったら、そう思い込まなければならなかったのだから、明白な事実であっても自分で判断出来ない。自分の判断や考えを言えば、恐怖が襲ってくるかもしれないという不安が消せないのだ。

図版の全体を見ることが出来ないのも被虐待児の一つの特徴である。明らかに、全体を見るのが簡単な図版であっても、一部分だけを見る。これは前述の乖離も要因の一つであるし、彼らが大人の顔色など、ある特定の細かな部分にのみ敏感であらねばならなかった歴史によるものでもあるし、全ての刺激に対する過敏性によるものでもある。全ての刺激に過敏過ぎて、全体を見るよりも細部が気になってしまうのだ。この、図版の全体を見ることが出来ず、部分しか見ることが出来ないという特徴は、その時、その場の事しか考えられない前述の見通しを立てる力のなさと関連している。いずれの理由にせよ、彼らの物の見方は、独特で偏っており、彼らの行動基準のズレとして周囲には映るだろう。しかしこの偏りとズレは、彼らがその家の中で、その両親のもとで、生きるために必要で身につけた偏りであり、ズレである。

色彩を伴う反応が出来ないという特徴もある。色彩を伴う図版であっても、色彩を完全に無視した反応をするのは、彼らが情緒的刺激をシャット・アウトしてしまう傾向であって、彼らが、「優しくされた」、「愛された」といった暖かい情緒的関わりをしてもらっていないというためである。人が感情を出して関わってくるというのが、彼らにとっては恐怖なのだ。人が感情的になるという事は、イコール「怒る」であるという恐怖体験しか心に残っていないのだ。そして、その結果として、子供達自身が、情緒的に人と関わる事が出来なくなっている。彼らは相手の気持ちを尊重したり、大事にしながら行動するという事が出来ない。それは彼ら自身がそうされた経験がないからだ。

大人の顔色ばかり窺って、自分の感情を押し殺してきた事によって、過剰に相手の気持ちを大事にし、自分の感情を押さえ込み、自分の感情を犠牲にしてしまう傾向が出る子もいる。しかし、彼らは「我慢をしている」という意識はない。恐怖を避けられるなら、我慢など厭わなくなっている。そしてそれ以上に、彼らは様々な感覚が麻痺している。色彩のシャット・アウトは彼らのその感覚の鈍麻をも示している。虐待を受けて来た子供達は、「辛い」、「悲しい」、「痛い」という体験が多すぎて、それをその度に感じているとズタズタになってしまうため、感覚と感情を麻痺させている。しかし、人間は上手に、ネガティブな感情だけを抑えることは出来ない。必然的に「嬉しい」、「楽しい」といったポジティブな感情も麻痺する。無感覚になることは、子供達には生きるために必要な術であったのだ。

しかし、子供達の押さえ込まれた恐怖は、図版の内容に何を見るかに現れる。図版の中に恐ろしい物を見たり、悲惨な物を見る。「傷つけられて血を流している人」であったり、「解剖されたカエル」、「踏み潰されてぐちゃっとなったナメクジ」、「殺された死体」などのズタズタにされた物。そして、「笑っている怪物」、「巨大なモンスター」、「牙を向いた鬼」などの自分を攻撃する物。「銃」、「ナイフ」などの凶器。図版を見るだけでも、「これ、怖いね、なんか怖い」と恐怖を訴える子もいる。彼らを取り巻く世界は決して安心出来る世界ではない。恐ろしい怪物や攻撃する人はそもそもは自分を虐待してきた人であるのだが、恐怖は既に人全般に広がってしまっている。誰に対しても安心感が持てない。そして殺されたり、踏みつぶされた人や動物は彼ら自身である。彼らの住む世界には、攻撃する恐ろしい物と、攻撃され、グチャグチャにされ、殺されてしまった物と、その二つしか存在しないのだ。暖かく、安心出来る物が、彼らを取り巻く環境の中にはないのだ。だからこそ彼らは常に怯えている。たとえどんなに安心だと言ってあげても。

怯えているのだけれど、何が怖いのかを具体的に訴えられない子供に、最後に「好きな図版」、「嫌いな図版」、「お母さんカード」、「お父さんカード」を選ばせることには意味がある。一〇枚の図版にはそれぞれに対する感情、関係が表れるとされている「父親図版」と「母親図版」と呼ばれる図版が予め含まれているが、子供達はどの図版が母親・父親を意味するのか知らされていないため、嫌いな図版として母親図版や父親図版を選んだりする。また、彼ら自身が選ぶ父親カードや母親カードが、恐しい怪物をみた図版だったりする。そこにこそ彼らの真の感情が現れている。そして、虐げられ存在を否定されてきた子供の中には、「自分の図版」に最も嫌いな図版を選ぶ子もいる。

② 描画検査　各種描画検査にも被虐待児の心理は様々な形で現れる。

(i) 乖　離　既に述べた乖離症状は描画の中にも現れる。顕著に現れるのは、「風景構成法」である。風景構成法は、「川」、「山」、「道」、「田んぼ」などを指示に従って次々に描き、風景を描くという検査であるが、虐待されて来た子の中で乖離が激しい子は、風景が構成出来ない。言われた順番に物を描きはするが、それぞれが関連を持たず、ただ並べられているだけになる。これは乖離と共に、彼らの外界や他者との関わりの持てなさをも表している。

そして、「川」や「道」には流れがない。不自然に前後が切れている。これもやはり乖離であり、時間の連続性のなさを表している。彼らの時間には過去も未来もなく、「今」しかない。時間は流れておらず、つながってもいない。

(ⅱ) 自己否定感情　虐げられ、「私は嫌われている」と感じながら育ってきた子は、自分の存在そのものを肯定することが出来ない。そのため、彼らは自分自身を否定している。それ故当然にセルフ・イメージはとても悪い。その自己否定感情は、バウム・テストやＨＴＰ（House・Tree・Person）、風景構成法の中の樹木画に現れる。

彼らの描く樹は太い幹や豊かな葉を持たず、枯れ木であったり、細く倒れそうな樹であったり活き活きとしていない。丸太や切り株を描く子もいる。また、攻撃されるばかりで、反発など許されなかった彼らは、全ての怒りを押さえ込んでおり、その怒りが尖った鋭い枝に現れたりもする。彼らが受けた傷が、幹に大きな穴や傷痕になって描かれる場合もある。虐待を避けようと努力しても実ったことがない事による無力感が、柳のように下に向いた枝や葉によって現れる場合もある。

(ⅲ) 家　子供達の家族、家に対する感情はＨＴＰや風景構成法の中の家屋画に現れる。当然にそれは良い物ではなく、ドアや窓もない殺伐とした家や、尖った柵で囲まれていたり、頑丈な門で閉ざされていた家として描かれる。そこには子供達の恐怖や、本当は「帰りたくない」という気持ちが込められている。その気持ちは、風景構成法では、家だけがぽつんと遠くに小さく描かれたり、川の向こうに書かれたりもする。

逆に、親を庇う気持ち、家の中で起きていることを知られたくないという気持ちが過剰に装飾の多い家を描かせたりもする。外から見える、窓の部分だけが不自然にレースのカーテンや花などで飾られていたりする。周りに花などが多く描かれたりもする。これは親を庇う気持ちだけではなく彼らの現実の否認でもある。現実はあまりに辛すぎるので「家」を理想化するのだ。

庇っていても本当は外に訴えたい不安や恐怖は、煙突から多量に排出されている煙で表されている場合もある。家の横で縛られて苦しんでいる犬に表されている場合もある。いずれにせよ、隠そうとしても、否定しようとしても、彼らの家に対する不安や恐怖は隠しきれない。

(iv)　恐怖体験　「雨と私」というテーマで描く描画は、ストレス場面での子供達のとる態度であり、その結果を現している。虐待を受けてきた子供達は何とか恐怖場面を避けよう、否認しよう、感じないようにしようと努力はしてきているが、一〇〇%成功するということはあり得ない。

どんなに努力しても避けられなかった恐怖場面は、傘をさしているにも関わらず、傘が破れ、ずぶ濡れになった「私」で表現される。傘もささずに、雨にうたれて泣いている自分を描く子もいる。裸で、雨の中でうずくまり、泣いている自分を描く子もいる。雨が激しい豪雨や雷で表現される場合もある。

感覚を麻痺させ、恐怖を感じないようにしてきた子は、後ろ姿を描いたりする。傘だけを描いたり、足だけを描いたりする。自分が描けず、雨だけしか描けない子もいる。

(v)　強迫傾向　強迫傾向が出る子もいる。樹木画において、細かな葉をびっしり描いたり、細い枝を何本も描いたりする。風景構成法においては、樹や家、花、石などをそれぞれ沢山描く。ロールシャッハ・テストでは、同じ反応を繰り返したりする。そうした子の中には強迫傾向が症状となって行動上に出ている場合もある。この強迫傾向の源泉は不安である。生活の中で、慢性的に安心感が持てず、恐怖と不安が拭いされないでいると、人間はその不安を解消しようとする。しかし、その不安の原因は自分の努力によって解消出来はしないと感じた時、人はごく些細な、細かなことにこだわったり、意味のない行動を繰り返したりすることでその不安を解消しようとする。もちろん、根本の不安は解消されることはないのだが、細かなことに没頭する事によって、一時的にでも不安を軽減しようとする試みなのである。

三　子供の治療

1　親と分離した場合

子供を親から分離する意味は、もちろん子供を虐待から守るためが第一であるが、心の傷を癒やすこと、そして子供の心理的健康度の回復も重要な目的である。そして、問題行動があればその改善も必要になる。生活の中での不適応が著しければ、適応能力を高めることも必要になる。そのため、子供にとってどのような環境が最も望ましいかは慎重に判断されなくてはならない。何故なら、どの様な環境で生活するか、環境そのものが既に治療の一つであるからである。

まず第一に必要なのは安全の保証である。安全を求める欲求は、人間の本能的な欲求であり、衣食住に次ぐ欲求である。それは自分の生命に関わるからである。

「私達は安全だ」と感じられる環境。すなわち、暴力を振るわれることなどなく、生命をおびやかすような破滅的な危険は襲ってこないという安心感が持てること。すなわち、自分の安全は保証されており、明日も自分は生きていられると感じられること。虐待を受けてきた子供達にはその感覚がない。彼らが投げやりな態度をとったり、自暴自棄になるのは、このためである。「どうなっても構わない」という感情は、「自分はどうなるか分からない」という不安の強さの結果として抱く感情である。明日もちゃんと生きている、その安心感は治療の開始にとって不可欠の要因である。

次に必要なのが、行動の明確な基準である。虐待されてきた子供達は、それまでに明確な行動基準を示されていない。同じことをしても昨日は何も言われなかったが、今日は殴られた、など、親の行動に一貫性がなかったために、「怒られないため、殴られないためにはどうしたらよいか」が行動の基準となってしまっている。子ども達は親の顔色をうかがいながら行動しているのであって、自分の中に内的な基準がないのだ。だからこそ、何が悪いことで、何がしてはいけないことか、何をしたら叱られるのかを明確に、子供に分かるように示してあげる必要がある。この、基準の明確化によって、子供達は「理由なく叱られることはないんだ」という事を理解し、安心感を強めるようになる。

次に必要となるのが、大人への信頼と愛着である。虐待されてきた子供達にとって、大人は怖い存在でしかなく、安心感を抱けていない。同時に、いつも期待を裏切られてきたために、信頼出来る対象でもない。それは不信というよりも、悲しい諦めである。「今は優しいけど、いつかきっとまた僕を殴る」。そんな、悲しい予測。今までそうした対象であった大人を信頼出来るようになり、その信頼出来る特定の大人に愛着を抱けるようになったとき、子供は、その人を独占したいと願い、好かれようと努力する。叱られない様に努力し、褒められる行動を増やしてゆく。その中で、彼らの行動パターンは修正されてゆき、大人との信頼関係、愛着関係も強まってゆく。ここで大切なのは、子供達が「自分は大切にされている」と感じられるかどうかである。虐待されてきた子供達は、今まで十分な愛情を注いでもらいっていないし、「大切にされた」という体験がない。それが彼らの人と関わる力の発達を阻害してきている。「この人は僕を大切にしてくれている」そう感じることが出来れば、彼らはそこに自分の存在価値を見いだす。自分は生きている意味があるのだ、とその人の存在を通して感じる事が出来るようになる。そして、自分を大切にしてくれる人を、自分も大切にしようと思う。この人に好きになって欲しいと思うからこそ、褒められたいと願う。そして、その大人が自分の事で悲しんでくれたり、喜んでくれるのを見て、悲しませたくないと思い、喜ばせたいと思い、嫌がられる様なことをしなくなり、喜ばせようという行動が増えてゆく。そしてその気持ちが少しずつ、同年齢の友達へと広がってゆく。

子供というのは、大人との関係が形成出来なければ、当然に子供との関係も形成出来ない。赤ちゃんの興味の対象は最初は母親だけであり、それが家族へと広がり、大人へと広がり、子供へと広がってゆくのだ。だから、虐待されてきた子供達が、同年齢の子供達と健康で友好的な関係を形成し、維持出来るようになるためには、その前に、大人とのしっかりとした信頼関係と個別の愛着関係の体験が必要なのだ。

四　治療の困難性

虐待されてきた子供の治療は現実にはスムーズにはいかない。それは、子供がそれまでの環境の中で身につけてきた行動特徴による。

1　問題行動

虐待されてきた子供の多くは、何らかの問題行動を抱えている。極端な落ち着きの無さ、盗みや万引き、乱暴・粗暴、性的な非行など。もちろんこうした問題行動は虐待が原因である。盗みや万引きは、彼らの愛情欲求の現れである。本当は愛情で満たしたい心という器が、愛情で満たされることはなかった彼らは、何かでその空っぽの器を埋めようとする。それが物であり、お金である。子ども達自身には、自分が本当は何を求めているのか認識することは出来ないし、認識したところで愛情を注いでもらえる訳ではない。盗みは彼らの代償行為なのだ。しかし、本当は愛情で満たされるべき器にどんなに物やお金を入れても、一杯にはならない。だから、彼らは満たされることがなく、盗みを繰り返す。

乱暴や粗暴行為は、彼ら自身が今までにされてきたことであり、唯一学習してきた対人関係のパターンでもあるが、彼らが今まで抑えこんできた攻撃性の発現でもある。今まで決して出すことの出来なかった「怒り」という感情は、大人の前ではしっかりとふたをされ開けられることはないが、出せる相手・出しやすい相手に対して爆発する。それは弱い者苛めという形で出るかもしれない。また、自分の感情を抑えるばかりだった子供達は、過剰に抑えてきた感情が蓄積されていて、一度感情が爆発するとそれを抑えることも出来ない。over controllと out of controll の二つしかなく、一度感情が出てしまうと自分では抑えられない。

その子供の年齢にもよるが、この改善には時間が必要であり、治療者の根気が必要とされる。子どもの問題行動は虐待が原因であって、この子が悪い訳ではないと頭で分かっていても、あまりに繰り返され、改善されないと、治療者の方も、つい「この子が悪い」と思ってしまいたくなる。虐待された子たちは、大人の気持ちにとても敏感なので、もし治療者が少しでもそうした感情を抱いてしまうと、問題行動は悪化する。すると治療者の感情もますます逆なでされる。「感情を抑える」というのは治療者にはごく当然のこととして必要とされるが、特に施設の職員などは生活の面倒を全てみているため、子供と接する時間も長く、感情的にならないというのはかなり大変なことである。

2　乖　離

乖離症状も、そう簡単には消えない。相手が今まで自分を虐待してきた人間でなくとも、子供達は恐怖を呼び起こされる場面になると無意識にカプセルに入るようになってしまっている。つまり、明らかに自分が何か悪いことをしたせいであっても、「叱られる」という場面になると子供はカプセルに入ってしまう。もちろん、声は聞こえてはいるし、言われていることを言葉として理解しているのだが、この叱られている時間は感覚の遮断されたいわば分断された時間である。そのため、叱られているときには泣いていた子がその数分後にはけろっとしていたりする。そして、叱られたまさにそのことを平気で繰り返したりする。

何度叱っても、何度注意しても行動がなかなか改善されない。その場で涙を流しても、数分後にはケラケラ笑っている。このことは、やはり大人の側にすれば苛立つ要因である。短時間のセラピーの中なら、治療者も感情的になることなく過ごせるとしても、生活の場でもあり、集団生活でもある施設の中であると他の子供との兼ね合いもあるし、他の子供の安全の保証の問題もある。例えば、乱暴な行為や危険な行為がなかなか改善されないと、他の子供の安全を脅かす場合があるので、ゆっくりと子供が変わってゆくのを待つというのが出来ない。そして治療者といっても人間なので、あまりに改善されないと、感情的になってしまう場合だってあるだろう。しかし、ここで感情的に叱ってしまえば、子供達の乖離の症状は余計にひどくなるということを、理解しなくてはならない。

3　対人関係の問題

虐待を受けてきた子供達は、積み重ねが出来ない。これは対人関係にも同様である。人との関係においても積み重ねが出来ない。「この人の言うことだから、ちゃんと聞こう」、「この人に言われたことは守ろう」という気持ちが持てる様になるまでに時間がかかるため、言う事を聞かないし、平気で約束を破る。

彼らは、対人関係の第一段階である母親との愛着関係の経験がないために、人との心の通い合った関係を形成出来ない。彼らにとって、人は「叱った人」や「優しくしてくれた人」、「物を買ってくれた人」などの自分に何をした人かという具体的・瞬間的評価であって、その評価は次の日に簡単に変わる。優しかった人が次の日に叱れば、昨日好きだった人でも嫌いになるし、嫌いだった人が物を買ってくれると、好きになったりする。「この人に嫌われたくない」、「この人には好きになって欲しい」という一貫した感情がないため、約束は簡単に破られ、しかも悪びれない。これも大人の感情を逆撫でする。

しかし、彼らには本当に悪気はない。彼らはまだ「対人関係」を形成出来るような段階ではなく、「対物関係」しか形成出来ない。相手には感情があって、その人の感情に配慮し、相手の気持ちを大切にしながら付き合ってゆくという段階まで至っていない。彼らにとってはまだ人は物と同レベルに過ぎず、相手に「感情」があり、自分の行動によって相手が感情を動かされるということを理解していないのだ。人というのは、大事にされなければ「大事にする」ということがどういうことか理解出来ないし、優しくされた経験がなければ、「優しくする」ということがどういうことか分からない。人は愛された分だけ愛することが出来るし、優しくされた分だけ優しく出来る。自分の気持ちを大事にされてこそ、相手の気持ちを大事にすることが出来る。虐待されてきた子供達には優しくされた経験や大事にされた経験、自分の気持ちをを尊重してもらった経験が圧倒的に不足しているのだから、それが出来なくても仕方がないことであり、経験的に知ってゆくことが必要なのだ。そして2で述べた乖離症状も、人との関係の積み重ねを阻害する。虐待されてきた子供は、その場その場を生きるのに精一杯であり、連続性のない時間を生きている。この時間の連続性のなさも、対人関係の形成の阻害要因となる。

4　試し行動

虐待されて来た子供は、様々な形で大人を試す。それは、相手がどこまでなら叱らないのか、本当に殴らないのかを試しているのであり、相手が本当に自分を愛してくれているかの確認行為である。

虐待されてきた子供達は、常に不安を抱えながら生活している。いつかきっと殴られる、いつかきっと叱られる。いつかきっと僕を嫌う、捨てられてしまう。そんな不安。頭をつきまとって離れないその不安を、子供たちは拭いさりたくてたまらない。しかし、彼らの今までの悲しく、辛い歴史は、そう簡単に大人を信じさせてくれないし、期待も抱かせない。優しくされればされるほど、不安になる。ずっと優しくしてくれるのだと信じたくても、今までの経験が「この人もきっといつか僕を殴る」と思わせる。

だから子供達は試すのだ。本当に、自分を叱らないか、殴らないか。わざと叱られるような事をして。これでもか、これでもか、と。そして、優しくされ、許されてゆく度に彼らの行動はエスカレートする。優しくされても、許されても、彼らの不安はそう簡単には消えないからだ。

大人の側からすると、子供はわざと悪いことをしている様に感じられる。実は虐待であるのに、「この子が悪い事をするから殴るんだ」という親側の理屈が成り立ってしまっている場合もある。しかし、子供達は愛して欲しくて必死なのだ。その方法は、あまりに逆説的ではあるけれど。

虐待されてきた子供達が、わざと叱られる様な行動する意味は、愛情の確認の他にもう一つの意味がある。子供でなくても、人間は不安を抱えつづけているのには限界がある。「いつかきっと殴られる」、「叱られる」、「嫌われる」、そんな不安を抱きつづけているのはとても苦しい。だったらいっそ、殴られてしまった方がいい。叱られてしまった方がいい。嫌われてしまった方がいい。その方がはるかに楽だ。その不安を抱えつづけて生活するという緊張に耐えるよりも。

このメカニズムは実は、夫婦間のドメスティック・バイオレンスの中でも起こっているメカニズムである。

「いつか殴られる」という不安を抱えながら生活しているよりも、いっそのこと、殴られてしまいたい。何故なら、「どうせいつかは殴られるのだから」。だから殴られる側は無意識に暴力を誘発する様な行動をとる。それだけ、「いつか殴られる」という不安を抱え続ける事は辛い事なのである。

子供達も同じである。「いつか叱られる」、「殴られる」、「嫌われる」、その不安を抱え続けている事の緊張状態に耐えられずに、わざと悪い事をして、大人の感情を逆撫でする。そして実際に殴られた時に思うのだ。「ほらやっぱり殴った」、「やっぱり叱った」、「やっぱり僕の事を嫌いなんだ」。それは彼らにとっては、「やっぱりこの人も親と同じなんだ」ということを意味し、「やっぱりこの人も信じられない」ということになるのだ。

当然、子供達にはわざと悪いことをしているという意識はない。彼らはいつだって愛して欲しくて必死なのである。大人の感情を逆撫でし、暴力を誘発してはいるのだか、それは無意識であって、実際に殴られたとき、嫌われたと感じたときの彼らの落胆と絶望はとても大きい。本当は、自分を愛してくれる人を求めて止まないのだから。

虐待をされてきた子供達が、大人の感情を逆撫でし、暴力を誘発する理由としてもう一つ挙げられるのが、彼らの今までに獲得された対人関係のパターンである。

可愛がられずに育った子は、周囲から見てもやはり可愛くない。それは彼らの今までの対人関係の限られた経験による。虐待されてきた子は、可愛がられた経験のなさによる可愛くなさと、殴られてきたことによる、暴力を誘う行動が身についてしまっている。叱られるような行動が身についてしまっている。それしか知らないのだから、他にどう振る舞って良いのか分からない。他のパターンを知らないから、無意識に今までの行動パターンを繰り返す。彼らは「虐待された子」としての行動パターンしか獲得しておらず、「愛された子」の行動パターンを知らないのだ。

人間は、子供でなくても新しい物には不安を感じる。ごく限られた環境の中で、限られた人としか接触せずに育てば、新しい人や環境に不安を感じる。それは例えば、ごく分かりやすい例でいえば、ずっと日本で育ったのに、突然海外で生活する不安の様なものである。対人関係のパターンにも同じ事が言える。今までに全く知らない対人関係は、不安をかき立てる。それよりも、今までと同じ繰返しの方が安心する。特に虐待されてきた子は、安心感が弱いために、新しい物を避けようとする傾向は強い。だから彼らは繰り返そうとするのだ。今までの虐待されてきたという対人関係のパターンを。それは、もちろん無意識ではあるけれど。その方が安心出来るのだ。どんなに苦しかった過去であっても。それは矛盾している様で矛盾していない。何故なら、彼らにとって、毎日は安心出来るものなどではなく、どんな恐ろしい事態が襲ってくるかが分からないものなのだ。だったら、過去の繰返しの方が良いではないか。少なくとも、今まで以上に苦しい事は起きないのだから。

5　性的虐待に関する付記

性虐待に関しては、心理的虐待という要素も含んではいるが、身体的虐待やネグレクトとは異なる面も多く、本来なら別立てで書く必要があるが、枚数に限りもあるので、ここでは治療に関する困難性を付記するという形をとらせて頂く。

まず、性的虐待を受けてきた子は性的誘発行動をとるかもしれない。自分から敢えて性的に大人を誘うような行為をとるのだ。これは、彼らが性的な事に関して以外は大人から認められてきた経験がないために、それだけが自分の存在意義を感じられる行為となってしまっているためでもあるし、前述の対人関係のパターンによる要素もある。また、子供達は自分達が「汚れた」存在であると感じていて、何とかその過去の経験を無くしたいと思っている。けれど無くすことは出来ない。だから、別の人との再体験によって、その過去の経験を幸福な体験に塗り替えようとしている意味もある。もちろん、そんな簡単に塗り替える事は出来ないし、本当に愛してくれる人を見極めてはいないので、余計に傷を深める結果になる場合は多い。

性的虐待を受けた子だけではなく、愛情に飢えている被虐待児は、愛情を求める気持ちの強さ故に、そして「愛された」と感じる経験のなさ故に、安易に性的関係を持つ場合がある。それは、その場だけでも、自分に優しくしてくれる人、自分を好きになってくれる人を求める結果である。愛して欲しい。愛してもらうためならなんでもする。愛してもらえるなら、自分の体を差し出すなど、苦痛でもなんでもない。それだけ彼らは愛情に飢えている。そして「愛している」と何度言葉で繰り返されても、どこかで信じきれない。言葉によって裏切られ続けてきた彼らは、体が触れ合うことによってしか、愛情を感じられなくなっていて、抱き締められることによる安心感を求めている。それは、赤ちゃんがお母さんに抱っこされるような感覚である。加えて彼らは、愛を求めるが故に、相手から求められると断われない。

こうした一連の行動を、「性非行」で解釈するのは間違っている。しかし、どうしても惑わされやすい点であり、行為のみに惑わされない必要がある。

治療者はこうした子供の特徴を十分に理解し、子供の行動に振り回されないようにしなくてはならないのは当然である。虐待されて来た子の「可愛くなさ」は、ときに大人の側に転移感情を抱かせる。「この子が悪い子だから殴られたんだ」、「殴ってしまう親の気持ちが分かる」、そんな感情。こうした感情を抱いてしまうと、大人の気持ちに敏感な子供達は瞬時に察知し、愛情を確認しよう、という気持ちが強くなり、試し行動が増える。屈折した愛しか受けてこなかった子供達は、屈折した形で愛を確かめる事しか出来ず、余計に問題行動をエスカレートさせ、余計に叱られるようなことをする。そして大人の側は余計に子供を憎らしく思い、虐待がエスカレートする、という悪循環に陥る。こうしたことは、実は虐待児を取り巻く環境の中で起こりがちあり、「悪いのは子供」と見なされることで、虐待が見逃されてしまう要因の一つにもなり得るのだ。

五　ハード面の限界

今まで述べてきたように、被虐待児の生活の中での治療は困難を極める。しかしながら、東京都の児童福祉施設の中には、被虐待児の養育と治療を目的とした専門施設はないというのが現状である。

東京都は、子供に対する家庭的養育の必要性から養育家庭制度の改革を図り、こうした養育が困難な子供のために、平成一五年度より養育家庭制度の中に「専門里親」を設置した。今後は、被虐待児の養育と治療の場として、専門里親の活躍が大いに期待されるところであるが、専門里親を育て、支援していく制度を整える必要もある。

子供を親から分離し、育ててゆく場として他には、①児童養護施設、②児童自立支援施設が考えられるが、どちらも専門の施設ではないという限界はある。今後も被虐待児の養育と治療の専門施設が必要とされる。

六　個別の治療

治療の原則は今まで述べた通りである。では個別の治療の中で、生活の中での治療に加えてさらに何が望まれるか。それはやはり個別の愛着関係の形成であろう。もちろん、生活の中でも望まれることではあるが、施設の職員が特定の子に個別の愛情を注ぐには限界がある。しかし、治療場面では時間が限られてはいても子供は治療者を独占出来る。また生活から離れた治療場面は、環境の統制が比較的容易であるため、子供の危険な行動を防ぐような環境設定が出来るし、生活の中よりもはるかに刺激が少ないため（例えば、盗みを行おうと思っても出来ないし、乱暴な行為を向けられるのは治療者に対してだけであるし、性的な問題も起こす事は出来ない）、試し行動の内容も限定され、許容範囲も広がる。

環境を整え、ルールを設定した後、どれだけの愛着関係が形成出来るか。それはすなわち治療者が子供の様々な問題や試し行動に感情的に振り回される事なく、本当に子供の事を「可愛い」と思えるかどうかではないだろうか。

嘘は必ず見抜かれる。表面的な言葉も伝わらない。治療者が子どものことを本心では「可愛くない」と感じていれば、その気持ちは子供にきっと伝わるだろう。それでは治療は進まない。子供の事を「可愛い」と思えることは、子供の「良い所」の発見にもつながる。そして、子供を「大事にする」ということにもつながる。「心配する」ということにもつながる。治療者のそうした気持ちを子供が感じることが出来れば、子供達は自分自身の存在を肯定されていると感じるだろう。「愛されている」と感じることが出来れば、試し行動も自然に減ってゆくだろう。「もっと愛されたい」と願い、褒められる行動を増やしてゆくだろう。

「続き」が出来るかも重要である。この関係はこの場限りのものではなく、続くのだということ。今回は前回の続きであって、次回もある。子供はそのことにより今までつながらなかった時間を連続させていく。今日は昨日の続きであって、明日も今日の続きである。確実に流れる時間の中に自分は存在している。自分にも明日はある。そして、この人との関係は明日も続いてゆく。子供達が「また逢いたい」と思ってくれれば、関係は少しずつ積み重なってゆく。「また逢いたい」という気持ちは、関係を継続させたいという気持ちの始まりである。そして愛着関係が形成されてゆくことと平行して、子供達は来週のために準備をする様になるだろう。「喜んでもらうため」、「褒めてもらうため」。

もちろん、実際の治療はそう簡単にはいかない。治療の段階ごとに困難は付きまとうし、子供との愛着関係の形成にも時間はかかる。一度出来上がったと思っても、関係が壊れてしまうこともある。そして問題行動の改善にはもっと時間がかかる。私自身も、現実の治療場面では無力感を感じることも多い。

しかし、治療の本質とは結局は治療者側の子供への愛情なのだと思う。それは時間限定の愛ではあるけれど。子供が何をしても愛情を抱き続けること。可愛いと思い続けること。裏切られても諦めないこと。大きな変化を期待しないこと。一定の感情で子供に接し、穏やかに変化を「待つ」こと。逆に言えば、治療者にはそれ以上の事は出来ないのではないだろうか。手法として様々な治療手段はあるが、この治療者の姿勢がないと、どんな手法を使っても効果は出ない様に私は感じている。だから、私は治療場面では「何をするか」をあまり重視しない。本当に大切な人とならば何をしても楽しいと思うからだ。大切なのは「何をするか」ではなく、「誰とするか」なのだと思う。

そしていつかは治療は終わらなくてはならない。子供達が安心感を得て、「愛された」と感じ、自分の存在意義を感じられたとき、子どもは自然に治療者を離れてゆくだろう。それは彼らが「この人の他にも自分を愛してくれる人はいる」と思えるときであり、成長過程で親から友達や恋人に関心をシフトさせてゆくのと同じである。

私は子供達の通過点でありたいと思っている。子供達が治療を通して「愛されている」と感じ、その関係に終止符を打ち、通り過ぎていくことが治療の目標である。治療場面での関係はあくまで擬似的な母子関係であり、愛情関係なのだから。

治療の方法については、様々な考え方があり、違う考え方で治療を行っている方もおられるかもしれない。けれど私は常にこうした考えに基づいて治療を行っている。逆に言えば、この考えを忘れたくないと思う。ごく当たり前の事を見失いたくないと思う。だから、治療の中でもごく当たり前のことを心掛けている。子供に「ありがとう」、「ごめんね」と言うこと。「あなたがそうしてくれるのはとても嬉しい」、「とても悲しい」と伝えること。ごく当たり前の大人との関係を経験していない子達だからこそ、ごく当たり前のことを通して、愛情を感じて欲しいと思う。

つたない治療法かもしれないが、子供達が虐待を乗り越え、幸せな大人になってくれることを望むばかりである。そのために出来ることを、これからも模索してゆきたい。

12 虐待に関わる要因と親に対する介入・治療

森田展彰
筑波大学社会医学系精神衛生学講師

「虐待」という現象は、親子の関係がうまくいかないことの最も極端な場合といえる。したがって「虐待をするような親」という一つのタイプが存在するわけではなく、多くの要因が絡まりあい、親子が追い詰められた結果として虐待が生じている。本稿では、そうした要因について幅広く評価し、各々の原因に対する働きかけを考慮した上で、全体としてどのようにそのケースに対する介入や治療のプランを立てるかについて説明する。

一　親の虐待行為に関係する要因

従来の研究で、虐待に関連する要因として指摘されているものを表1に挙げる。これらの要因を大別すると、①性格や精神障害のように親側の個体要因と、②貧困や社会的孤立のように親を取り囲む環境要因がある。これらに対し、③親子のコミュニケーション・認知の問題では、個体と環境のどちらとも決めがたく、むしろ個体と環境の相互作用が問題を形成していると考えられる。例えば、虐待する親では子供の認知に歪みがあり、「子供

表1　従来の研究で指摘された虐待の発生要因

要因の分類	要　因	従来研究の所見
①親自身の要因が中心	親の年齢（1,2）	親が20歳以下の若年であることは、それ自体で危険因子になる。
	親の性格（3-8）	・臨床記述された虐待親の性格：攻撃的、低い安全感、不満足、防衛的、低い自尊心 など。 ・Merrill（6）による虐待親の3類型（常に攻撃的な群、強迫的で柔軟性の乏しい群、受動的な群）。 ・対照群をおいた心理テストによる所見：MMPIにおけるK,Lieスケール、攻撃性が高い、PFスタディでGroup Conformityや内罰性が高い、エリクソンの発達段階の質問表で低い達成度 、自尊心尺度で低値 、TATで高い病理生成性と攻撃性、独立性への無関心さ など。
	親の精神障害（9-11）	・虐待と関係が示唆される親の精神障害：気分障害、不安障害、PTSD、人格障害、反社会的行動、解離性症状、物質乱用等である。 ・米国やカナダの大規模研究では、親が精神障害を持つ場合に虐待を生じる確率は、持たない場合の2一3倍 。日本では、斎藤（11）による全国養護施設に虐待を理由に入所している児童の親についての調査で、実父の33.1%、実母の49.3% において精神障害が存在したという。
②環境要因が中心	夫婦関係やその他の人間関係（4,12,13）	結婚における困難、配偶者との関係の歪み（極端に支配的一従属的、攻撃的一受動的）、家族や友人からの孤立、重要な家族メンバーのサポートの喪失や減少
	社会経済的要因（11,13）	貧困、悪い住環境、社会的な子育てのサポート（ベビーシッターや保育所など）の不足や急な減少
	妊娠出産・子どもの要因（15-17）	・妊娠・出産における問題：異常な妊娠、異常な陣痛・分娩、未熟児 ・妊娠・出産における心理社会的状況：その時期に家族が強いストレス状態、望まない妊娠・出産、望まない性の子ども、非嫡出子、何らかの理由で出生前後に母子が分離していること。 ・子どもの障害や性質：先天的異常、慢性病、発達障害、多動、育てにくい行動上の問題が多いこと。
③個体要因と環境要因の両方の関与	親子間の認知やコミュニケーションスキルの問題（18-23）	・子どもの表情・行為に対する親の認知に対する実験心理学の所見：共感性が乏しい、子どもの感情シグナルの解釈が不正確（陰性感情を肯定的にみたり、敵意があるときめつける等）。 ・しつけのスキル：スキルの低さ、一貫性のなさ、力の誇示によるしつけをしたがる等 。
	親自身の被虐待体験	親自身の被虐待体験およびこれによるアタッチメント（愛着）の問題（本文に詳述）。
	被虐待体験以外の強いストレス,喪失体験（24）	虐待以外の強いストレス、心的外傷体験（災害や事故や戦争、いじめ、強姦、ＤＶなど）、離婚等の喪失体験。過去のストレスによるPTSD等の長期的影響と、現在のストレスによるものの両方が養育を困難にする。

（注）　表中の( )内の番号は、後掲の文献を示す。

が泣くのは自分を困らせようとしている」等と考え，怒りを生じる。子どもは情緒的に不安定な親に反応して，ますます不安を生じ，泣いたり，しがみついたりする反応を示すと，それが更に親を刺激する。こうして両者の反応が互いに緊張を強めていき，虐待が生じるという過程を考えることができる。こうした見方は「社会的―相互作用モデル」と呼ばれるが，この見方からすると，先に個体要因とした性格にしても親の養育環境の問題と結びついており，環境要因とした社会的孤立にしても親側の性格が孤立を深めるという過程をみることができる。このようにどの要因も厳密に見ると，個体と環境の両者が関わっていることが多い。

これら多くの要因の中で，特に重視されてきたのは，親自身の被虐待体験である。虐待する親自身が被虐待体験を持つ場合が多いことは，ケンプら[15]が「被虐待児症候群」を提唱した時から指摘されている。親の被虐待体験が注目されたのは，数の上で多いということのみでなく，臨床所見として虐待的な親が子どもを目の前にしたときの葛藤に，親自身の被虐待体験の記憶が関わっていると推測される事例が多かったことによる。フライバーグ[16]は，母親が子どもと二人でいると不意に正体不明の不安・恐怖・嫌悪感が生じること，母親自身の親との葛藤やつらい思い出がそこに現れていることを見出し，「赤ちゃん部屋のお化け」と名づけている。近年，心的外傷の研究で，以前にショックを受けた事柄に類似した刺激への脆弱性が高まることが指摘されているが，被虐待体験を持った親にとっては，子育て状況は子ども時代の外傷性記憶を想起する刺激として働き，その瞬間，親は子ども時代を再体験していると考えられる。ケンプ[17]は，心理的に親が子どもに過剰に同一化して，親と子どもが入れかわったように感じる現象について「役割交代」という言葉で記述している。さらにテア[18]は単純に役割交換をしているのでなく，虐待する親には，「子どもから罰を受けることへの恐れ」「子どもが無力な存在になることへの恐れ」「子どもが誘惑することへの恐れ」「前もって考えていた希望に，子どもが沿うことができないことへの落胆」などの特別な空想が生じていると指摘した。こうした子どもへの反応は，親が不安や自信の低下を感じる時や、子供が自立性を高める時に生じやすいといわれている[19]。

以上のような虐待的な母親の臨床観察から「虐待の連鎖」説は補強されてきたが、その後に実証的な研究や方法論をめぐる議論が行なわれ、事例化した虐待の母親を回顧的に調べるやり方ではサンプル上の誤差から伝達率が高く出すぎてしまうことがわかってきた。カウフマンとジグラー[20]は方法論上の歪みを除いた場合の虐待の伝達率は、せいぜい三〇±五％であろうと評価している。つまり虐待を受けても必ずしも虐待を行なうとは限らず、むしろそうでない者の方が多いということになる。しかし被虐待者は、そうでない者に比べると、虐待を行なう率は六倍とされ[20]、被虐待体験が虐待を導く大きな要因であることは確かである。虐待の連鎖のメカニズムとしては、当初、虐待行為の模倣学習が指摘されたが、単純に暴力が暴力に、ネグレクトがネグレクトに伝播するわけではないことから、模倣のみでは説明がつかないとされた。そこで、具体的な行為そのものではなく、より抽象化された親子関係・人間関係のイメージやモデルが、親から子供に伝えられ、その結果として虐待行為が伝達されると考えられるようになった[21]。こうした親子間の情緒的な絆の形成や伝達は、アタッチメント（愛着）という概念をもとに研究がなされてきた。アタッチメントとは、「重要な他者に対する、接触・接近や社会的な相互作用をもとに、安心感・安全感を得る欲求」である。これに基づく親子間の相互交流が反復されるうちに、特徴的なパターンが「内的作業モデル」として抽出され、その後の人間関係のモデルとして用いられると考えられている。安定したアタッチメントの内的作業モデルを持つ子どもは、その後の人生でも安定した人間関係を築きやすいとされる。一方、親から虐待や拒絶を受けた子どもは、不安定なアタッチメントの内的作業モデルを持つため、それが修正されないままに親になった場合には、子どもに対して虐待的または拒絶的な行動をとる可能性が高いとされる[21–24]。ジョージ[25]は、内的作業モデルには、①子どものアタッチメントの内的作業モデルと、②大人のアタッチメントに関する内的作業モデルと、③養育に関する内的作業モデルの三つがあるとした。

これらは互いに関係しながらも区別のつくものであり、ⓘ子どもと大人のアタッチメントの内的作業モデルは各々過去と現在におけるケアを獲得する方略であり、ⓘⓘ養育に関する内的作業モデルはケアを提供する方略に関するものであると概念化している。

これにより親の養育体験〈被虐待体験〉↓子ども時代のアタッチメントの内的作業モデル↓親のアタッチメントの内的作業モデル↓親の養育に関する内的作業モデル↓親の養育行動〈虐待行動〉という流れをより明確化できる。

養育に関する内的作業モデルは、「安全基地型 Secure Base」「拒絶型 Rejecting」「不確実型 Uncertain」「無力型 Helpless」の四つに分類されている。「安全基地型」の母親では、自分と子どもについて、肯定的に語りながらも、子どもの安全性に対する脅威についても注意が払われており、バランスが取れた柔軟に統合された考えを持っている。「拒絶型」の母親は、自分や子どもを否定的に評価し、関係を持つこと自体に意味を感じないと述べる。「不確実型」の母親は、認知的な分割を用いて、極端に子どもを理想化して述べたり、ある場合には急に否定的な評価をしたりする。「無力型」の母親においては、養育に関する表象モデルは解体しており、親子の関係性は混沌としているため、「役割逆転」の現象が生じ、結局のところ母親は自分自身が子どもを守るためのケアを提供できないと感じてしまうという。

二　親子における相互作用の捉え方

虐待は、親個人とそれをとりまく環境、あるいは親と子供の相互作用モデルの観点で捉える必要があると述べてきたが、相互作用をどのように捉えるかでいくつかの異なる立場から論じられている。これを概観すると、表

2（次頁参照）のようにまとめられる。

①「関係性の表象モデル」と②「心的外傷モデル」は、先に述べた親自身の被虐待体験の研究を背景にしているもので、過去の体験の影響が重視されている。「関係性の表象」とは、アタッチメント理論でいう内的作業モデルであり、その源泉は乳幼児期の相互作用の記憶と考えられている。Stern[32]によれば、相互作用の記憶以外に、その人間の幻想や希望や恐れや家族の伝統と神話、重要な個人的な経験、現在のプレッシャーなどが含まれるものとしている。いずれにせよ、この観点によれば、虐待への介入・予防を行う場合、親が親自身の親との間にどのような表象モデルを形成し、それが子供に対する場合にどのように影響しているかを評価することが重要である。クラメール[33]やレボビッシ[34]は、子育てに悩む母親の内的表象の評価を行った上で、それを解釈したり修正を加える働きかけを行っている。一方、「心的外傷モデル」では、心的外傷によるＰＴＳＤ（心的外傷後ストレス障害）等の精神的な問題が養育を困難にすると考える。例えば、「過覚醒」（神経の覚醒度が上がり、少しの刺激にも不安やイライラを生じたり、不眠を生じる状態）が、子供への不安や怒りの生じやすさにつながったり、「再体験」（心的外傷を受けたときの記憶が思い浮かべようとしなくても思い出され、その現場にもどったかのように心の中で体験しなおすこと）や「感情麻痺」（つらい体験や記憶に対する二次的な反応として、これに伴う感情的な体験を感じないようになること）のために子供に対して適切な対応ができないことが起きる可能性がある。また、心的外傷の記憶に基づいて、その外傷的な出来事を象徴するような遊びや行動を繰り返す現象は、その体験を乗り越えようとする心の働き（マステリー）と考えられているが、被虐待体験やＤＶ被害の体験を持つ親が、その体験を反復する（再演とも呼ばれる）形で子どもに暴力や性行動を行う場合があると考えられている。これは過去の記憶がシナリオとして働いているという意味で、「表象モデル」とも一致する部分である。特に長期にわたる心的外傷体験は、感情制御の障害や対人関係の表象の歪みを生じるとされ[38]、問題となる表象モデルが固定化して、反復的な虐待を

表2　虐待に関わるモデルと介入援助の考え方

モデル	問題の中心	虐待のメカニズム	介入・治療の基本	具体的な介入・治療の例
①親子関係の表象（イメージ）を中心としたモデル	親子関係の表象のゆがみ	虐待をする親では、歪んだ親子関係の表象を持っていて、その色眼鏡を持って子どもの行動を解釈するため、他の人には理解しがたいほど、強い怒りや不安をもって子どもに反応する。	親がどのような親子関係の表象を持っているかを評価し、これを個人療法や親子同時面接などで修正することを目指す。	・安定した人間関係を体験させるためのケースワーク、 ・親子関係の表象そのものをテーマとした心理療法（個人療法、親子同時面接、グループ療法）
②心的外傷モデル	被虐待体験やＤＶなどの心的外傷によるトラウマ反応	トラウマ反応が養育行動を不安定なものにする。とくに被虐待体験などの長期のトラウマによる、感情制御の障害や、対人関係の障害や自尊心の低下が虐待やネグレクトに結びつく。	安定した関係や環境を与えること、トラウマの影響について知りこれが異常なものでないことを知ること、チャンスがあればトラウマ記憶自体の処理を行うこと。	・安定した環境を与えるためのケースワーク ・トラウマ記憶に焦点づけた治療（認知行動療法、EMDR、TFT、絵画など自己表現を行う治療） ・薬物療法
③スキル（養育や対人関係のスキル）に関するモデル	子どもの表情・行動に対する親による認知・対処のスキル上の問題	子どもとのコミュニケーション・スキルを学ぶ機会に乏しく、子どもの表情・行動に対する認知が不正確であり、子どもへのしつけも極端に支配的あるいは放任的になる。子どもの側の感情的な難しさや相性の悪さも、これを助長する。	養育や対人コミュニケーションのスキルを学ぶ機会を提供する	・ペアレンティング（親業）プログラム ・地域の母親学級や助産婦、保健士の訪問指導 ・母親グループ
④嗜癖モデル	嗜癖的な行動として反復的に繰り返される行動パターン	ストレスや欲求不満の高まり→暴言や暴力（あるいは性的行動）→罪悪感と償い（→ストレスや欲求不満の高まり）という悪循環が成立している。親役割をうまくやることへのこだわりが悪循環を助長する。	悪循環のパターンを持っていることに気づかせるとともに、それを本人の意志とか性格の問題ではない「病気」の問題として「免責」し、その代わりこのパターンから抜け出す努力に責任を負わせる。嗜癖の対象から距離をおかせる。	・子どもと距離をとる（施設等による親子分離も含む） ・虐待行動への衝動に対する行動療法的アプローチ ・家族や関係機関が悪循環に巻き込まれていることがあるので、これに対する教育やケースワークを行うこと ・自助グループの利用
⑤社会構成主義モデル	家族や社会における文脈や偏見	「男性は女性より優位である」「子どもは親に従うべきだ」というという親に都合のいいストーリーが「真実」のように家族全体に信じられ、虐待者による力の支配を正当化し、被害者もこれに取り込まれ、自分を責めたり、外部に助けを求めなくなる。	虐待者に都合のよいストーリーが絶対的なものではないことを示し、それに囚われてきた被虐待者が自分自身を救い出すことができる「もうひとつのストーリー」を見つけだす手伝いをする。	・虐待行為を明るみに出し、これが社会的に許されなことを示すケースワーク ・家族療法、ナラティブ・セラピー

生むと考えられている。こうした歪んだ対人関係の表象モデルが、その人の心の中にどれくらい定着し、どの程度その人の対人関係の持ち方に影響を与えているかという観点は、介入や予後を考える上で重要である。心的外傷が単発ないし短期間の場合には、そうした影響性は限られており、自分の歪んだ対人関係の持ち方に対する反省や修正がある程度可能であるが、長期反復的な外傷により歪みを持った対人関係の表象モデルが定着している場合、次第に違和感が薄れて無自覚になっており、介入が困難である[39]。

以上は過去の相互作用を中心とした見方であったが、現在の相互作用を中心とした見方としては、③親子間の「養育や対人関係のスキルに関するモデル」がある。これは虐待の主な原因を親子間のコミュニケーション・スキルの不足として捉える考え方である。欧米ではこの考えに基づき、虐待の予防や治療のために、ペアレンティング（親業）の心理教育プログラムが組まれている。さらに④虐待を嗜癖として捉える立場があるが[40]、これは悪循環的に反復している悪い相互作用（たとえばをウォーカー[41]のいう暴力のサイクル）に焦点を当てている。アルコール薬物依存症の治療で工夫されてきた嗜癖行動に対する認知行動療法や、コントロールできない対象（依存症なら酒や薬物、虐待なら子どもや育児）と距離をとる方法、自助グループの利用等は、そのまま虐待への介入・治療にも応用可能であり、実際に用いられている。

以上のモデルは、主に親子の相互作用に焦点をあてていたが、より広く家族全体や社会構造における文脈や偏見から虐待を捉える立場として、⑤「社会構成主義モデル」がある[42-43]。この考え方では、例えば、父親が娘に性的虐待を起こす場合、その背景に「男は女より優位である」「子どもは親に従うべき」という社会的な通念・偏見があり、これが父親の力による支配を正当化し、娘もそうした考えに逆らえなくするという働きをしていると考える。この観点からすると、虐待への介入では、この力の不均衡を支えている文脈・ものの見方を明るみに出し相対化し、これを変えていくことが必要になる[42]。

三　虐待する親への援助

1　予防・評価・ケースワーク

(a)　予　防

渡辺(44)は、反復的な行動として確立された虐待に至る前の段階に、母親と子どもの間でどうもうまくいかないと感じたり、不安や緊張を生じ、第三者もそれに気づく程度の「ミクロ虐待」や、これが夫や祖母にまで広がり家族葛藤が悪循環的に高まり、行動化が起き始めた「ミニ虐待」があるとしている。これらの段階にある親子にうまく働きかけることにより、「マクロな虐待」を防ぐことが予防になる。

その際まず必要なのは、母親に対する感情的な支持である。渡辺は「ミクロ虐待」では「安心させる」「本音を出させる」「主体性を尊重する」という支持がその葛藤や緊張を軽減するとしている。この「ミクロ虐待」の段階では、電話相談や保健所で、育児の不安を聞いてもらうだけでも大きな効果がある。「母性神話」や育児書の記述通りできないことから、親としてダメなのではないかと感じてしまう苦しさを吐露することが有用である。「ミニ虐待」では、支持に加え、より深くゆっくり過去から現在の感情的体験をきいて、内省をさせていくことが必要になる。また、こうした感情面への取扱いと平行して、福祉事務所等による経済的な支持や、保健所や保健センターでの具体的な育児や家事の指導など具体的援助も心理的効果が大きい。

(b)　初期対応

① 虐待の重症度判断とケースワーク手法の選択　虐待のパターンが成立している可能性が高いと判断され

た場合には、受け身的な対応でなく、児童相談所や福祉事務所への通告を行った上で援助チームを作り、感情的サポートや具体的な援助を行いつつ、情報収集をはかる。通告については「おおげさにしたくない」「親との関係が壊れる」とためらう人が多いが、疑いが強ければ、まずは通告することが重要である。通告しても児童相談所が積極的に動いてもらえない場合もあるが、地域の虐待防止ネットワークの力をかりたり、情報収集を進めながら、児童相談所を動かしていくことが必要である。

ここで重要なことは、どういう介入が必要かという判断である。すなわち、支持的なアプローチを続けていく方法で良いか、強制的な調査や親子分離を行う必要があるかの判断である。ベントビン(45)は、介入の有効可能性について、①虐待に対する責任を感じているか（否認しているか）、②家族のメンバーが被害者のニーズを最優先にできるか、③家族が関係機関による長期的な援助の必要性を認識できるかという観点でみることを提案している。彼は、介入の有効可能性は次の三段階に分けられるとしている。

「介入効果について望みがある状況」：親が自分の役割や、子供やパートナーの状態に対する自分の責任を認識できる場合である。加害者は、虐待行為が行ってきたことやこれにケアが必要なことは一応認めている。他の家族メンバーは十分対応できていないが、虐待における自分の役割を認識する必要を感じている。関係機関との協力体制をある程度持てる。

「介入効果が疑わしい状況」：加害者が被害者の状態に対する自分固有の責任性に対して部分的には否認が存在し、あいまいな態度をとる場合。多少ともこの状況を修正しようという認識は少なく、専門家の援助に対して懐疑的である。

「希望のない状況」：被害者の障害がまったく否認される状況であり、専門家がこれを認定していても、家族はこれを拒否する場合。むしろ専門家が、子供や配偶者の頭に虐待に関する考えを吹き込んだということで訴えられる可能性がある。しばしばアルコール症や精神疾患や長期の暴力歴を伴うが、その問題性を否定する。

以上のうち「希望のない状況」では、法的介入を含む強制的な調査や親子分離も考慮に入れた対応が検討される。

一方、子どもへの危険性が強くないと考えられる場合には、上述した予防と同様に感情的サポートと物理的援助を中心に行う。さらに、子どもに何らかの疾病や障害が疑われれば、児童相談所や小児科・児童精神科などで親子で来院させ、子どもの評価やケアを行いながら、親についても評価や具体的なサポートを行なう。親に精神的な問題があれば、治療への導入も考える。

② 行動の制限と支持的な援助の両面を含めたケースワーク　虐待する親の治療が、通常の心理療法と異なる点は、①その親本人に寄り添い、その回復を援助する側面と、②親の虐待行為そのものへの責任を問う側面の二つ、特に後者を問題にしていかざるを得ない点である。この両方を一つの機関や治療者が担うのは非常に難しい場合が多い。

米国では子どもの保護を早期に行い、裁判所の命令で、治療を受けることが求められる。日本ではこうした治療命令の制度はなく、親の親権の喪失や停止の制度は限られた事例でのみ適応されており、一旦分離が為された場合、いつまでにどうすれば子どもを取り戻せるという規定もないので、治療の動機づけとして機能しにくい。それでもこうした分離や施設措置をてこにして、親に治療的介入を行うことができる場合はあると思われる。

これまで児童相談所が親の持つ問題を明確にとりあげないまま施設措置にしてしまう場合があったが、これは後で混乱を招きやすい。「虐待」という言葉を使わないにしても、親の子どもに対する取扱いが深刻な問題を生じていると認識していることを児童相談所として親に説明する必要がある。その上で、親の否認の裏にある不安や苦悩感を探し出し、そこに焦点を当てる工夫が必要と思われる。その一つの方法としては児童相談所が直面的な役割を取り、一方でフォロー役を保健所や保健センターや福祉事務所の家庭児童相談員や民間ネットワーク等にとってもらうという役割分担を行うやり方があるだろう。

(c)　親子分離・統合およびその後のフォローアップ

嗜癖モデルで虐待を考えると、親が子供を適切に扱おうとして扱えないことが繰り返されている状況は、アルコールをうまく扱えないアルコール依存症と類似しており、一旦これを上手にやることへのこだわりを捨て、親子の距離をとることが有効な場合がある。そこではじめて「否認して行動化⇕やみくもな反省と罪悪感」という悪循環から離れ、回復に向かう可能性が出てくる。以下は分離が有効であった例である。

［事例A　二四歳　女性］

母親が酒乱傾向で、父親が早期に死別した家庭で育つ。高卒後、仕事をしながらアルコール乱用となり、次第に過呼吸発作や気分の波などを生じた。心療内科でアルコール依存症の治療を受け、断酒後二年の時に知り合った男性と結婚した。「どうしても生みたい」と女児を妊娠・出産したが、出産後うつ状態になり、「かわいい」と思えず、赤ん坊が泣き始めるとどうしていいかわからなくなり、叩いたり口を押さえたくなる衝動に駆られるようになった。夫に連れられて児童相談所に来て、相談の結果生後二ヵ月時に子供を乳児院に措置した。一ヵ月の入所をするうちに、薬物療法でうつ状態が軽くなり活動性が改善し、面会にいくうちに子供への思慕が強まり、乳児院のスタッフに対する反感もあり子供の引取りを希望。しかし、二週間のうちに子供をうまく面倒みられないイライラが募り、再び乳児院措置となった。二回目の入所は半年間続いたが、その間にスタッフと落ち着いて話せるようになり、面会時に自分の子どものみならず、乳児院の他の子供の面倒をみるほど余裕がでてくる。最初に拒否していた保育所の使用も受け入れ、外出泊を繰り返して六ヵ月後に子供の退所となった。その後も心療内科に通院を続けているが、同じ年頃の子どもを持つ友人もできて、子供へのイライラは減少している。

以上は乳児の場合だが、学童期以降の事例では、子どもの側も、施設に入ることで膠着していた母親への葛藤が解きほぐされたり、施設の他の子どもが親に会いたがる様子をみて親への反応が変化する効果が期待できる。ただし、親子が引き合う気持ちが出たからすぐに統合可能というわけではなく、親が子どもの痛みに対する共感性がもてず、自分の寂しさ故に子どもと過ごしたいという自己愛的な面が目立つ場合は注意を要する。その場合、面会時の家族療法などで親のケア機能の回復をはかり、子どもが帰宅の後も関係機関とつながるなどの条件をつけ、外出や外泊を経て、家族統合を図ることが望ましい。また、一旦家庭に戻ってからの試行錯誤についてもフォローすることが重要であると思われる。地域でフォローする場合に、誰がどのように接触を継続しその情報をどこに集約し、再虐待の危険があった場合どうするかという手順を決めておくことが必要である。

ファールガーら[46]によれば、治療終了後の親の再虐待率は一八・五％から六六・六％であったという。再虐待に関わる要因としては、虐待のタイプ、プログラムの期間、経済状態、親の被虐待経験、援助サービスの継続が指摘されている[47]。虐待のタイプとしては、明確な身体的虐待の再発は少ないが、過剰な罰や心理的な虐待やネグレクトは継続しやすい[48]。最低限必要なプログラムの期間としては、四〜六ヵ月または一年という指摘がある一方、期間は関係ないという調査もある[47、48]。被虐待歴のない親では収入による再虐待抑止効果が認められるのに対して、被虐待歴がある群では収入によるこれがないという所見がある[46]。こうした欧米の議論と比べると、日本においては再統合に至るまでのプログラムや、統合後のフォローアップの仕方に関する検討はこれからである。

2 心理的援助の多元性と選択

以上みて来たように、援助計画をたてる上では、多くの要因の影響性を評価し、必要な援助をリストアップすることになる。特に親子関係についての評価は、親や子どもがどのようなアタッチメントに関連する表象モデルを持っているかを評価する必要があるが、この点は日本では十分行われているとはいえない。

図1（次頁参照）は、ジョージ[25]のアタッチメントモデルを中心とした虐待する親の持つ要因と援助方法の関係を示したものである。その中で援助の種類を大まかに五つに分けたが、各々について以下に記す。

ⓐ 親子関係の表象に対するアプローチ：虐待的な親では、親自身の内的作業モデルが不安定で、そのため養育の作業モデルも非機能的なものになっている可能性がある。この場合、親自身のケアに関する欲求や葛藤が強く、子どもにケアを与える余裕がないという場合も多い。援助を考える場合、これらの表象モデルを明らかにし、親への接近法を検討したり、可能であればその修正に取り組むことになる。

ⓑ 虐待衝動・行動への直接的介入：衝動行為がしばしば生じている場合、衝動のきっかけとなるストレス要因の調整や、衝動をコントロールするための行動療法的アプローチが必要になる。

ⓒ 子どもに対する認知・対応スキルに対する援助：子どもの行動に対応する具体的なスキルを身につけることも不可欠な要素である。特に一旦分離して統合した場合は、学んだスキルを使いながら自分のものにする段階が重要である。

ⓓ 精神障害への援助：産褥期うつ病や薬物・アルコール依存症などの親の精神障害が安定した養育を困難にしている場合、これらの障害に対する治療を平行して（または優先して）行う必要がある。

ⓔ 環境要因への援助：経済的援助、地域における育児に対する援助（保健婦や助産婦の家庭訪問や家族教室、心理的発達の理解に基づく子育てに関するアドバイス）、保育所、電話相談、学童に対する外来の精神医学的治

中心にした虐待の関連要因と援助

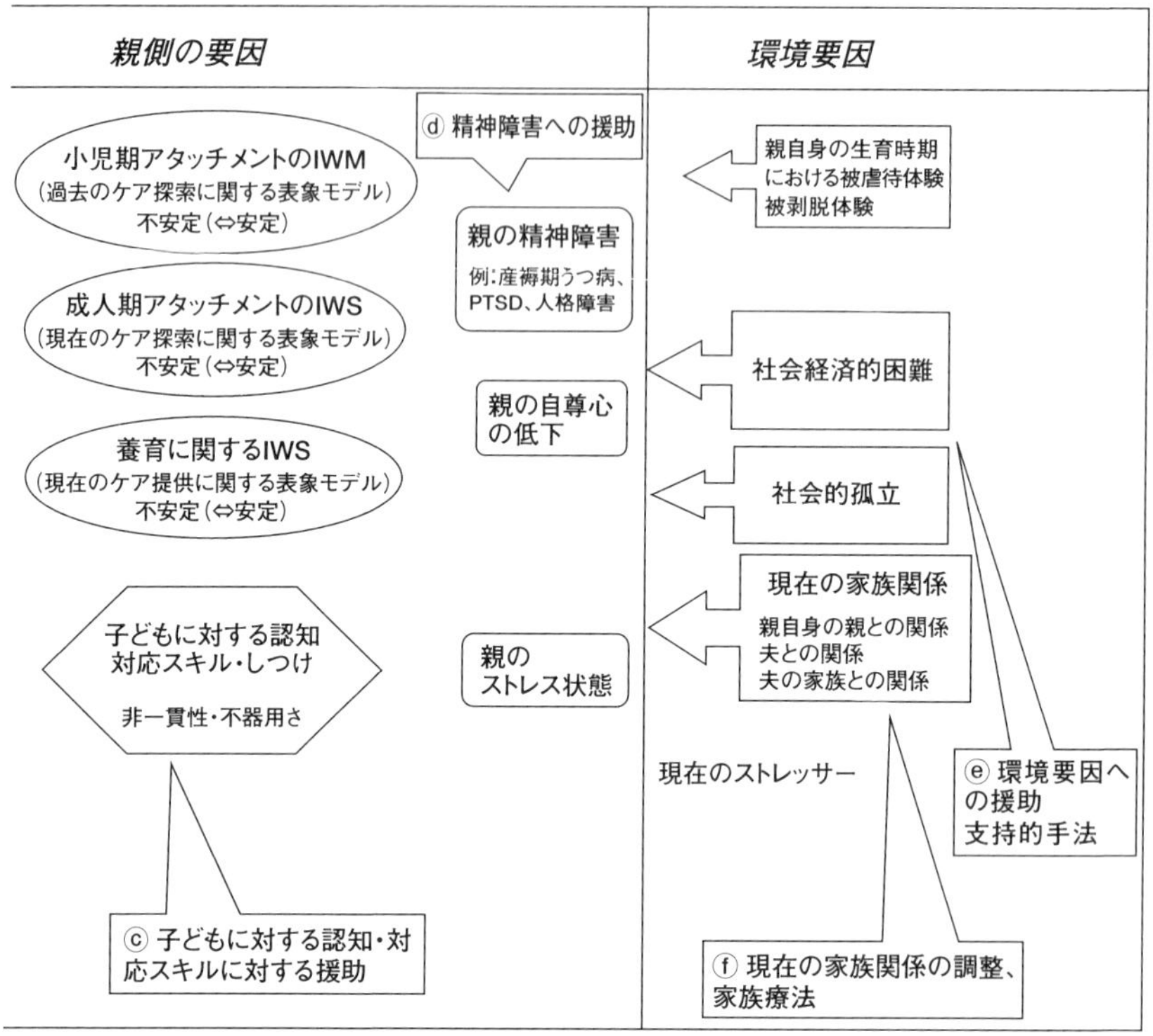

療、母親グループなどの交流、家族関係の調整、そのほか親のストレスを軽減する方法などが挙げられる。

ⓕ　**現在の家族関係の調整・家族療法**：虐待を行っている親子のみならず、直接には虐待をしていない親やその他の親戚について介入すること。援助協力してもらうように働きかけたり、本人のストレス要因になっている関係は減らすように調整を試みる。

援助コンポーネントの組み方　上記の治療のコンポーネントをどういう順で組んでいくかについて、ハウら[49]による「虐待の介入・援助における四つの段階」を参考に、以下に整理した。

第一段階：感情的・物質的な援助：「環境的要因」と「現在の家族関係」

図１　親のアタッチメントモデルを

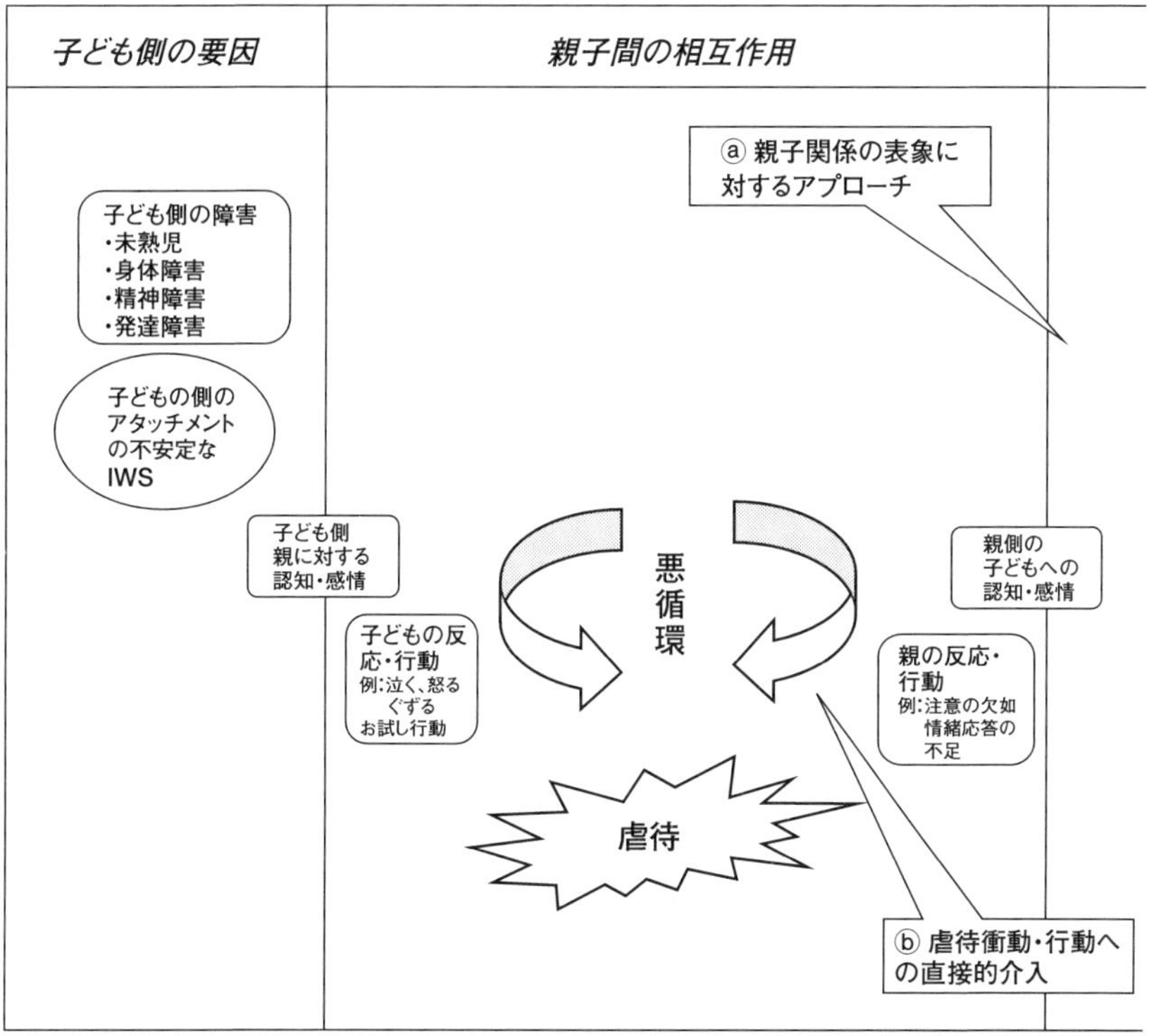

への援助という支持的なケースワークが中心となる。まず、現実的に困っていることから援助していく。親の気持ちを共感的に支え、具体的で物理的な援助を行うことで、母親のストレスを低減し、自尊心・自己価値観を高める。これを通じて、母親の子供のケアに関する敏感性や安定性を促進する。

第二段階：意味的・内省的・解釈的な学習：中心になるのは、「親子関係の表象へのアプローチ」である。親は自分自身の感情を見直して、整理をつける。自分自身の感情のケアを通じて、子どもに対するケアのあり方を考え、内省・共感性について体験的に学ぶ。

第三段階：行動的・手続き的な学習：実際に子どもに対して自分が良いと思うケアを行う段階である。「子どもに対する認知・対応スキルに対する援助」がその中心になる。再び、子どもを前に衝動が強まることに対しては、「虐待衝動・行動への直接的介入」で対処する。試行錯誤を通じて、親は、自己効力感、対人能力を高める。この段階でも改めて、「環境要因」「現在の家族関係」は重要である。

第四段階：自分の考えや計画で適切な対処を行う時期：すべての援助を自分なりに統合して、応用していく時期であり、自己決定力と自律性が目標である。

「虐待衝動・行動への直接的介入」は一応第三段階となっているが、親子分離をしない場合には、すべての段階で必要である。安定した状況を確保してこそ、内省や行動上の試行錯誤が可能になる。

3　親子関係の表象モデルへのアプローチ

反復的に虐待を行ってしまう親、特に被虐待体験を持つ親では、その親が持つ親子関係の表象や内的作業モデルに何らかの歪みを生じており、そうした歪みのもととなった外傷性記憶の脚本を何度も再演している場合が少なくない。そうした場合、外傷性記憶に触れ、これを無害化・中性化するよう援助できれば、非常に親子関係を大きく改善できる可能性がある。しかし、心的外傷への直接的なアプローチは、どの事例でも可能というわけではなく、もしこれに取り掛かるにしてもその前に安定した治療環境を確保することが重要である。特に被虐待体験を持つ母親では自分がケアをされることに関する内的作業モデルが不安定なので、治療や介入に対して強い怒りや不安を生じやすい。西澤[50]は、親自身の心の傷を癒す「滋養、再養育の過程」を経てから、自分自身の虐待行為について洞察する「葛藤の過程」に入れることを指摘している。この最初の段階では短期療法でいう「ジョイニング（相手にあわせること）[51－53]」が重要で、相手と対立や議論をすることなく、共有できる解決すべき課題を見いだす努力が必要である。家族間や関係機関との対立の話を一応は受け止めながらも、そこから家族状況全体をどのようになれば良いと考えているかという方に話を向けていき、そのために親としてどんな努力をしてきたかを聞き、その苦労に共感を示していく。被虐待体験によって複雑性PTSDが生じ、それが抑鬱や身体化症状として現れている場合には、トラウマ反応の説明を行い、今怒りが出てきていることは当然のことであるというノーマライゼーションを行い、その影響性に縛られながらも何とかやってきた努力を評価する。そして子育てがうまくいかないことなど自分にとって認めたくない問題から逃げずに「いまここで」相談を受けているクライアントの勇気や努力を賞賛し、治療同盟を補強することが有効である。

こうして親との関係性を確立した上で、可能であれば、親の持つ外傷性記憶の整理に取りかかるわけだが、不用意にそれに触れると、強い感情体験に圧倒され再び外傷をうけた時に近い状態になったり、虐待的傾向を強める危険がある。ヴァン・デア・コルク[54]によれば、外傷性記憶に触れると感情や記憶の座である大脳辺縁系が強く賦活される一方、言語中枢が抑制され、過去と現在、自分と他人の感情の分節化・区別ができなくなりやすいという。

したがって、外傷性記憶に触れる場合は、今治療者といるこの場は安全な状態であること、「今の自分」と「子供の頃の自分」が異なることを何度も再確認しながら、過去の記憶について言語あるいは絵画などの非言語的方法で表出させ、その整理を援助する。外傷性記憶をターゲットにした認知行動療法ではそうした手順を定式化している[55]。被虐待体験の記憶に基づく歪んだ親子関係の表象に縛られている事例の治療では、被害を自分に与えた親との関係の整理（正当な怒りと陳謝の要求の表出）、また被害をあたえてしまった子供との関係の整理（してしまった行為を謝る）を通じて、その膠着状態から離れ、新しい親子関係や自分（の表象モデル）を見いだすことが目標となる。

ラピン[56]は虐待者が外傷性記憶に比較的安全に触れる工夫として、「エンプティ・チェア」によるロールプレイや「出さない手紙」を用いる方法を提案している。渡辺[57]は、親子関係の表象により直接的な働きかけを行う方法として、親と乳幼児（主に三歳以下）を同席させる精神療法を行っている。渡辺によれば、この方法では乳幼児の存在が母親の治療的な反応の触媒となり、親自身が持つ原家族との間で持っていた親子関係の葛藤や不安が、セラピストのいる場面で集中的に再現されるという。セラピストは、参与観察者として、原家族との間の対象関係に関する表象と、母親が抱く子どもの表象、実際の母子の行動上の相互作用を直接観察し、子どもを前にした母親におきる様々な葛藤や不安を母親が語りなおす手伝いができる。渡辺やクラメールによれば、この方法の方が、乳幼児を同席しないセラピーよりも親子の表象の問題に焦点化できるため、短期間で母親の治療的プロセスが進行するという。

4　家族療法

①　家族同時面接

虐待する親と被虐待児の各々のケアを別々に行うのみでなく、両者同時またはそのほかの家族も同時のセッションを行うやりかたがある。このやり方は、その相互作用のパターンに直接介入することで、「関係の表象」レベルでも具体的な交流のレベルでも大きいインパクトを与えることができる。一方、同席面接の短所は、今までの関係性を変える力を持たない場合（たとえば、これまで通り虐待に関する否認を虐待者が続け、被害者もそれに巻き込まれている場合）、これまでと同じ悪循環を再現し、悪い状況を固定してしまうことである。虐待する親の否認が強い場合には、児童相談所などの社会の側から今の家族状況は容認されないのでこれを変えるセッションに参加しなさいと言うような枠組が必要になると思われる。

②　マダネスによる性的虐待の家族療法

マダネス[58]は、性的虐待が生じた家族における、加害者と被害者およびこれをとめられなかった家族員を一緒に呼び、そこで虐待にまつわる後悔と償いを直接取り扱う家族療法について紹介している。

虐待者と被虐待者の双方が、虐待の事実とそれに伴う後悔や自責感を、これに対する恥の感情の否認を乗り越えて、家族全員が同席した場で全ての秘密をオープンにして、加害者に、被害者にひざまずいて後悔と懺悔を述べさせる。他の家族員は、被害者を守れなかったことを、被害者に対してひざまずいて懺悔し、同じことが起きないように家族として加害者と被害者をサポートすることについて確認を求められる。さらに被害者を実際に守ってくれる人を拡大家族の外に探す。この方法は、加害者が被害者を巻き込んでいるストーリーを、社会的なルールや他の家族のもとにオープンにさらして、これを大きく変えて、被害者が負わなくてもよい責任をはっきりさせ、罪悪感をぬぐうとともに社会や家族の中で加害者が負うべき責任をはっきりさせることで両者の回復を図るものである。司法機関や家族メンバーの力を背景に社会的文脈が呼び込まれ、最初の否認を破るとともに、被害者・加害者の内的な認知的・感情的枠組みを変え、そこで生まれた新しいストーリーを現実に行なっていく具体的な方法を決めることで、このストーリーを強化して再発を防いでいる。

司法機関や家族以外の人の監視という社会的コントロールによる限界設定をしながら、家族が本来持ってる愛情に基づく関係が作り出すことに治療の眼目が置かれている。

③ 配偶者へのアプローチ　妊娠中から出産後には、母親は子どものことで頭がいっぱいになる時期があり[59]、そのとき父親は緊密に結びついた母子をその外側から包み込むように守り、母子と外部環境とのつなぎを行う役割を持つ。この場合、母親は父親にケアを受け、その母親が子どもにケアを与えるという、入れ子構造になっている[60]。父親が母親をケアする余裕をもてなかったり、むしろ父親自身のケアを母親に求める場合には、母親は非常に困難な状態になり、それが虐待につながる場合がある。特に父親がアルコール・薬物依存症やＤＶの問題をもつような場合は、そうしたパターンが生じやすい。クラメール[33]によれば、夫は元来女性の生殖能力や子供と親

密な関係を作る能力について羨望を感じており、母親と子供が親密な状態にあると、これを排斥と感じ、不在・浮気・飲酒・意気消沈・心身症の兆候を示したり、子どもや妻への攻撃や無視を生ずるという。依存的な父親が、母親とのつながりよりも実家の親とのつながりを大事にするような場合は、さらに母親の嫉妬心をあおったり、嫁姑の葛藤から祖父母に育児を援助してもらうことがスムーズにできない場合も多い。一方、母親の側が父親に対して、依存的な場合もある。父親との関係を子どもとの関係より重視して、夫への怒りを子どもにぶつけたり、内縁の男性との性的関係に夢中になって、子どもに十分なケアを行なわないケースもある。こういう場合、配偶者との相互作用に介入しコミュニケーションを回復したり、配偶者の側の問題をきちっと取り上げなければ、虐待を生じてしまう親のみへの介入では効果を得にくいと考えられる。

5　虐待衝動・行動への直接的介入

反復的に生じてしまう虐待の衝動や行動化に対し、行動療法的なアプローチを行うことも有用である。[61] 著者は、薬物依存やPTSDやDVに対する行動療法を参考にして、虐待衝動に対するコントロールを教えている。[62-65] 子どもに対する虐待衝動を生じるきっかけ刺激やハイリスクな状況、危険な徴候を同定させ、これに対する対処法を具体的に考えさせる。可能であれば、衝動を生じる場面のイメージを想起させリハーサルを行った上で、日常場面に挑戦させ、毎日どういう場面でどの程度の衝動が出たかなどを自己評価・記録させる。さらに親の能力が高ければ、認知的な要素をとりあげ、子育てに関する完ぺき主義等の非合理的な認知や自動思考も取り上げていく方法を行う。以下に例を示す。

［事例　二五歳女性B］

病歴：いらいら感、抑鬱感がある時に五ヵ月の娘を殴ったり、高所から落とすという虐待行為を行ない、自ら児童相談所に相談に来た事例である。こうした行為を生じるのは、「夫の母にいろいろ言われるとき」「子供が泣き止まないとき」であるという。母親が心療内科に紹介されてきた際に虐待衝動への対処として、以下のような行動療法を施行した。

① 「こどもをたたいてしまう衝動」に関係するきっかけ刺激、ハイリスク状況を同定させた。

・きっかけ刺激

外部の刺激＝泣いているときの子ども、自分を虐待した実家の母親との電話、家の雑然とした様子

内部の刺激＝虐待された時の嫌な記憶、空腹、疲労感

・ハイリスク状況＝子どもと二人きりでいる時間、こどもの食事の時間（特に離乳食を食べてくれないとき）、夫がなかなか帰ってこない夕方～夜の時間、家事をやりすぎて疲れてしまう時

・危険な徴候＝人に会いたくなくなって、こもる時間が増えること、気晴らし食べが増えること

② リラクゼーション法として簡単な呼吸法と自律訓練を教えた。

③ ①で同定した刺激やハイリスクな状況を思い浮かべたときの不快感をＳＵＤＳ（Subjective Unites of Distress：自覚的な不快の度合い）として最大一〇点満点のうち何点かを自己採点してもらった。比較的点数の低かった場面（例：家の雑然とした様子）のイメージを浮かべ、一旦上がったＳＵＤＳをリラクゼーションなどを用いて下げるように導いた。これを何度も繰り返し、ＳＵＤＳ一〇点の子どもと二人きりでいる状況についてもイメージによる暴露とリラクゼーションを行った。

④ 日常生活のきっかけ刺激やハイリスクな状況への対処を以下の四段階にわけて説明した。

第一段階：ハイリスク状況やきっかけ刺激への曝露をできるだけ減らすこと

→「実家の母親との電話」に対しては「番号通知を見て一切出ない。用事のあるときは夫に電話しても

らう」というように、生活場面から除ける刺激は除く。子どもと二人でいる時間は完全に避けがたいので、夕方～夜の時間には必ず夫から電話をもらう、保健婦さんの訪問日を設定してもらう。保育所の利用。

第二段階：ハイリスク状況やきっかけ刺激に接触してしまったら、行為への衝動が生じないうちに早くそこから離れること。

第三段階：ハイリスク状況やきっかけ刺激に接触して、行為への衝動が生じてしまったときの対処法を身に付けて、それにより何とかその場を乗り切ること。

↓実母の電話を偶然受けてしまったら、できるだけ早く切ること。子どもが食事を食べてくれず、イライラが強まったら、一旦その部屋を出て、お茶を飲む、夫や保健婦に電話をする、リラクゼーションを行なう、抗不安薬の頓服を飲むなど。その場を離れれば、たたきたいという衝動は一〇分もたつと少し程度が下がることを知っておくことなど。いざという時の対処法を紙になど書いておくことも勧めた。

第四段階：衝動行為を行ってしまったら、できるだけ早くストップして被害を最小限にすること。

↓たたき始めると、罪悪感が募り、自暴自棄になり、さらに行動がエスカレートすることもあるので、そこで一旦たたいてしまっても、早く止められるようになれれば、一つ進歩できるという話をした。

⑤　予防的な活動として、家事の分担を変えたり保育所の利用であいた時間を昔やっていた趣味を復活させる、友人と会っておしゃべりをするなども、できる範囲で導入する等を提案した。

6　子どもに対する認知・対応スキルの援助

虐待的な親にとって、表象レベルの問題とは別に、子供への実際の関わり方に習熟することが重要である。欧米では多くのペアレンティングプログラムが作られ、虐待傾向の親のみでなく、通常の育児援助や、または障害を持った子どもへの対応に絞ったものなど多様な目的・対象に行われている。そのうちの何種類かは日本に紹介されており[66-70]。ここでは、トマス・ゴードンの作ったペアレンティング（親業）プログラムを津田の紹介をもとに述べる[67、68]。その内容は「聞く」「話す」「対立を解く」というコミュニケーションに中心が置かれている。津田は、親業メソッドの紹介でまず「聞く」方法について、①子どもの言葉を繰り返す、②言い換える、③気持ちをきくという具体的な方法を紹介し、こうした能動的な聞き方が相手を理解していくことを示す効果を持つことを示している。著者もペアレンティングを取り入れた親グループを施行しているが、その体験でも、まず子どもや他の参加者の言葉を聞くことができるようになるのが第一ステップであると感じる。ともすると、いい親として関わろうとしすぎて、子どもの感情や言葉に目が行きどとかず一人よがりになりがちなので、まずこの「聞く」ことをできるようになることがターニングポイントになる。「聞き方」を習っても現実場面ですぐにできる人は少ないが、普段自分がどんな風にしているかを意識するだけでも違ってくる。「話す」課題では、津田は「わたしメッセージ」を強調している。心理的虐待を加えがちな親では、自分の考えと子どもの考えと、「世の中の常識」とを区別して表現することが難しい。子どもにきつい言葉をいってはならないと考えると今度は自分の感情もうまくいえなくなり、本音を出そうとすると子どもと自分の違いを無視して、きめつける言い方になりがちである。「私を主語にして話す」という具体的な方法をやらせながら、自分と子どもの感情を尊重するコミュニケーションを学ばせる。三つ目の「対立をふせぐ」は、親と子どもの間で意見が食い違うときに罰を与えるのではない形で、子供が自分で解決の方向に向かうように導く方法である。虐待傾向のある親は「しつけ」と称して罰則を与えがちであるが、これはかえって子供の自信を奪うことが多い。罰の代わりに「ほめてしつける」「人格を攻撃しないで不賛成を示す」「一貫したルールを示し、でた結果を子供に返す」「選択肢を示し、選ばせる」「親子で解決策を挙げる」などのスキルを学ぶ。

虐待的な親への心理教育としては、ペアレンティングのみでなく、夫婦関係や就業や対人関係に関する心理教育プログラムも行われている[71]。

7　グループ療法

グループ療法は、育児困難の問題に非常に古くから使われてきた[72、73]。子育ての大変さについて互いに語り合うことで、自分だけが大変なのではないのだという気持ちを感じられるようにするというヤーロムのいう[74]「普遍性」を持てることが、この方法の第一のメリットであると思われる。普遍性を支えにして、グループの場が、安心できる場として感じ、凝集性を意識するようになり、感情表出が進む。個人療法では治療者との関係に集中するが、グループでは他の多くの参加者と関係を持つので、それがうまく働けば、同一化や反同一化を通じて、自分自身の感情や子どもとの関係を振り返り、学ぶ契機にすることができる。更に関係が深まっていけば、他のメンバーとの直接的な相互作用を通じて、他者との関わり方を再学習したり、グループが擬似家族として体験される中で、家族関係を修正することができる場合がある。この場合の家族は、現在の家族関係のみでなく、虐待者の原家族についての見直しを意味する。特に被虐待体験を持つ親の場合は、そうした体験をうまくシェアできた時のメリットは非常に大きい。一方、グループ療法は、個人療法よりも本人の個人性を脅かす側面があるので、そうした不安を含めた強い陰性感情が反治療的に働くこともある。グループ過程は、参加者の「子ども返り」を促進し、一人がグループの場を独占したり、逆に引きこもる場合も少なくない。自分のことを棚に上げて他人を攻撃する場面も生じやすく、家での虐待を再現してしまうこともある。グループの良い側面を生じるようにするには、各メンバーが安心して話せるスペースを確保してやることが第一で、直接的な相互交流やテーマの一貫性をあえて重視せず、各々の考え方があってよいという個別性を強調していく方法が少なくとも最初は重要である。

グループ形態として、①AA（アルコール・アノニマス＝匿名性のアルコール依存症の会、アルコール依存症の回復を目指すもの同士が集うグループ）等の自助グループに近いものと、②ペアレンティングの方法をより直接的に学ぶタイプのグループの二つに別れるようである。

①のタイプのグループとしては欧米では虐待傾向を持つ親同士の集まるPA（Parents Anonymous、ペアレンツ・アノニマス）があり、ここでは順番に参加者が自分のことを話し、他の人へのコメントはしない「言いっ放し、聞きっ放し」を基本として、安全感を保証している。日本でも、この種類のグループとしては、徳永や広岡が行っているMCG（Mother-Child group）がある。[75、76] 一方、②のペアレンティングのグループも欧米のプログラムを用いて、日本でも先駆的な取組みが報告されている。[66、67]

8 親の持つ精神障害への援助

精神障害と虐待やネグレクトが同時に生じている場合でも多様なパターンがある。例えば、親の精神障害が子どもへの配慮を困難にして親子関係がうまく築けない場合、子どもの問題行動が先にあってこれによって親が反応性の抑鬱などの精神障害を呈する場合などがある。各ケースで精神障害がどのように育児と関わっているかをみることが重要である。薬物療法による精神障害の治療により、虐待行動を効果的に減らせる場合も少なくない。ド・プラド・リマら[77]は、リチウム、カルバマゼピン、バルプロ酸、プロプラノロールが虐待する親の攻撃性の低下に有効であり、親子分離をせずに済む場合が増やせるとしている。薬物療法以外では、入院や社会復帰プログラムが有用な場合がある。吉田[78]は、英国における周産期精神病の母親と赤ん坊を一緒に入院させる方式を紹介している。また、アルコール、薬物乱用の事例では、危機介入における入院や社会復帰における自助グループや家族会を有効に使える場合がある。

四　おわりに

以上、虐待的な親に関わる要因と介入・治療について概観した。虐待の援助で難しい点として、親と援助者の「治療関係」の問題がある。親と子の少なくとも二人の援助対象がいるので、親の援助をしながらも子どものことを考えることになり、親に対する陰性の逆転移感情が起きたり、実際に直面的なケースワークが必要な場面も出てくる。前田[79]は虐待をした親とこれを受けた子の両方の主治医となり、その逆転移に身をおきながら両者の深い理解をもとに援助をした報告を行っているが、この矛盾を扱っていくことは心理的に厳しい仕事である。この矛盾は、ケースワーク上でも同じで、児童相談所がその困難を負わされている。ハウら[49]は、アタッチメントの観点から親や子どもと関係機関の関係を評価し、その関係性＝アタッチメントのスタイルをもとにケースワークを行うことを提案している。制度改正を含め、親のケースワークと心理療法に携わる関係機関が共通の心理的理解をもとに「治療構造」ないし「援助構造」を作って長期的に関わっていくことが必要であると思われる。

（1）Smith C. (1996) The link between childhood maltreatment and teenage pregnancy. *Soc Work Res* 20, 131-141.
（2）Miller S.H. (1984) The relationship between adolescent childbearing and child maltreatment. *Child Welfare* 63, 553-557.
（3）Steele B.F. (1970) Parental abuse of infants and small children. In Parenthood : Its psychology and psychopathology. Edited by Anthony E.J. and Benedick T. Little, Boston.
（4）Steele B.F. and Pollack C. (1968) A psychiatric study of parents who abuse infants and small children. In Tha Battered Child. Edited by Helfer R. and Kemp C.H. University of Chicago Press, Chicago.

(5) Spinetta J.J. and Rigler D. (1972) The child-abusing parent：a psychological review. *Psychol Bull 77*, 296-304.
(6) Merrill E.J. (1962) Physical abuse of children. In Pritecting the battered child. Edited by De Francis V. American Humane Association, Drnver.
(7) Wright L. (1976) The "sick but slick" syndrome as a personality component of parents of battered children. *J Clin Psychol* 32, 41-45.
(8) Evans A.L. (1980) Personality characteristics and disciplinary attitudes of child abusing mothers. *Child Abuse Negl* 4, 179-187.
(9) Walsh C., MacMillan H. and Jamieson E. (2002) The relationship between parental psychiatric disorder and child physical and sexual abuse：findings from the Ontario Health Supplement. *Child Abuse Negl* 26, 11-22.
(10) Egami Y., Ford D.E., Greenfield S.F. and Crum R.M. (1996) Psychiatric profile and sociodemographic characteristics of adults who report physically abusing or neglecting children. *Am J Psychiatry* 153, 921-928.
(11) 斉藤学（一九九八）「こどもを虐待する親たち」『児童虐待：臨床編』斉藤学編　金剛出版、東京　pp. 313-331.
(12) Kempe C.H. (1976) Approaches to preventing child abuse. The health visitors concept. *Am J Dis Child* 130, 941-947.
(13) Terr L.C. (1970) A family study of child abuse. *Am J Psychiatry* 127, 665-671.
(14) Green A.H. (1976) A psychodynamic approach to the study and treatment of child-abusing parents. *J Am Acad Child Psychiatry* 15, 414-429.
(15) Lynch, M. (1976) Risk Factors in the child：A study of abused children and their siblings In The abused child：A multidisciplinary approach to developmental issues and treatment. Edited by Martin.H.P. Ballinger Publishing Company.
(16) Elmer, E., Greg, G.S. (1967)：Developmental characteristics of abused children. *Pediatrics 40* , 596-602.
(17) Johnson, B., Morse, C (1968)：Injured children and their parents. *Children 15*, 147.
(18) Disbrow M.A., Doerr H. and Caufield C. (1977) Measuring the components of parent's potential for child abuse and neglect. *Child Abuse Negl* 1, 279-296.
(19) Frodi A.M. and Lamb M.E. (1980) Child abusers' responses to infant smiles and cries. *Child Dev* 51, 238-241.

(20) Kropp J.P. and Haynes O.M. (1987) Abusive and nonabusive mothers' ability to identify general and specific emotion signals of infants. *Child Dev* 58, 187-190.

(21) Montes M.P., de Paul J. and Milner J.S. (2001) Evaluations, attributions, affect, and disciplinary choices in mothers at high and low risk for child physical abuse. *Child Abuse Negl* 25, 1015-1036.

(22) Reid J.B., Kavanagh K. and Baldwin D.V. (1987) Abusive parents' perceptions of child problem behaviors：an example of parental bias. *J Abnorm Child Psychol* 15, 457-466.

(23) Pears K.C. and Capaldi D.M. (2001) Intergenerational transmission of abuse：a two-generational prospective study of an at-risk sample. *Child Abuse Negl* 25, 1439-1461.

(24) 棚瀬一代（二〇〇一）『虐待と離婚の心的外傷』朱鷺書房　大阪。

(25) Kemp C., Silverman F.N. and Steele B.B. (1962) The battered child syndrome. *J Am Med Assoc* 181, 17-24.

(26) Fraiberg S. (1980) Clinical studies in infant mental health：The first year of life. Tavistok, Tavistock.

(27) Kempe C.H. (1973) A practical approach to the protection of the abused child and rehabilitation of the abusing parent. *Pediatrics* 51, Suppl 4：804-Suppl 4：812.

(28) McCarthy J.B. (1990) Abusive famlilies and chracter formation. *Am J Psychoanal* 50, 181-186.

(29) Kaufman J. and Ziegler E. (1987) Do abused children become abusive children? *Am J Orthopsychiatry* 57, 686-696.

(30) 遠藤俊彦（一九九二）「内的作業モデルと愛着の世代間伝達」『東京大学教育学部紀要32』、203-220.

(31) Carlson V., Ciccheti D., Barnett D. and Braunwal K.G. (1989) Finding order in disorganization. In Child maltreatment. Edited by Cicchetti D. and Carlson V. Cambridge Unjiversity Press, Cambridge. pp. 494-528.

(32) Cjcchetti D. and Rizley R. (1981) Developmental perspectives on the etiology, intergenerational transmission, and sequelae of child maltreatment. *New Dir Child Dev* 11, 31-55.

(33) Main M. and Goldwyn R. (1984) Predicting rejection of her infant from mother's representation of her own experience：implications for the abused-abusing intergenerational cycle. *Child Abuse Negl* 8, 203-217.

(34) George C. (1996) A representational perspective of child abuse and prevention：internal working models of attachment

and caregiving. *Child Abuse Negl* 20, 411-424.

(35) Stern D.N. (1995) The motherhood constellation : a unified view if parent-infant psychotherapy. Basic Books, New York.（スターン・D．N．（二〇〇〇）（馬場禮子・青木紀久代訳）『親――乳幼児心理療法』岩崎学術出版、東京）。

(36) Cramer B. (1989) PROFESSION B ËB Ë. Calman-Levy, Paris.（クラメール・B．（一九九四）（小此木啓吾・福崎裕子訳）『ママと赤ちゃんの心理療法』朝日新聞社）。

(37) Lebovici S. (1988) Fantasmatic interaction and intergenerational transmission. *Infant Ment Health* J 9, 10-19.

(38) Herman J.L. (1992) Trauma and Recovery. Basic Books, New York.（ハーマン・J．L．（一九九九）（中井久夫訳）『心的外傷とその回復』みすず書房）。

(39) 西澤哲（一九九九）『トラウマの臨床心理学』金剛出版、東京。

(40) 信田さよ子（二〇〇一）「DV・虐待を防ぐために――家族のなかの暴力への援助」『保健婦雑誌57』、792-796.

(41) Walker L.E. (1990) The Battered Woman. Harper & Row, New York.（ウォーカー・L．E．（一九九七）（斉藤学監訳、穂積由利子訳）『バタードウーマン：虐待される妻たち』金剛出版、東京）。

(42) ScNamee,S.Gergen,K.J.(1992) ed. Therapy as social construction. Sage,London.（マクナミー・S．、ガーゲン・K．J．（一九九七）（野口裕二、野村直樹訳）『ナラティブ・セラピー：社会構成主義の実践』金剛出版、東京）。

(43) White M., Epston D. (1990) : Narrative means to therapeutic ends. Dulwitch Centre Publications,Adeliade.（ホワイト・M．エプストン・D．（一九九二）（小森康永訳）『物語としての家族』金剛出版、東京）。

(44) 渡辺久子（二〇〇一）「乳幼児を持つ母親への援助」『小児看護24』、1786-1791.

(45) Bentovim A. (1996) The trauma organized system of working with family violence. In Forensic psychotherapy,volumeII mainly practice. Edited by Cordess C. and Cox M. Jessica Kingsley Publishers, London and Bristol, Pensylvania. pp 291-311.

(46) Ferleger N., Glenwick D.S., Gaines R.R. and Green A.H. (1988) Identifying correlates of reabuse in maltreating parents. *Child Abuse Negl* 12, 41-49.

(47) DePanfilis D. and Zuravin S.J. (1999) Predicting child maltreatment recurrences during treatment. *Child Abuse Negl* 23, 729-743.

（48）Land H.M. (1986) Child abuse : differntial diagnosis,differntial treatment. *Child Welfare*
（49）Howe D., Brandon M., Hinings D. and Schofield G. (1999) Attachment Theory, Child Maltreatment and Family Support. Macmillan, London.
（50）西澤哲（一九九四）『子どもの虐待：子どもと家族への治療的アプローチ』誠信書房、東京。
（51）宮田敬一編『ブリーフセラピー入門』金剛出版、東京。
（52）Berg IK, Miller,S (1992) Working with problem drinker : a solution focused approach, W.W.Norton&Company, New York.（バーグ・ＩＫ、ミラー・Ｓ．（一九九五）（斉藤学監訳）『飲酒問題とその解決』金剛出版、東京）。
（53）Berg IK : Family based services, W.W.Norton&Company, New York.（バーグ・ＩＫ（一九九四）（磯貝希久子監訳）『家族支援ハンドブック』金剛出版、東京）。
（54）van der Kolk B.A., McFarlane A.C.,and Weisaeth L. (1996) Traumatic Stress.the effect of overwhelming evidence on mind,body and siciety, The Guilford Press（ヴァン・デア・コーク・Ｂ．Ａ．、マクファーレン・Ａ．Ｃ．、ウェイゼス・Ｌ．（二〇〇一）（西澤哲訳）『トラウマティック・ストレス』誠信書房、東京）。
（55）Foa, E., Keane,T., Friedman, M (2000) : Effective Treatment for PTSD, Guilford, New York.
（56）Lapine D. (1990) Ending the cycle of violence : overcoming guilt in incest survivors. In Healing voices. Edited by Laidlaw T.A. and Malmo C. Jossey-Bass, San Francisco. pp. 272-287.
（57）渡辺久子（一九九四）「乳幼児——親精神療法の実際」『乳幼児精神医学の方法論』岩崎学術出版社、東京、pp. 145-164.
（58）Madanes C., (1981) Sex,love,and Violence, W.W.Norton&Company, New York.（マダネス・Ｃ．（一九九六）（斉藤学監訳）『変化への戦略——暴力から愛へ』誠信書房、東京）。
（59）Winnicott D.W. (1958) Through Paediatrics to Psycho-analisys. Basis Books, New York.
（60）北山修（一九八五）『錯覚と脱錯覚』岩崎学術出版、東京。
（61）Smith J.E. (1984) Non accidental injury to children-I. *Behav Res Ther 22*, 331-347.
（62）Lisa J.R. (1999) Overcoming addictions:skills training for people with schizophrenia. W.W.Norton & Company. New York.
（63）Gorski T., Miller M. (1986) Staying Sober : A guide for relapse prevention. Staying Sober : A guide for relapse

prevention. Herald House/Independence, Missouri.
(64) Falsetti S.A. (1997) The decision-making process of choosing a treatment for patients with civillian trauma-related PTSD. *Cogn Behav Pract* 4, 99-121.
(65) Wexler D.B. (2000) Domestic violence 2000：An integrated skills program for men. W.W.Norton & Company,Inc., New York.
(66) 森田ゆり（一九九九）『子どもと暴力――子どもたちと語るために』岩波書店、東京。
(67) 津田紘子（二〇〇一）「親業メソッドによるコミュニケーション――親や子どもへの支援」『心と社会』日本精神衛生会編、東京、pp. 2-34.
(68) トマス・ゴードン（一九七七）『親業（P. E. T.）』大和書房。
(69) クレアリー・E.（一九九八）（田上時子訳）『親を楽しむ五つのスキル』築地書館。
(70) フェイバ・A.、マズリッシュ・E.（一九九五）（三津乃リーディ・中野早苗訳）『子どもが聴いてくれる話し方と子どもが話してくれる聴き方』騎虎書房、東京。
(71) Wodarski J.S. (1981) Comprehensive treatment of parents who abuse their children. *Adolescence* 16, 959-972.
(72) Roberts J., Beswick K. and Leverton B. (1977) Prevention of child abuse：group therapy for mothers and children. *Practitioner* 219, 111-115.
(73) Savino A.B. and Sanders R.W. (1973) Working with abusive parents. Group therapy and home visits. *Am J Nurs* 73, 482-484.
(74) Yalom I. (1975) The theory and practice of group psychotherapy. 2nd ed.,Basic Books, New York.
(75) 子どもの虐待防止センター（一九九九）『被虐待児と虐待する親の援助と治療』子どもの虐待防止センター、東京。
(76) 徳永雅子（一九九九）『あなたにもキャッチできる！　児童虐待のＳＯＳ』新企画出版社、東京。
(77) do Prado-Lima P., Knijnik L., Juruena M. and Padilla A. (2001) Lithium reduces maternal child abuse behaviour：a preliminary report. *J Clin Pharm* Ther 26, 279-282.
(78) 吉田敬子（二〇〇一）「周産期障害と精神科母子入院ユニット」『別冊発達24　乳幼児精神発達の新しい風』渡辺久子・橋

本洋子編、ミネルヴァ書房、京都、pp. 49-61.
（79）前田研史（一九九三）「被虐待児と虐待する親の病理と治療」『心理臨床学研究 10』、pp. 40-52.

13 親への介入——アメリカのケース

本間玲子
カリフォニア大学サンフランシスコ校精神医学部助教授

一 はじめに

アメリカでは児童医療・福祉専門家ばかりでなく、市民グループが中心となって、一九六〇年代から児童虐待問題を取り上げ、その予防・介入運動を盛り上げてきている。しかし、いまだに虐待件数を大幅に引き下げることが出来ず、関係者を悩ませている。全国で二〇〇〇年度に児童虐待・ネグレクトの可能性ありと通告された件数は約三〇〇万ケース、関連した児童数は五〇〇万人に及ぶと報告されている。そのうち調査の結果、実際被虐待児に該当すると見られる数は三二％、約八八万人に及んでいる（National Clearinghouse on Child Abuse and Neglect Information, 二〇〇二）。この数は人口各一〇〇〇人の率としては一二・二人となっており、一九九三年の最高一五・三人の率と比べると大分低下してはいるが、日本全国で、年間三万件と推計されている現状とは比べ物にならないほど、深刻な社会問題となっている。

アメリカで児童虐待問題に取り組んでいる関係者たちはプロの専門家であれ、ボランティアであれ、子供たちを虐待から守ろうと、強い使命感を持って仕事に打ち込んでいる。子供たちのために最善の解決方法を考えるとき、彼等を親たちから完全に切り離すことは非常に難しいことが判っている。そのため親の再虐待を防止し、親子関係を改善してゆくためには、親への援助も考えなければならないことを深く理解するようになってきた。そうした理解に基づいてアメリカで試みられ、実績が認められてきた幾つかの親への援助・介入活動は、日本の関係者にも参考となると思われるので、筆者のカリフォルニア州サンフランシスコでの経験を元にして、紹介することとした。

二　虐待の現状

アメリカでは二〇〇〇年度の虐待内容としてはネグレクト（放置）が一番多く六三％、身体的虐待一九％、性的虐待一〇％、精神的虐待八％となっている。加害者は養育者である親や、親戚、里親、ベビーシッター等が主で、被害児の八四％が親に虐待を加えられている。母親一人の場合は、ネグレクトの四七％、身体虐待の三二％と判断されているが、性的虐待の場合は父親（二二％）、親戚（一九％）、または他人（二九％）が加害者であると判断されている。このように大多数の加害者が親・養育者であるが、介入・対処に関しては、障害レベルが重い場合や、再虐待の可能性が強い場合を除いては、出来るだけ家庭の崩壊を避け、家庭内での指導・保護を試みるのが原則である。

然し、調査の結果、危険と判断された場合は、親の家から引き離されて、里親家庭や治療・養護施設で委託養育されることとなり、二〇〇〇年には二〇％の被虐児が家庭外に保護されたと報告されている。一九九九年度の報告によれば、全国で五六万八〇〇〇人の児童が家庭外で養育されており、そのうち二六％は祖父母や親戚の家庭、四八％は里親のところで、一七％はグループホームや養護施設、三％が養子縁組成立前の養育試みとして託置されていたとなっている。一九九九年前半期に里親システムに託置された児童の数は一四万三〇〇〇人であったが、同年後半期そのシステムを出て行った児童の数は一二万二〇〇〇人となっている。そのうち五九％が親のところに戻り、一六％は養子、一二％は親戚または後見人のところに引き取られ、八％は成人して自立することができたと報告されている。

三　児童虐待をする親のプロフィール

一九六〇年代にKempe 等の児童虐待実態調査がはじまった初期の考えでは、家庭内で児童虐待をする親たちは、精神的な障害を持っている者たちが多く、虐待をなくすには、精神療法による治療が必要があると考えられていた。例えば、SteeleとPollack（一九六八）は五年半に渉って、重大な虐待を起した六〇家族について調査を行い、加害者の社会的バックグランドは一般人口とあまり変わりはなく、様々で、大多数は白人、学歴は小学校から大学卒まで、経済レベルも低所得者から、富裕な者、宗教も様々であったと報告している。加害者のうちの八三％は母親一人、七％が父親一人であったが、その殆どが様々な精神的問題・障害を持っていたと判断され、殆どが治療を必要とするうつ病、心身症、分裂病、人格障害、ヒステリー症、不安神経症等の色々な障害を経験していたと報告されている。精神的な症状は様々であったにも拘らず、注目すべき点は、殆どの親たちが子供時代に同じような虐待を経験していること、そして育つ過程で、親、主に母親からの、充分なケアー・保護を受けていなかったことが報告されている。

しかし最近になって、虐待が起きる要因としては親にももちろん問題があるが、他に児童自身が色々な扱いにくい問題を抱えて生まれてきている場合、周囲の支持・援助ネットの無い場合、失業、貧困などの社会・経済的な要因も関係していることが理解されてきた。そのため、親だけを責める代わりに、周囲の支持環境改善の必要性も認められ、援助活動には伝統的なカウンセリング、精神療法ばかりでなく多種多様の援助を提供する必要があることが理解されてきた。また同時に加害者である親たちについての研究も進み、彼等の直面している問題・弱点等の理解も深まってきたが、やはり注目すべき点は殆どの親達が幼少時代に虐待を受けていたり、ネグレクトされていた場合が多いことである。Wolfe 等（一九九七）はその他親たちの抱えている問題として次の点を指摘している。

①　過去・現在とも多くのストレスを経験していること。
②　ストレス・問題に直面して、それを解決する知識・スキルに欠けていること。
③　子供の発育・ニーズ・育て方に関する知識・経験に欠けていること。
④　子供に現実的でない、年齢以上の要求・期待を持っていること。
⑤　重症な精神障害は少ないが、人格障害を持つ親が多いこと。
⑥　自己に対する評価が低いこと。
⑦　社会的に孤立していること。
⑧　多くがうつの症状を経験していること。
⑨　感情のコントロールが出来ない、特に怒りのコントロールが出来ないこと。
⑩　ストレス解消のためにアルコール・ドラッグ濫用に走り易いこと。

四　親への介入・支持

上記のように虐待をする親たちは自身が虐待を受けて育っているため、親として、どのようにして子供たちに愛情をもって養育していくのかという知識や経験に欠けていることが多く、また生活上のストレス、精神的問題など色々な問題を抱えて苦しんでいる場合も多い。このような親たちでも、子供たちが児童福祉部や裁判所によって、家庭外に保護・別離させられた場合には、やっと問題の深刻さを認識し、何とか子供たちを手元に帰してもらおうと、努力しようとすることが少なくない。また、大多数の子供たちも、虐待されていても、親を恋しがり、施設や里親のところより親元に帰りたがる場合が多い。ごく一部の親たちは、何度援助をしても、虐待を繰り返し、リハビリの可能性は皆無とみなされることもあるが、大多数の親たちは積極的な援助、適切な支持が受けられると、徐々に養育者と成熟してゆくことが出来るものである。児童福祉所や関係団体で働いているソーシャルワーカーや専門家達はそれを信じ、色々と援助方策を考え出し、努力を続けているが、それは以下のように大きく、国レベルのと地方レベルでの活動に分けられる。

1　国レベルの活動

国レベルでは、政府行政機関が色々な虐待予防・介入対策を作り、システム強化に努力しているが、それと同時に幾つかの民間団体が早期から活発な活動を行っている。その中でも一番広範囲の組織を持って活躍しているのは、全国児童虐待防止委員会（National Committee for Prevention of Child Abuse, 略してＮＣＰＣＡと呼ぶ）である。一九七二年に発足したこの団体は現在各地に六九の支部を設けているが、その使命の一つとして虐待に関する市民の認識向上・教育を定め、テレビ・新聞・ラジオ等のメディアを通して、活発な活動をしている。また出版部からは虐待に走り易い親たちに当てて、子育てのアドバイス、ストレス減少方法、虐待予防などに関する色々な資料が出版され、配られている。その一つに「親への勧め――これだけは親が知っておくべきこと」というパンフレットがあるが、ストレスがたまって、子供にあたりそうになるときに、次のようなことをやって、自分を落ち着かせることを奨励している。

① 深呼吸をしましょう。またもう一度してください。そして自分は大人なのだと思い出してください。
② 目を閉じて、貴方の子供が聴くことになることを、自分が聞いているように想像してください。
③ 口を閉じて、一から一〇まで、数えてください。また二〇まで数えられたらもっといいです。
④ 子供を〝タイムアウト〟用の椅子に座らせましょう（時間は子供の歳、一歳ごとに一分づつの感覚で、計算してください）。
⑤ 自分をタイムアウトして、よく考えること。なぜ怒っているのか。それとも子供を自分の中にある怒りの、ちょうどよい標的としているのかも知れないと考えてみてください。
⑥ 友達に電話を掛けましょう。
⑦ 誰かに子供を見てもらって、外にしばらく出かけてみる。
⑧ 暖かいお風呂に入ったり、冷たい水で顔を洗ってみましょう。
⑨ 音楽を聴いたり、いっしょに歌うのもよい。

2　地方レベルの活動

虐待に走り易い親たちに一番効果的に介入する方法は、身近な地域内で、危機介入し、援助を提供していくことである。その主体は地方政府の児童福祉機関であり、被虐児を家庭内に置く場合でも、別離させる場合でも、ソーシャルワーカーが親たちの指導・監督にあたっているが、その他に公的な拘束・スチグマがかからず、もっと柔軟性のある援助を提供することが出来るのが、いわゆるNGOと呼ばれる、民間団体である。創始者たちは市民有志、専門家、問題を抱えた親たちなど様々であるが、現在では殆どが児童福祉専門のソーシャルワーカーを職員として雇用し、ボランティアも広く募ってサービスを提供している。その運営資金は、連邦政府、州政府や、地方政府からの援助資金と市民からの寄付で賄われている。親への介入として試みられ、各地で効果をあげていると認められているものとしては、下記のサービスがあげられる。

〔電話相談・ホットライン〕　日本でも最近各地で設立され、認められてきているようであるが、アメリカ各地には、子育てでストレスを経験している親の支援サービスのひとつとして欠かせないサービスである。主に民間団体でボランティアたちによって運営されている。サンフランシスコでは児童虐待防止サービスというNGO団体がスポンサーとなって、TALK Lineというホットライン相談サービスを提供している。TALK「話し合い、相談」と簡単に呼べるサービスの名前は、「子供と暮らすための電話相談」Telephone Aid in Living with Kidsの略語で、二四時間対応で、ストレスを経験している親たちがいつでも気軽に電話で相談できるようになっている。このサービスは一九七三年に設立され、多数のボランティアを使って運営されている。常勤のソーシャルワーカーもいるが、彼等はボランティアの募集・選考・訓練、コーディネイション、スーパビジョン、支援などの責任を負うことになっている。

深刻な問題を抱えている親たちの相談にあたるには、ボランティアであっても、しっかりとした人、心理的な理解力、人間的な温かみ、親や子供たちの抱えている問題解決の判断力の強い人が必要となるので、どの団体もボランティアの人選には慎重である。また、その他ボランティアとしての活動が許される前に五〇時間に及ぶ研

サンフランシスコ児童虐待防止協会の写真

修を受けること、最終試験にパスすること、最低一〇月間のサービスの継続を約束することなどが要求される。ボランティアは様々の人からなっており、中には心理学やソーシャルワークを勉強している若い大学院生、金融街で働いている職業人、退職した老年の男女もいる。また、自身の子供時代の虐待経験を克服したり、加害者の立場から抜け出した人もいるし、サンフランシスコの多文化出身者に対応できるように外国語の話せるボランティアも待機している。

［親子ドロップインサービス］　サンフランシスコでは TALK Line と同じビルの中に、クライエントがいつでも気軽に立ち寄れるような、場所が設けられているが、各地でも同じような試みが行われている。そこでは家で匿名で相談しているレベルから、勇気付けられて、センターに直接来る親もあるし、子供と一緒に家の中にいるのがいたたまれず、外に出てどこか安全なところで息抜きがしたい親も来られるようにしてある。そこには子供たちが自由に遊べるよう色々なおもちゃが備えてあり、親たちがコーヒーを飲みながら、

おしゃべりの出来る場所もある。また希望があれば、相談に乗ってくれるワーカーも待機しているところである。

また、そこで色々な自助グループやカウンセラーが参加する援助・治療グループが毎週幾つも開かれている。自助グループでは自分たちの直面している問題について話し合い、解決方法を見つけたり、お互いを支持しあってゆこうとしている。そこで作られているグループにはアルコール、ドラッグ自助グループもあるし、一人親支援ネットグループ、子育てワークに関するグループ、怒りのコントロールグループもある。また離婚・別居の家庭で苦しんでいるもの同士からなる支援グループもあれば、職業探し、就職援助グループ、親子アートグループも開かれている。そこでカウンセリングばかりでなく、必要であれば食料、衣類など生活上の積極的な援助も提供され、住居斡旋、生活費の援助、医療の斡旋、DVに関する相談なども提供される。

〔家庭訪問〕　児童福祉所のワーカーは虐待を行った親のところに家庭訪問をして、そこで子供の扱い、生活上の問題について相談に乗り、指導・監督することが任務となっている。その他に虐待を起こしそうな親たちのところへの家庭訪問による指導・援助は、早期発見・介入として有効であるが、まだあまり広くは実施されていない。サンフランシスコでは市営総合病院にある Parent Infant Program（幼児と親のプログラム）と市の精神保健部と福祉局との提携で運営されている Family Mosaic プログラムが積極的に家庭訪問をおこなっている。TALK Line も小規模であるが、リスクの高いと思う親たちには家庭訪問を行っている。

Parent Infant Program は妊娠中に虐待の可能性が強い若い妊婦達を対象とした早期援助サービスである。病院付属クリニックばかりでなく開業している産婦人科医により虐待リスクが高いと判断された場合に、紹介が来る。妊婦たちは多くが十代の未婚女性で、望まない妊娠をし、家族からの助けもなく、育児に関しても自分の生活にも問題を抱えていることが多い。カウンセリングなどはなかなか受け入れたがらず、育児の指導なども受けたがらないのが通常である。それを受け入れてもらい、産後の援助関係を継続するため、ワーカーは積極的に家庭訪問をして、生活上の色々な援助を提供することによって、クライエントの信頼を得、生まれてくる子供に対する虐待リスクをなくすよう努力している。

もう一つのプログラム、Family Mosaic は生活保護を受けている家族で虐待リスクが高く、家庭外施設入所の必要性が高いと見られる家族を対象として、全面的な援助サービスを提供し、虐待・ネグレクトの発生を防ぎ、家族の別離を防ごうとするプログラムである。このプログラムは精神科カウンセラーと児童福祉ワーカーが提携して、子供達のレクリエーション、家庭教師、子守り、母親の支援、家族の医療ケアー等家族が必要とする色々なサービスなどの広範囲にわたる援助を家族の周りに巻きつけるように（wrap-around）提供しているが、全国で幾つかパイロットプログラムとして試みられている。

［レスパイトケアープログラム］　サンフランシスコで TALK Line を運営している児童虐待防止サービスでは、援助を求めてくる親たちの中に、ドロップインサービスで日中、援助を受けるだけでは、自分をコントロールできず、切れてしまう親もいることに目をつけ、親の息抜き（レスパイト）サービスを用意している。託児所を経営している施設と契約して、必要に応じて短期間、一時的に一―二日から一―二週間、子供を預かってくれるサービスを提供することが出来る。各地で用意されてきているが、その後必要な場合は長期間の里親に送ることもあるし、また、定期的な一時預けで、問題を起こさず家庭内での養育が可能となる場合も多くある。

［アルコール・ドラッグプログラム］　アメリカでは児童虐待をする親たちの多くがアルコールやドラッグを濫用しているケースが多い。そのため、虐待防止・介入の際には、問題をもっている親たちが出来るだけそうした習癖から抜け出せるような治療サービス・自助グループによる支援が必要である。各地では色々な外来・デイサービスがあるので、そこに参加を勧めるか、虐待防止団体の施設で直接、サービスを提供する必要がある。

［子育て教室］　虐待をする親たちの中には、子育てに関する常識のない場合もあるし、また子供の歳とはか

け離れた非現実的な行動を要求する親もいるため、裁判所から執行猶予の条件として子育て教室に出席することが命令されることがよくある。参加者の中には、子育てに自信の無い親たちが自発的またはソーシャルワーカーに勧められて参加したりする場合もあるが、多くの参加者は虐待の通報を受け、調査の結果、児童虐待またはネグレクトの行為があったと判断された親たちである。教室は、ところによって一〇週間・一二週間とか期間の相違があり、また参加対象者によっては、黒人の親たち、ラテン系の親たち、東洋人の親たちなどの多文化社会の経験を取り入れた内容のクラスなどもある。クラスで取り上げられる内容はそのグループに参加する親たちの持っている問題を出来るだけ取り入れるようにされている。その他ストレスの管理方法、子供たちの成長・発育に関する常識、子供たちの行動・性質の意味、理解、家族の出身文化の習慣・影響、子育てスタイルの色々、いたずらの対処方法、上手なしつけの仕方、子供たちとのコミュニケーションの仕方などが組み入れられている。また、本稿末の附録の例にあるように、ある程度自己認識の出来る親たちには、自分で色々なストレス関係要因レベルを考慮して、自身のストレスレベルを評価し、必要に応じては適当なストレス解消対策を取ることを奨励する場合もある。

［カウンセリングサービス］　虐待を犯す親は心理、対人関係などの面で問題を抱えていることが多いが、それには過去に自分が虐待された心の傷や、生活上の悩み、夫婦関係、家族関係の悩みなど色々ある。重症の精神障害を持っている親もいるが、多くは性格障害、うつ状、感情障害などの問題を抱えているので、カウンセリングによる治療も必要である。カウンセリングは殆どが外来施設で行われ、そのカテゴリーとしては問題によって、個人治療、集団治療、夫婦カウンセリング、家族カウンセリングなどが選ばれる。しかし、カウンセリングに対して拒否的な親も少なくないため、再犯を防ぐためにカウンセリングが必要と考慮された場合には、加害者の態度によって、執行猶予・釈放の条件としてカウンセリングを受け入れることが裁判所や福祉局から命令される場

Ashbury House の概観

合も少なくない。クライエントが、治療条件を満たさず、脱落した場合は、親権復帰の予定が延長されたり、また新たな刑事処置が行われることになる。

［住居付き治療施設］　虐待をする親の中には自身が抱えている問題が複雑すぎて、一時的な外来、昼間の援助、レスパイトケアー等ではコントロールができず、集中的な治療を必要とする場合もある。これまではそうした親たちは子供を里親に出して、単身で治療施設にはいることが要求されてきた。しかし、そのため治療が必要であると認める親でも、子供から離れて暮らすことを拒否するものも少なくなかった。アメリカでは女性の治療サービスの弱点として、母子が一緒に治療を受けられる施設がないことが前から指摘されてきており、サンフランシスコでは全国に先駆けて、母子が一緒に入居できる施設を四ヵ所作ることに成功した。そのうち最初に作られたのが Ashbury House で、精神、アルコール、ドラッグ等の合併問題を持つ母親の治療・支持を行うことを目的とし、そしてそれに密接につながる子育て実力の養成・指導にも心がけ

ている。入所期間は九ヵ月から一年間となっているが、母親の年齢は、二〇代から三〇代と比較的若く、成長期に虐待を受けた経験をもっている女性が多い。入所している間にカウンセリングや、職業訓練、子育ての訓練を受け、施設をでた後でもひき続いて連絡を取り、支援を受けることが出来る。

〔コンサルテーションサービス〕　最近試みられているもう一つのプログラムは、虐待家族の数が多い低所得地域で、児童精神保健コンサルタントが保育所・幼稚園・学校などで早期問題発見・介入を目的として、出張サービスを行う試みである。そこでコンサルタントは問題のありそうな児童について教師・保母たちの相談に乗ったり、親・家族との相談にのったり、また親たちにしつけとか、お仕置きなどの子育て問題のワークショップを提供したりする。そこで虐待の疑いがある場合には、早期介入が出来るし、短期間で解決しそうな行動問題や家族問題については、センターで直接治療を行うことも出来る。このようにして、援助サービスがあまり存在しない地域で、問題が大きくならないうちに、適切な介入を行い、親たちや養育・教育職員への支援を提供することも、虐待防止に繋がると見られている。

五　おわりに

アメリカでは早い時期から児童医療・福祉専門家、有志たちが児童虐待の早期発見・介入に努力してきたが、それにも拘らず、毎年の虐待件数は莫大な数に上っており、多くの被虐児が家庭を離れて保護される結果となっている。その一因は一般市民の虐待認識レベルが高まり、広範な通報システムも確立されてきていることにあるといわれる。その他に都市化が進んだ結果の、家族支援システムの崩壊、深刻なアルコール・ドラッグ問題の広がり、経済状態の悪化など色々な要因が挙げられる。虐待問題を起こす加害者の大多数が親であることを考えると、子供たちを家庭から別離させたり、親を罰したりしても、根本的な解決とはならないことは周知のことである。現在各地で何とか親たちを支援し、再虐待が起こることを防ごうと努力が続いている。これまでの経験で学んだことは、治療者・援助者側がクライエントのモチベーションが出てきて、援助を求めに来るのを消極的に待っているのでは、大多数のクライエントが脱落していくことである。アメリカではリスクの高い親たちを対象とする場合には、積極的に、援助の手を伸ばして、早期に予防・危機介入・援助活動を行う必要が理解され、色々な努力がされているのが現状である。日本でも虐待ケースが増えている現今、アメリカの経験で日本でも参考となる試みがあれば幸いである。

参考文献

Helfer, R. E. & Kempe, R. S. (Eds.). (1987). *The battered child.* Fourth Edition. Chicago : University of Chicago Press.

National Clearinghouse on Child Abuse and Neglect Information. April, 2002. *Summary of key findings from Calendar Year 2000.* Children's Bureau, Administration Children, Youth and Families.

Steele, B. F. & Pollack, C. B. (1968). Psychiatric study of parents who abuse infants and small children. pp. 103-148. In R. E. Helfer & C. H. Kempe (Eds). *The battered child.* pp. 175-200. Chicago : University of Chicago Press.

U. S. Department of Health, Education, and Welfare, Welfare Administration, Children's Bureau. (1963). *The abused child-principles and suggested language for legislation on reporting of the physically abused child.*

National Clearinghouse on Child Abuse and Neglect Information. (April, 2001). *Child abuse and neglect: state statutes elements.* Children's Bureau, Administration Children, Youth and Families.

U. S. Department of Health and Human Services. (2000). *Adoption and Foster Care Analysis and Reporting System.*

Wolfe, D.A., McMahon, R. J., Peters, R. D. (1997). *Child abuse : New directions in prevention and treatment across the lifespan.* Thousand Oaks : Sage Publications.

附録：ストレスレベル評価

次の質問に答えて、どの程度貴方の状態に当てはまるか点数をつけて下さい。全部の点数を合計して、そこから20点ひいてください。

1	2	3	4	5
殆どいつも	しょっちゅう	時々	たまに	全然ない

点数

1（　）少なくとも一日一度は温かい、バランスの取れた食事をする。
2（　）一週間少なくとも四晩は、七―八時間の睡眠をしている。
3（　）いつも愛情をあげたり、受けたりしている。
4（　）頼りになれる親戚が少なくとも一人は、五〇マイル以内のところにいる。
5（　）一週間少なくとも二度は汗が出るほどの運動をしている。
6（　）タバコは吸わないか、吸っても一日半箱以下しか吸わない。
7（　）アルコールは飲まないか、一週間五杯以下しか飲まない。
8（　）私の体重は身長とつりあったレベルだ。
9（　）私の収入は生活上必要な経費に充分である。
10（　）私は信仰によって力づけられている。
11（　）定期的にクラブや社交活動に参加している。
12（　）私は友人や知り合いのネットワークを持っている。
13（　）個人的な問題で打ち明けることの出来る友人が一人や二、三人はいる。
14（　）私は健康です（視力、聴力、歯等もいれて）。

15（　）怒っていたり、心配しているとき私の感情をオープンに話すことが出来ます。

16（　）一緒に住んでいる人と家事、金銭問題、日常の問題など家の中の問題についてよく話し合います。

17（　）少なくとも一週に一度は楽しいことをします。

18（　）自分の時間を効果的に組織することが出来ます。

19（　）カフェイン飲料は飲まないか、コーヒー、お茶、ソーダなどを飲んでも、一日三カップ以下です。

20（　）日中、自分のために静かな時間をとっています。

合計（　　）−20：（　　）

計数の意味すること：

30−49点：　ストレスに弱い可能性がある。
50−75点：　ストレスに大分弱い傾向がある。
75点以上：　ストレスに非常に弱い。

14 ネットワークと情報の共有化

松原　康雄
明治学院大学社会学部教授

一 ネットワークの必要性と現状

子どもの虐待への対応と援助については、ひとつの機関や施設では担いきれない。一方で、実際にいくつもの機関・施設等がその子どもや家族にかかわっていながら、援助提供者側がそれを十分に認識していなかったり、連携を十分にとることができていない場合が多い。また、必要な機関・施設等による援助が提供されていない場合もある。複数の社会資源が援助を提供する場合、各機関・施設等、団体による援助内容や方針が統一されていないことは、複雑多様化した児童虐待への対応や援助を困難にするばかりではなく、親や子どもの混乱や反発などを生じさせることにもなる。ネットワーク形成は、虐待の予防、発見、援助、アフターケア（再発防止、被虐待児へのアフターケア）のいずれについても、これらの課題を解決する重要な鍵となる。

子どもの虐待に関するネットワーク形成は、比較的新しい動きであると言ってよいだろう。例えば近年まで、行政機関である児童相談所は、守秘義務等の問題から、他の社会資源との協同活動について一定の枠組み内にと

図　ネットワークイメージ

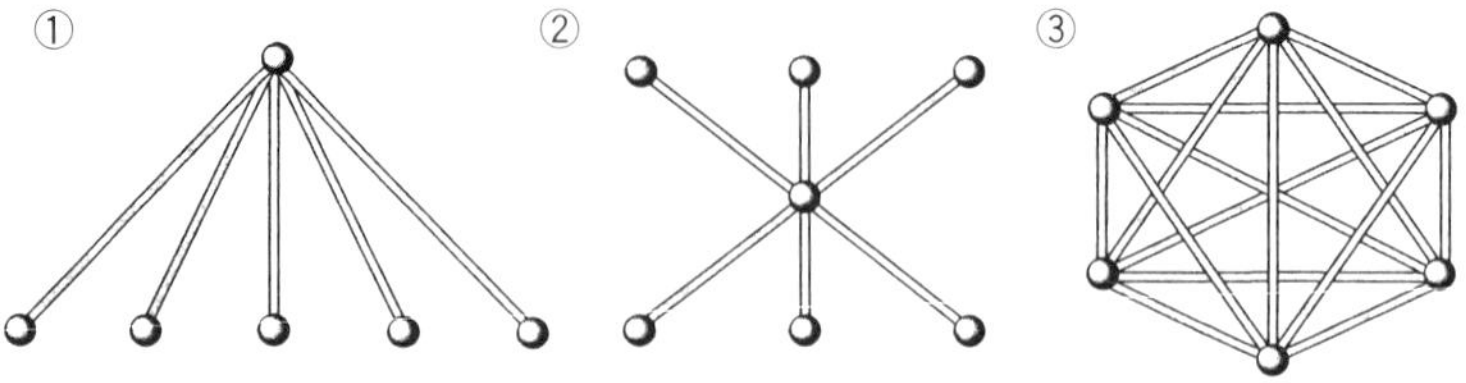

どまる傾向があった。児童虐待対応については、関係機関・施設等との連携が必要不可欠である。このことが次第に明らかになるにつれて、児童相談所もネットワークへの関心を深め、実際に市町村レベルでネットワーク構築に動くことになったのである。

一方、いくつかの民間団体は、活動の当初からネットワークの重要性に気づき、意図的なネットワーク形成とそれに基づく援助を展開してきたものの、ネットワーク形成に障害を感じたり、一部の関係機関・施設等の参加にとどまる傾向もあった。こうした状況のなかで国の社会保障審議会児童部会に設置された「児童虐待の防止等に関する専門委員会」の報告書でも、民間団体も含めたネットワーク形成の重要性が指摘された。

1　ネットワークの多様な形態

ネットワーク形成がなされれば、問題への対応が十全になされるわけではない。多くの機関・施設等、個人が参加するが故にネットワークが有する課題も存在する。従来、ネットワークは図①[1]に示したように、まず上に立つ機関あるいは施設が下位とみなされる機関・施設・団体を統括するといういわゆる「傘型ネットワーク」のイメージが持たれがちであった。しかし、この形態のネットワークは、情報伝達が一方通行となりがちであり、同一の立場でともに対応に取り組もうとする機関・施設等の反発を招く結果となりがちであった。また、こうした反発を招かない場合には、逆に対応は「上部組織」まかせになり、「指示待ち」という状況がもたらされることになる。

当然、「傘下」にある現場同士は意志疎通が欠如するか、不十分なものとなり、ネットワーク形成の意義が失われる結果にもなる。

そこで、上下関係ではなく、同一の立場でネットワークを形成していこうとする動きがでてきた。図の②番目の「ヒトデ型ネットワーク」のイメージがこれにあたる。ただし、この場合も中核となる機関・施設等が存在し、この機関・施設等のみが全体を把握している状態であり、仮に統一方針が樹立されていても、中核となる機関・施設等以外はお互いがどのような援助活動をどの段階までおこなっているかが相互に理解できない状況にある。また、この形態では、通報は行うが、その後は中核的機関に委ねてしまうという「アリバイ的ネットワーク参加」を引き起こしがちになりやすい。すなわちこの形態では、時々刻々変化する子どもの虐待状況に即応することや、援助のテンポをあわせることも困難である。

ネットワークがこのような欠陥を克服して機能するためには、図の③に示したように、ネットワークに参加する機関・施設等、個人が平等の立場で、かつ必要に応じてそれぞれが連絡を取り合うことができる状態、すなわち「蜘蛛の巣型ネットワーク」になる必要がある。この形態のネットワークでは、それぞれの機関・施設等、団体が援助になんらかの貢献をすることになる。ただし、この形態では参加メンバーが常に主体性をもって活動に参加していない限り、情報が拡散したり、援助方針に齟齬をきたすおそれもでてくる。そこで、このネットワーク全体に目配りをし、イメージ的には結ばれたラインの上を行き来しながら、情報や援助方針、役割分担や援助ペースなどを調整する作業、すなわちファシリテーターとしての活動が必要となってくる。それぞれの専門分野が活動をするなかで、この役割は主として児童福祉分野の活動として期待されることになるであろう。

2　ネットワークの三つのステージ

子どもの虐待への対応と援助のネットワークについては、その形成から発展までを三つのステージとしてとらえることができる。以下の三つのステージは第一が第二のステージに発展解消するのではなく、第一ステージが基盤となり第二ステージが可能となるという相互関係のなかで三つのステージが共存することに意味がある。

第一のステージは、協力関係の形成と情報交換を目的としたネットワークである。このネットワーク段階では、個別の事例対応をおこなうのではなく、具体的な援助活動が必要になる場合を想定しながら、個々の機関・施設等、あるいは個人の役割を確認しておくとともに、地域全体の子どもや家族状況の把握、それぞれの活動を通じて得られた子どもや親の状況、児童虐待の状況に関して情報交換をおこなって、相互理解を深めておくことが主たる活動となる。また、この段階でのネットワークは地域に対する児童虐待問題の啓発活動や早期発見の促進、子育て支援等を通じた児童虐待の予防に大きな力を発揮することになる。このステージは、子どもの虐待への対応や援助を個人の「力」だよりのネットワーク運営から組織的な運営にシステムすることにも資することになる。このステージにおける課題は、ネットワークに対する負担感に集約できる。すなわち、日程調整や参加者の決定や調整が困難である、結局は児童相談所の仕事が増えるだけ（特に「ヒトデ型ネットワーク」の場合）、集まってもマンネリ化してしまい議題もおざなりになり「代理出席」や「欠席」が増えるなどが、負担感の例としてあげることができる。これらの負担感のなかで、マンネリ化に関する負担感は、ネットワークの第二・第三ステージ機能との相互関連づけをおこなうことで一定の解消を見込むことができる。

第二のステージは、個別事例への対応におけるネットワークである。日常、第一のステージのネットワークが形成されていれば、このステージのネットワーク形成も容易となる。このネットワークでは、具体的な援助に関する役割分担、共通認識や援助方針の形成、援助ペースの調整などがおこなわれる。ネットワークに参加するメンバーは、援助の成果や課題を適宜アセスメントしながら、援助内容の変更の必要性、新たな社会資源の必要性を検討し、状態が改善されれば援助の終結も検討していくことになる。このステージのネットワークが十分機能することができれば、各機関・施設等間の信頼関係も構築され、例えば児童相談所から「これこれ」の依頼を受けたが、そのようなことはできないとか、逆に「これこれ」の依頼をしたのに「どこそこ」はちっとも動いてくれないといった不満も緩和・解消されてくる。第二ステージの課題としては、援助者側の「ネットワーク・コミュニケーション」力と当事者参加がある。前者は、具体的な援助を提供する際にアセスメントを行った機関が、それを簡潔かつ的確に関係者に提示し、援助を計画的なものとしていくことができる能力である。虐待事例への対応や援助が増える中で、子どもや家族に関する情報を羅列的に示して議論に付することは、いたずらに時間を消費し、対応が後手に回る危険性を生み出すだけではなく、結論を得るまでの徒労感が関係者相互の不信感を招来しかねない。状況把握とその伝達に関するツールとしては、緊急度のチェックリストやエコマップなどが開発されてきているが[2]、さらにこの方向での研究が進められていく必要がある。後者については、英米等の事例では、養育者や児童がこうしたネットワークに参加することが頻繁に行われているが、日本ではまだまだ少ない[3]。当事者参加の意義と問題点についても事例にそくした検討が進められるべきであろう。

第三のステージは、援助を直接担当する機関・施設等あるいは個人を支えるネットワークである。児童虐待への対応には、複数の機関・施設等、個人が参加するとしても、そのすべてが日常的に養育者や児童に頻繁に相対するわけではない。また、必要以上の機関・施設等や、個人がかかわることは養育者や子どもに混乱をもたらしたり、余分なプレッシャーやストレスを与えることになる。一方、直接対応を担う機関・施設等あるいは個人にとって、援助過程は常に順調に進むことはまれであり、養育者や子どもの反発や拒否、子どもの問題行動等、さまざまな問題に直面し悩むことになる。「これでいいのだろうか」、「どうやったらよいのか」などの迷いや、悩みについて、担当機関・施設等、個人を支え、活動を肯定的に評価しながら、活動の継続やあらたな方向を検討していくためのネットワークがこれにあたる。このステージでの課題は、援助担当者への支援が「愚痴」のこぼしあいや子どもや親への「一方的批判」にならないようにすることである。支援が、この方向性でなされれば、援助は当事者になんらの利益ももたらさない可能性が強くなる。援助効果があがらない場合には、いまいちどアセスメントに立ち返ることができるように、援助計画のチェック期日を定めておくことなどが具体的な課題となる。

第一・第二のステージが機能するなかで、「現場レベル」では「乗り越えられない」課題も明確にされてくる。これらの課題は、ネットワークの第一ステージで社会的システム全体に対して提起され、解決が検討されるべきものである。前述したように、こうした課題提起が第一ステージのマンネリ化への対応ともなる。これらの検討からは、法改正や行政体制の改革へとつながるものが出てくるであろう。

二　情報収集の範囲と課題

子どもの虐待への対応と援助におけるネットワークの第一ステージでは、全体的な把握や類型化された事例報告等はなされるが、個別の家族に関する情報が共有されることはない。しかし、第二ステージや第三ステージにおいては、個別援助についてネットワークが形成されることが前提であるので、子どもや親、家族に関する「情報は共有化」されざるを得ない。ここでは、まず情報収集とそれへの本人のアクセスビリティについて、次節でその共有化について検討することとする。

1 情報収集の手法

ソーシャルワークでは、援助の初期段階で個人や家族に関する情報を収集してきた。この場合、利用者（クライエント）本人からの情報を最も重視すべきものとして位置づけてきた。この原則は、子どもの虐待への援助においても変わらないという認識からスタートすべきである。児童相談所の統計を見ても、相談に至るプロセスは多様ではあるが、親自身からの相談は相当程度の割合を示している。虐待相談には、「虐待をしているのではないか」、「虐待をしてしまいそうだ」などの理由から、児童相談所等を積極的に利用しようとするグループが存在する。また、虐待を受けている子ども自身からの情報は、対応や援助にとっても最も重要である。虐待の状況を聞くことによって、さらに子どもを傷つけてしまわないような配慮をしながら、子どもからの情報収集が行われる。具体的な手法としては、子どもが話す相手の職種や性別を子ども自身に選択させたり、幼い子どもの場合には人形等を使って再現してもらう、ビデオなどに記録して繰り返し話したり、親等の前で話さなくてもよいようにするなどの工夫がなされている(4)。

しかし、親から提供される情報と子どもから提供される情報とが食い違っていたり、どちらかあるいは両者が情報の提供を拒否するケースも少なくない。この場合、仮に子どもからの情報提供がなされていれば、虐待への対応と援助という性格上、子どもからの情報が第一義的に優先されることになるだろう。この場合、十分に意思表示が出来ない年齢の子どもなどについては、ソーシャルワーカーが子どもの代弁者となって情報を提供することが考えられる。この意味で、前述した子どもからの情報収集の手法は、今後さらに開発されていく必要がある。

同時に、子どもの虐待については、当事者の特性（情報提供能力、意欲が弱いか無い場合がある）から、関係機関・施設・団体等による情報が重要となる。保健分野における子どもの発達や養育者の状況等に関する情報、医療分野の治療にかかわる情報などに加えて、子どもが日中家庭外で過ごす場所である保育所、幼稚園、学校、児童館、学童保育での様子や人との交流関係等の情報、民間相談機関で得られた情報などは、子どもや家族に関する情報を補足・修正する役割を有している。しかし、これらの情報については、後述するようにそれぞれの機関・施設・団体における守秘義務規定あるいは倫理が援助と対応のネットワーク内における情報の共有化の障壁となっていた。この点について、「児童虐待防止法」は、後に述べるように発見段階での情報共有を推進する規定を設けている。「傘型ネットワーク」や「ヒトデ型ネットワーク」の場合には、情報が一方通行で流れるケースもあり、情報は「渡した」けれども、その後何の連絡も無いという不満が生じることも少なくなかった。また、関係機関・施設・団体からの情報については、それを他の機関・施設・団体が読みとりやすく提供する、あるいは各機関・施設・団体が読みとること、すなわち「ネットワーク・コミュニケーション」の力が必要となる。

2　提供された情報の評価と問題点

情報の「一方通行」に関する不満は、特に近隣住民からの通報ケースで多かった。最近、児童相談所では通報に対して、それを単に受理するだけではなく、通報者が明らかな場合には、児童福祉司が実際に通報者を訪ねることによって、通報者に児童相談所が通報を真摯に受け止めていることを伝え、さらに詳しい情報を得ようとするようにしている事例が増えてきている。情報が曖昧なものである場合は論外として、近隣からの通報については、それを取捨するにあたって二つの点で配慮が必要である。ひとつは、当該の通報が実際に当たっていたのかどうか伝えるかどうかであり、いまひとつは通報内容に関する点である。前者については、次節三で検討したい。

近隣住民からの情報からは、早期発見の契機となる内容や、機関・施設・団体が関わることが困難な時間帯、例えば早朝や夜間などの状況、日常生活場面での状況が把握できる意義がある。しかし、一方で、誤解による通報や、意図的な誤報の可能性については留意する必要がある。誤解による通報は、子どもの虐待に関する社会的関心が高まることと比例して増加することは想定しておく必要がある。これに対応するためには、直接的に情報を集めるだけではなく、発見段階でも関係機関・施設・団体のネットワークが構築され、子どもや家族に関する情報が把握される必要がある。また、虐待への社会的関心の高まりは、児童相談所に対する地域社会のイメージを変化させてきており、児童相談所＝児童虐待「専門」機関という認識がなされ始めている。そこで、日本でも特定の親や家族の排除や疎外を目的とした通報も散見されはじめるようになった。虐待通報に関する免責規定が存在するアメリカ等では、この種の意図的な誤報が一定数存在している。今後、日本でも、この種の通報に関する見極めと、通報者および被通報家族への対応が実践上の課題となるであろう。特に、直接被通報者や家族への調査を行い、かつ児童相談所等が虐待の事実を認めなかった場合、調査の終結と虐待の事実を認めなかった旨をどのように伝えるのかは、その適否も含めて検討される必要がある。

家族や子どもへの情報提供は、上記のような調査終結に関する問題だけではなく、多様な課題を有している。本人に関する情報は、それが虐待者であれ、被虐待者であれ、本人自身がそれにアクセスできることが原則である。しかし、各地方自治体が定める個人情報に関する公開条例は、この原則を認めるとともに、いくつかの例外規定を設けている。子どもの虐待事例の場合では、虐待者や子どもに対する「指導援助」に関する情報が、当該の「指導援助」に「著しい支障」が生じるおそれがあるとき、個人情報を開示することが、子どもの利益に反すると「認められる」とき、あるいは「個人の指導、診断、判定、評価等の事務に関する個人情報であって、開示することにより、当該若しくは同種の事務の目的が達成できなくなり、又はこれらの事務の公正かつ適切な執行に著しい支障を及ぼすおそれのあるもの」などが含まれている[(5)]。一方で、措置委託施設と公的機関・施設以外の民間機関等では、本人情報へのアクセスビリティ・ポリシーを検討することから出発しなければならない状況にある。この点については、法律学の側面からの検討も必要となるが、本章では表題との関連で、次節で詳しく検討する。

3　情報を虐待への対応と援助に生かす

情報は、子どもの虐待への対応と援助のために収集されるべきものであることは述べるまでもない。収集された情報から援助課題のアセスメントを行い、実際に対応や援助に活用していくことが必要である。この線では、家族や子どもに関する情報とともに、家族を取り巻く社会資源とインフォーマル資源に関する情報も収集されることになる。ネットワークにおける第一ステージが構築されていたとしても、個別援助にかかわる機関・施設等については、それぞれが保持する当該家族に関する個別情報が相互に交換されることから第二ステージのネットワークが開始される。担当者の変更などがある場合にも、この作業が必要となるであろう。また、現状では援助ネットワークに参加していない諸社会資源についても把握される必要があり、この場合はなぜ現状でその社会資源が該当家族にかかわっていないかについても検討されることになる。特に、援助や対応過程を見据えて、各機関・施設等と当該家族との関係については、正確な情報が収集されるべきであろう。また、インフォーマルな資源については、虐待についてそれを認識しているか、援助の意志があるかどうか、援助に貢献してもらえるかの判断が必要になる。虐待についてそれを認識していない場合については、特に相手からの情報収集について慎重にする必要がある。

情報収集については、援助・対応過程においても必要に応じてなされる。この場合も、本人からの情報、専門機関等からの情報、その他からの情報については前述のような配慮の必要性や課題が存在することになる。この段階では、親子分離がなされた場合に、虐待の状況に応じては、子どもの所在施設情報などについて家族からの問い合わせに応じない選択がなされうる。情報へのアクセス制限の期限と解除の判断基準を統一することも課題である。長期的には、子どもが一定年齢に達した時に、虐待者であった親と虐待状況に関する情報へのアクセスビリティ保障と実際上の制限を検討する必要がある。虐待への対応と援助に関するネットワークが構築されるなかで、こうした課題はひとつの機関・施設等における課題ではすまされなくなってきているのである。

三　情報共有の原則

子どもの虐待に関する対応と援助のネットワークにおける情報共有の前提として、個人情報の保持期間についても触れておきたい。子どもの虐待が仮に再発してしまった場合の援助や、被害者である子どもが思春期に乗り越えるべき課題に直面し、その解決のためのひとつの手段として「過去」を確認する作業を選択する場合などは、虐待に関する情報は記録として残されていることが望ましい。一方で、個人の情報を半永久的に本人以外、特に公的機関が保有することについては、虐待にかかわらず全般的に否定的な見解が存在する。また、親子分離後の養子縁組や長期にわたる里親ケアなどで、子どもが一定年齢に達したときに、真実を告知する際に、どの程度の情報が「記録」として残されているべきかなどの問題もある。

1　情報管理の考え方

「情報」の保持と廃棄の時期や方法などについて、公的機関には一定の規定が存在するが、子どもの虐待に対する対応と援助のネットワークを想定した場合、そこに参加する社会資源全体で統一されたものはない。したがって、現状では、情報が共有化された場合、例えば児童相談所では廃棄されている情報が他の機関では残っているケースや、その逆のケースなどが想定できる。情報の共有化は、以下に述べる原則のもとに、子どもの虐待対応におけるネットワークでは必要不可欠である。しかし、一方で、共有化された情報はいつどの時点で廃棄されるかについては、共通のルールと例外規定の策定が必要である。この策定作業は、ネットワークの第一ステージでなされることが適切であろう。

「児童虐待の防止等に関する法律」では、第六条「児童虐待に関する通告」の二で、「刑法（明治四〇年法律第四五号）の秘密漏示罪の規定その他の守秘義務に関する法律の規定は、児童虐待を受けた児童を発見した場合における児童福祉法第二五条の規定による通告をする義務の遵守を妨げるものと解釈してはならない」としている。この規定は、虐待の発見段階における情報の共有化を認めたものとして解釈できるであろう。かつて、いくつかの分野では、秘密保持を理由に児童相談所への通告を行わなかったり、当事者とのトラブルへの懸念や内部だけでの処理をおこなうために、守秘義務を理由付けに用いてきた。これに対して、平成九年の厚生省児童家庭局長通知（当時）以降、この法規定に至るまでに、通告に関する躊躇や「抱え込み」解消の努力がなされてきた。この段階での、情報の共有化は、子どもの生命と成長発達の保障にとって不可欠である。

しかし、「児童虐待の防止等に関する法律」は、実際に対応や援助がなされはじめて以降の、情報の共有化については何ら規定をしていない。この段階で個別の分野における法的あるいは倫理的守秘義務規定で、まったく情報が共有化できないとすれば、対応や援助に支障が生じることは明らかである。しかし、不特定多数の者が不特定の期間、情報を共有することは、倫理上また実践上許されることではない。「児童虐待の防止等に関する法律」は、その改正を実施プログラムにおりこんでいる。改正にあたっては、多くの事項が議論されることになるであろうが、個々の法律との整合性を図りながら、対応と援助、アフターケア段階における守秘義務についても検討する必要がある。

2　情報共有化の三つの原則

対応と援助、アフターケア段階における情報の共有化については、前述した情報の保持と廃棄の検討を前提に、以下の三つを原則としてあげることができるだろう。

第一は、情報はネットワークの第二ステージにおいて援助に直接関わる者のみが共有するという原則である。「直接関わる」ことについては、ネットワークの第三ステージが構築されていれば、子どもや家族に直接関わる個人を支える人も含まれる。したがって、子どもや家族の援助に参加する近隣住民や親族などにも情報は提供され、共有化されることになる。ただし、この場合、情報のすべてを提供し、共有化するかどうかは、援助内容、例えば見守りなのか、日常的子育て、生活支援なのかによって、一定の差違がつけられることになるだろう。関係機関・施設・団体に所属して活動する者の場合には、援助に必要な情報はすべて共有化されるが、他の者が自由に記録等を閲覧できないような管理が求められる。もちろん、ケース会議などのように援助内容について検討する際は、「直接関わる」ことについて広義に解釈することになる。

第二は、情報の共有化については、当事者の同意を得るという原則である。これは、対応や援助における実践上の倫理であるといえる。情報共有化に関するインフォームド・コンセントが求められるのである。自分自身は共有化について了解しておらず、自分自身もその情報を伝えたという記憶がないのに、一定の個人情報が関係者に「知られている」ということが判明すれば、援助過程における信頼関係をそこなうことにもなる。しかし、個々の情報の共有化について、ひとつひとつ相手に同意を得ることは実際的には不可能に近い。そこで、直接援助にたずさわる者が当事者に援助ネットワークに参加する機関・施設等を説明し、それらは必要に応じて個人の情報を共有化するということを伝え、同意を得るという、いわば「包括的同意」を得ておくことが実践的な作業となるだろう。また、この際には、共有化された情報への本人のアクセスビリティ保障や、情報の廃棄時期と方法なども説明される必要がある。この説明と同意を得る作業については、子どもが一定年齢に達し、判断力等がある場合には、子ども自身にもなされるべきである。今後、日本でも、子どものアドボケーターが検討されることがあれば、アドボケーターは子どもの援助にかかわる者として情報を共有するという側面と、子どもの代理人として、情報の処理に関する説明を把握するという側面とからかかわることになるであろう。

第三は、情報の共有化に関するアカウンタビリティの確保という原則である。情報の共有化については、当事者の同意を原則とはするが、虐待を否定しているために援助関係を構築できない場合や子どもの年齢が低い等の理由で、同意を得られないことも数多く想定される。したがって、第二の原則だけで対応や援助がなされるとすれば、情報の共有化が不可能となり、効果的な活動が期待できなくなるおそれがある。第二ステージ以降のネットワークにとって、情報の共有化がなされなければ、ネットワークそのものの存在を放棄することになるであろう。この状況の中で、対応や援助が個々ばらばらに行われれば、当事者の不信感が強まり、このことでも援助関係は成立しなくなる。そこで、本人の同意が得られない場合であっても、子どもの最善の利益という観点から対応や援助に必要な情報は共有化されることになる。この場合には、第二の原則にそった働きかけで同意が得られるまでは、情報が共有されていることを相手に明示することはできない。

3　「バックラッシュ」への対応

状況によっては、当事者から、同意無しに情報が共有化されたことや、それが伝達されなかったことに対する抗議がなされることも想定される。そこで、情報の共有化がなぜ必要であったのか、どの範囲でなされたのか、その内容はどのようなものであったのかについて、守秘義務についてはどのような手段がとられたのか等について、相手に明確に説明できる準備が必要となる。この確認は、第二・第三ステージに参加するネットワーク・メンバー全員でなされるべきものであるとともに、第三者がその必要性を承認しておく過程も必要となるであろう。しかし、現在日本にはこのような機能を有した第三者機関は存在しない。この第三者としては、児童福祉法による児童福祉審議会を想定することができる。現行法では、児童相談所が措置を行なおうとする場合で、子どもや親権者の意向と著しく食い違う場合に、児童福祉審議会に意見を聞くことになっている（児童福祉法第二七条八項）。情報の共有化に関する同意がとれず、家族からの抗議が予想される場合については、共有化する理由、範囲等について、報告了承を受けておくことが検討されてよいだろう。

日本では、虐待への対応と援助が、ようやく社会全体の取り組みとなり始めた段階であるといえる。そのなかで、本章でも検討してきたように、ネットワークの構築はようやく緒に就いた段階であり、情報の共有化に関する共通のルール策定については検討・実践が遅れているといえる。子どもや親を援助するためには、これらの作業を欠かすことはできない。同時に、現在日本は虐待を受けている子どもを「救う」ことが強調され、親への援助や説明プロセスが視野に入りにくい状況にある。イギリスやアメリカ等では、虐待に関する社会的介入への批判、いわゆる「バックラッシュ」現象が生じている。[6] いずれ日本でも、なんらかの形で「バックラッシュ」を経験することになるであろう。これによって、社会的介入を弱体化する風潮が席巻しないように、必要な社会的介入を維持するためにも、情報の共有化に関する議論はいまなされる必要がある。

（1）松原康雄・山本保編著『児童虐待　その援助と法制度』（二〇〇〇年、エディケーション）五頁。
（2）芝野松次郎編『子ども虐待ケース・マネジメント・マニュアル』（有斐閣、二〇〇一年）等。
（3）金田知子「利用者参加のケアマネジメント」『研究所年報』三〇号（明治学院大学社会学部付属研究所、二〇〇〇年）一四九―一六一頁。
（4）「児童虐待の疑いがあるケースの調査」W・S・ロジャース、D・ヒーヴィー、E・アッシュ編著（福・中野・田澤他訳）

『児童虐待への挑戦』（法律文化社、一九九三年）一七五―一八六頁。
（5）情報開示条例等については、各自治体のホームページから検索できる。本稿では、神奈川県、大阪府を参考例としたが、若干の表現の違いはあるものの、概ね主旨は各自治体で共通していると判断してよいだろう。
（6）イギリスではいくつかの虐待死事件を契機に社会的介入を強化する動きが出てきた一方で、クリーブランド事件のようにむしろ社会的介入が行き過ぎているのではないかとの批判もなされてきた。アメリカにおける「バックラッシュ」については、上野加代子『児童虐待の社会学』（世界思想社、一九九六年）参照。

まとめにかえて――児童虐待の防止に向けての課題

中谷 真樹
桜ヶ丘記念病院精神科医長　世田谷児童相談所嘱託医

◆子どもを含めての人権の尊重

人権思想は一八世紀以降、世界に広まった。しかし、その歴史では当初から子どもの人権は十分に考慮されていたとは言えない。大阪府の「被虐待児の早期発見と援助のためのマニュアル」（一九九〇年）によれば、一八七五年にニューヨークで初めての児童虐待協会が設立されるきっかけになった「メリー・エレンの事件」では、親から暴力を受けて餓死しかけている子どもに同情する市民は動物虐待防止協会に少なくとも犬や猫に与えられるだけの保護をするように訴えたのだという。歴史上のさまざまな戦争や災害・貧困といった事態を通して、人間は子どもを含めてすべての個人の人権が尊重されることが社会の基礎であることを確認するようになったのである。

わが国では昭和二三年の児童福祉法により法的な対応が規定されていたが、虐待の範囲が明示されていなかったことや親権にはばまれて必要な措置が講じられなかった。この反省から平成一二年に「児童虐待防止法」が制定されることになり対策が本格化した。

◆多様なプログラムとスタッフの連携の必要性

ひとことで児童虐待の対策といっても、虐待の予防、被虐待児童の早期発見と保護、親への精神的な援助や治療、被虐待児の身体的治療に加えて心理的発達を念頭においた長期にわたるメンタルヘルスのケアなど、司法・福祉・教育・医療・保健など多数領域からの支援が必要である。今日まで児童虐待は家庭や親族の内部の問題として考えられることが少なくなかったが、実はそのことが社会全体で対策されるべき多くの問題をはらんでいることが明示されてきつつある。社会が豊かになり、さまざまな資源が利用可能になってきたのにもかかわらず、親になるという人間にとってきわめて基本的な発達に問題を抱える人々が増え、またそれを有形無形にサポートすべき家族のつながりが希薄化してきているといえる。子育てにおいても、老人や病者介護と同様に家族の力が形骸化し、それを社会全体がカバーするという構図が形作られてきている。児童にかかわる保健福祉サービスのスタッフは従来の医療福祉の枠組みを超えて奮闘しているが、人手や知識や組織体制の不足の中で無力感を感じ疲弊してきている。このため虐待の判定と児童の保護は行えても、その後のフォロー体制や連携はまだ未成熟である。

◆社会的子育ての視点

これまでの子育ては肉親の個人的な責任に委ねられるべきものであって、それが不可能な場合にのみ福祉行政・司法が介入すべきであるという原則があった。しかしながら、子どもも親である大人と同様に社会的存在である。このことはまた子育てが単に子どもの親だけが担うべき私的な行為ではなく、したがって社会のいとなみから隔絶されたものではないことを意味している。一九八九年一一月の国連総会で採択された「子どもの権利条約」は、子どもの養育と発達に対する親の第一次的責任を規定すると同時に「子どもの最善の利益」がその指導原理であると規定している。そして国は親が子育ての責任を遂行できるような援助を与えるべきともされている。つまり、公的制度としての社会的子育てが要求されているのである。

この観点からは、国家・福祉行政が善意によって親や場合によっては子どもの私的権利を制限し介入することが可能になる。これは公的権力による強制力を認めることであるため、一時保護や法的強制力の伴う決定には議論が生じやすい。本書においてもこういった矛盾する制度の中での奮闘を続ける現場の声があらわされているように思う。

児童虐待は特別な親による稀な問題とは言えない。しかも、児童虐待に関する法律や諸制度は、虐待の原因・背景が複雑多様であるが故に多岐に渡っており、必要とされる分野・機関・職種も多分野に広がっている。虐待への対応は単一の機関による対応では限界があり、児童相談所のみならず児童福祉施設、医療機関、保健機関、警察、裁判所、ＮＰＯなど、関連領域機関の連携が不可欠であるといわれるが、今後この相互連携がよりスムーズにいくような制度が必要になるであろう。

◆旧来の枠組みを超えた総合的援助サービスの提供と課題

このような動きを見るにつけ、筆者は過去の精神医療の歴史と重なるものを感じる。かつて、精神医療においては主治医は患者のためを思って判断をし、患者の代わりに治療方法を決定する権利があるという「パターナリズム（家父長主義）」の考え方があった。しかし、今日では、インフォームド・コンセントの概念によって医療従事者と患者が共同で意思決定することなど、患者の主体的な参加を要請するような治療関係とその過程が大切にされなければならないと考えられるようになってきた。つまり、精神医療においても治療者が患者に対してどのような治療を行おうとしているかをあらかじめ説明し、それを共に考えた上で、患者の同意を得るというプロセスが重視されるようになったのである。さらに、精神医療は近年、収容中心主義から地域ケアに移行し、狭い意味での医療の枠をこえた総合的な援助サービスの提供が重視されるようになってきている。ところが一方で、触法精神障害者の再犯を防止するという社会的なニーズは、触法行為をおかした患者を法的な拘束力をもって不定期限に収容し、または地域生活を観察することを可能にした。児童虐待を行う親についても、今後は強制的な措置とインフォームド・コンセントに基づく処遇とのバランスをとることがより一層求められることになるのではなかろうか。ともすれば法的強制力のある対策を求めがちな児童虐待への対応であるが、精神医療におけるバランスの議論が、この分野においても重要になると考えられる。

このような微妙な問題をはらむ虐待ケースマネージメントにさまざまな職種のスタッフが継続的にかかわることは、マネージメントの倫理性について相互にチェックしあうという意味でも有効である。したがって、スタッフ間では自由な情報の交換がなされなければならないが、一方で医療機関や公的機関においては自由な情報の交換が個人情報についての守秘義務規定に抵触するという懸念が生じてくる。守秘義務は各種資格に付随して法令により規定されているが、医師、薬剤師、弁護士などのほか、国家・地方公務員、臨床検査技師、理学療法士、作業療法士、救急救命士、民生委員などに課せられている。現在、医療現場では医師の他にいわゆるコ・メディカルスタッフが協力して医療にあたり、診療録の管理や保険請求に関する事務などまでが個人情報を共有していることが多く、また、患者情報の一部は保険機関へも送られる。そのため、拡大守秘義務 extended confidence ないし守秘義務圏 circle of confidentiality という概念が、チーム医療にともなう守秘義務の主体を個々の医療者から、当該治療集団全体に拡大して考える際の倫理基準として生み出されたという。この概念の枠組みを援用するならば、公的機関内では許容されている個人情報の共有が地域ケア集団内部でも許容されるかどうかが問題になる。

アメリカ精神医学会ＡＰＡの「守秘義務に関する委員会」が一九八七年に策定した「守秘義務に関するガイドライン」では地域ケアにあたる専門家・機関は拡大守秘義務の範囲には含まれず、したがって病院から地域ケア機関への個人情報の開示・共有化には、当事者の同意が必要となっている。もちろんこのモデルがわが国の児童虐待の現場にそのまま適用されるべき、とは筆者は感じていない。公的機関外であっても、当事者のマネージメントに直接・間接的にかかわる医療・福祉チームとしての構造が明確な場合、ケースマネージャーが中心となって組織全体の監督が可能な場合には、機関外においても、公的機関内におけるチーム同様の拡大守秘義務の概念を援用しうると考えるが、単なる他機関との連携ネットワークにとどまる場合には、責任が不明瞭であり、拡大守秘義務の援用には慎重を期すべきと考えられる。現在のところ、この問題をすみやかに解消するための制度の整備は不十分であり、地域ケアの発展にともない予想される守秘義務の問題に関しては今後さらなる検討が必要であることは間違いない。

最後に、種々の問題を超えて、児童虐待という大きな問題が社会全体として乗り越えていかれるものになること、今なお苦しむ多くの子ども達の未来がひらかれること、そして現場で奮闘するスタッフの努力が結実することを願ってこの書の結語としたい。

索　引

あ　行

愛着 …… 158
　──障害 …… 157
赤ちゃん部屋のお化け …… 230
アセスメント …… 195
アタッチメント（愛着） …… 231
安部哲夫 …… 56
雨と私 …… 213
アリバイ的ネットワーク参加 …… 279
アルコール依存症 …… 239, 241
アルコール症 …… 238
アルコール・ドラッグプログラム …… 270
安心感 …… 206
安全基地型 Secure Base …… 232
安全の保証 …… 214
家 …… 69
医学診断 …… 26, 37
医学的評価 …… 156
怒りのコントロールグループ …… 269
池田由子 …… 111
医師の診断書・意見書 …… 38
委託児童の養育指導 …… 109
一時保育 …… 189
一時保護 …… 48, 59, 80, 155, 194
　──委託 …… 35
　──職員 …… 118
1・57ショック …… 45
1回だけの聞き取り …… 40
医療経済上の問題 …… 164
医療ソーシャルワーカー …… 31, 36, 40
医療福祉の枠組み …… 294
入れ子構造 …… 247
岩井宜子 …… 118
インテーク …… 189, 195
院内システム …… 154
インフォームド・コンセント …… 295
疑わしきは罰せず …… 149
うつ病 …… 158
裏切られた体験による恐怖と不信 …… 202
ＡＡ（アルコール・アノニマス） …… 253
エコマップ …… 281
援助計画 …… 195
援助コンポーネントの組み方 …… 242
エンゼルプラン …… 45, 183
エンプティ・チェア …… 245
奥山眞紀子 …… 165
大人への信頼と愛着 …… 215
親側の個体要因 …… 228
親子関係の表象モデル …… 244
親子関係の表象へのアプローチ …… 243
親子ドロップインサービス …… 268
親子の再統合 …… 133, 136
親子分離 …… 141
親と子供の相互作用モデル …… 232
親によって繰り返された恐怖体験 …… 202
親の息抜き（レスパイト）サービス …… 270
親の治療 …… 238
親の通信面会制限 …… 51
親への勧め──これだけは親が知っておくべきこと …… 266
親を取り囲む環境要因 …… 228

か　行

外傷性眼障害 …… 156
外傷性記憶 …… 244, 245
改正刑法草案 …… 55
開原久代 …… 117
乖離 …… 211, 217
乖離症状 …… 205
解離性障害 …… 158

カウフマン …… 231
カウンセリングサービス …… 271
カウンセリング受講義務 …… 118
家屋画 …… 212
かかりつけ医 …… 160
拡大守秘義務 …… 296
家裁調査官 …… 123, 130
傘型ネットワーク …… 278, 284
家事事件 …… 121
家事審判規則 6 条 …… 122
――7 条の 3 …… 123
――7 の 5 …… 136
――74 条 1 項 …… 124
柏女霊峰 …… 165
家族会 …… 253
家族関係維持のために相応な援助努力 …… 95
家族支援 …… 195
家族同時面接 …… 246
家族の再統合 …… 25
家族療法 …… 242, 246
学校教育法 11 条 …… 58
葛藤の過程 …… 244
家庭裁判所 …… 38
――調査官 …… 123
――の後見的機能 …… 70
家庭訪問 …… 269
家父長主義 …… 295
関係性の表象モデル …… 233
監護教育・居所指定権 …… 69
監護教育権の停止 …… 82
監護懈怠 …… 130
監護者の指定 …… 72
患者の主体的な参加 …… 295
感情麻痺 …… 233
きっかけ刺激 …… 250
希望のない状況 …… 238
虐待ケースマネージメント …… 296
虐待行為を経験する割合 …… 16
虐待衝動・行動への直接的介入 …… 244
虐待体験 …… 13
虐待と非行との関連 …… 20
虐待に関する意見書・診断書 …… 37
虐待の定義 …… 4
虐待の連鎖 …… 231
虐待防止訪問事業 …… 193
虐待を受けた児童 …… 57
虐待を受けているおそれのある児童 …… 57
虐待をもたらす要因 …… 15
キャフェイ（Caffey）…… 146
境界型人格障害 …… 158
教護院（現在の児童自立支援施設）…… 54
共同親権行使 …… 78
強迫傾向 …… 213
杏林大学児童虐待防止委員会 …… 27
杏林大学附属病院児童虐待防止委員会 …… 187
拒絶型 …… 232
緊急一時保護 …… 106
緊急保育対策等 5 ヵ年事業 …… 46, 183
国親思想 …… 62, 69
蜘蛛の巣型ネットワーク …… 279
クラメール …… 246, 247
グループ療法 …… 252
ケア受講命令 …… 61, 118
警察 …… 25
警察官の援助 …… 48
刑事訴訟法 232 条 …… 54
刑事的介入 …… 52, 60
継続経過観察 …… 178
継続指導 …… 110
ケース会議 …… 25
ケース検討会 …… 187
ケースマネージャー …… 190
ケースマネジメント …… 189, 195
ケースワーク手法 …… 236
検査所見 …… 38
ケンプ（Henry C. Kempe）　87, 146, 230
後見的機能 …… 122
厚生省平成 9 年通知 …… 80
公的義務説 …… 68

行動診断 …… 26, 37
行動の明確な基準 …… 215
行動療法的アプローチ …… 241
抗不安薬 …… 250
呼吸法 …… 249
個人情報 …… 196
子育て教室 …… 270
子育てグループ …… 186
子育て講座 …… 186
子育て支援 …… 186
子育て支援室 …… 194
子育てひろば事業 …… 184
個体と環境の相互作用 …… 228
寿産院事件 …… 44
子ども家庭支援センター …… 184, 195
——すくすくひろば …… 186
——のびのびひろば …… 182, 188
子ども家庭支援ネットワーク … 187, 190, 194
子ども家庭110番電話相談 …… 46
子ども虐待対応の手引き …… 100
子ども虐待通告登録簿 …… 147
子ども虐待防止対応法（the Child Abuse Prevention and Treatment Act）…147
子ども・子育て支援プロジェクト … 182
子どもとの愛着関係の形成 …… 226
子どもに対する認知・対応スキルに対する援助 …… 243
子どもの虐待に関するネットワーク形成 …… 277
子どもの虐待防止センター …… 100, 117
子どもの健康障害 …… 24
子どもの健康と安全保障のための最善の選択（child's best interest）…… 95
子どもの権利条約 …… 294
子どもの最善の利益 …… 60, 68, 163, 290, 294
子どもの視点 …… 194
子どもの相談連絡会 …… 186, 187
こども未来財団 …… 105
子に対する身上監護権 …… 66
子の監護者の指定その他子の監護に関する処分 …… 125
子の福祉 …… 134
今後の子育て支援のための施策の基本的方向 …… 45
コンサルテーションサービス …… 273

さ　行

埼玉県立小児医療センター …… 150
再統合 …… 240
才村純 …… 165
里親委託 …… 81
産褥期うつ病 …… 241
シェイクンベビー症候群 …… 29
ジグラー …… 231
自己否定感情 …… 212
支持的な援助 …… 238
思春期 …… 26
自助グループ …… 235, 253
自信のなさ …… 207
市町村児童虐待防止ネットワーク … 101
市町村保健所 …… 168
しつけ …… 8, 135
私的義務説 …… 68
児童委員 …… 44, 113
指導援助 …… 285
児童買春、児童ポルノに係る行為等の処罰及び児童の保護等に関する法律 …… 53
児童家庭局長通知「児童虐待等に関する児童福祉法の適切な運用について」…… 142
児童虐待ケース・マネジメントモデル事業 …… 46
児童虐待対応協力員 …… 101
児童虐待調査研究会 …… 3
児童虐待通告法 …… 90
児童虐待・ネグレクト研究所 …… 89
児童虐待の実態—東京の児童相談所の事例に見る …… 102
児童虐待の防止等に関する専門委員会

……………………………… 278
児童虐待の防止等に関する法律 …… 2, 47, 65, 101, 171, 288
児童虐待の防止に関する決議 ……… 100
児童虐待防止協会 ……………………… 100
児童虐待防止通告法 …………………… 93
児童虐待防止等に関する法律 ……… 25
児童虐待防止法 ……… 43, 100, 116, 117, 119, 293
——8条 ……………………………… 106
——10条 …………………………… 106
——11条 …………………………… 83
——12条 …………………………… 82
児童虐待防止法・児童福祉法改正への提言と意見 ……………………………… 50
児童虐待防止法施行1年にあたっての見解 ……………………………………… 118
児童自立支援施設 ……………… 20, 126, 224
児童相談所 ……… 25, 37, 44, 45, 191, 254
——拡充5ヵ年計画 ……………… 44, 48
——長 ………………………………… 128
——等の福祉機関の調査 ………… 130
——による相談処理状況 ………… 109
児童相談センター …………………… 115
児童の権利に関する条約 …………… 46
児童福祉司 …… 44, 116, 117, 118, 130, 284
——指導 ……………………………… 110
児童福祉施設 ………………………… 44
——最低基準 ………………………… 119
児童福祉審議会 ……………………… 291
児童福祉法 …………………………… 43, 293
——25条 ……………………… 55, 56, 148
——27条 …………………………… 81
——27条1項3号 ………………… 117
——28条 ………………… 49, 60, 81, 124
——28条事件 …… 123, 124, 125, 126, 127, 128, 130, 131, 138
——29条の立入調査権 …………… 49
——32条1項 ……………………… 124
——33条 …………………………… 80
——33条1項 ……………………… 106
——33条の6 ……………………… 124
——34条1項6号 ………………… 55
——47条 …………………………… 80
児童福祉法の一部改正 ……………… 46
児童養護施設 ………………………… 224
——等に入所させる措置 ………… 81
守秘義務に関する委員会 …………… 297
嗜癖モデル …………………………… 239
司法医学 ……………………………… 165
市民グループ ………………………… 261
社会構成主義モデル ………………… 235
社会診断 ……………………………… 26, 37
社会的子育て …………………… 294, 295
社会的コントロール ………………… 247
社会的—相互作用モデル …………… 230
社会福祉事業法 ……………………… 45
住居付き治療施設 …………………… 272
重症度判断 …………………………… 236
集団合宿教育 ………………………… 43
集中力の低下 ………………………… 206
自由な情報の交換 …………………… 296
主任児童委員 ………………… 113, 197
守秘義務 ……… 25, 48, 117, 277, 288, 296
——違反 ……………………………… 48
——圏 ………………………………… 296
——に関する委員会 ……………… 296
——に関するガイドライン ……… 297
樹木画 ………………………… 212, 213
滋養、再養育の過程 ………………… 244
情緒的・心理的問題 ………………… 111
承認審判 ……………………… 126, 135, 139
少年院 ………………………………… 20
少年事件 ……………………… 121, 125
少年法22条2項 …………………… 122
情報共有化に関するインフォームド・コンセント …………………………… 289
情報共有の原則 ……………………… 287
情報の「一方通行」………………… 284
情報の共有化 ………………………… 288
——に関するアカウンタビリティの確保 ………………………………… 290

情報の保持と廃棄 …… 289
情報へのアクセス制限 …… 286
ジョージ …… 231
　——のアタッチメントモデル …… 241
ショートステイ …… 189
初回把握 …… 178
初期対応 …… 236
処遇会議 …… 116
職業許可権 …… 69
職権主義 …… 122, 131, 142
触法精神障害者の再犯 …… 296
助言指導 …… 110
助産師 …… 173
女性犯罪研究会 …… 52
自律訓練 …… 249
親権 …… 67
　——者の体罰付加の権利 …… 58
　——者変更 …… 125
　——喪失 …… 49
　——喪失宣告 …… 68, 74, 124, 125, 128
　——喪失宣告の申立権者 …… 76
　——喪失の制度 …… 61
　——喪失の宣告 …… 38, 72
　——における懲戒権 …… 51
　——の喪失や停止 …… 238
　——剥奪 …… 75
親告罪 …… 54, 55
身上監護権 …… 118
　——のみの喪失 …… 77
新少年法 …… 44
人身保護請求（人身保護法２条）…… 66
新生児訪問指導 …… 178, 180
身体医学的治療・療育 …… 158
身体化症状 …… 245
身体的虐待 …… 3
心的外傷モデル …… 233
審判前の保全処分 …… 77
心理検査 …… 209
心理診断 …… 26, 37
心理的虐待 …… 4, 125
心理判定員 …… 116, 118
健やか親子21 …… 171
　——検討会報告書2001年11月 …… 173
ストレスレベル評価 …… 275
精神医学的治療 …… 158
精神医療におけるバランスの議論 …… 296
精神医療の歴史 …… 295
精神保健及び精神障害者福祉に関する法律 …… 67
精神療法 …… 263
生存権的基本権 …… 43
性的虐待 …… 4, 17, 125, 222
　——順応症候群 …… 53
性的被害経験 …… 19
セカンド・レイプ …… 204
世代間伝播 …… 39
摂食障害 …… 158
先駆型子ども家庭支援センター事業 …… 192
全国児童虐待防止委員会 …… 265
全国児童相談研究会 …… 118
全国児童相談所長会 …… 100
専門里親 …… 224
早期発見義務 …… 48, 57
総合的援助サービス …… 295
総合保健センター …… 195
措置入院 …… 67
訴追免除 …… 91

た　行

対人関係の問題 …… 218
出さない手紙 …… 246
多専門分野にわたるサービスユニット …… 147
立入調査若しくは質問 …… 48
試し行動 …… 219, 223
単独親権行使 …… 78
地域からの孤立 …… 199
地域子育て支援センター事業 …… 183
地域ネットワーク …… 184
地域の組織化 …… 184
地域保健法 …… 168, 180

チェックリスト ……………………… 281
父親図版 ……………………………… 211
父親不在 ……………………………… 199
知能検査 ……………………………… 205
「ちびっこ園」事件 …………………… 34
中央専門家会議 ………………………… 51
中央通りタウンプラザ ……………… 182
懲戒権 ……………………………… 58, 69
治療者への個人的集団的スーパー
　ビジョン …………………………… 111
「治療関係」の問題 ………………… 254
通告 …………………………… 25, 154, 237
通報義務違反 …………………………… 50
津崎哲郎 ……………………………… 119
津田紘子 ……………………………… 251
ＤＶ（ドメスティック・バイオレンス）
　……………………………………… 114
ＤＶ防止ネットワーク ……………… 194
ＤＶ防止法 …………………………… 194
手続の非公開 ………………………… 122
転移感情 ……………………………… 223
電話相談・ホットライン …………… 267
ド・プラド・リマ …………………… 253
東京都福祉局 ………………………… 102
当事者主義 …………………………… 142
徳永雅子 ……………………………… 253
特別養子縁組 …………………………… 79
　──制度 ……………………………… 45
都市家庭在宅支援事業 ………………… 46
都道府県保健所 ……………………… 168
トマス・ゴードン …………………… 251
ドメスティック・バイオレンス（DV）
　…………………………………… 26, 220
トラウマ ………………………… 157, 158
　──反応 …………………………… 245
ドラッグ自助グループ ……………… 269
トワイライトステイ ………………… 189
　──室 ……………………………… 190

な　行

内的作業モデル ………………… 231, 244
中谷瑾子 ………………………………… 54
西澤哲 ………………………………… 244
日本子ども家庭総合研究所 ………… 166
日本子どもの虐待防止研究会
　(JaSPCAN) ……………………… 50, 56
乳児健診 ……………………………… 178
入所措置規定 ………………………… 117
乳幼児健康診査（健診）…………… 160
乳幼児突然死症候群 …………………… 34
妊産婦訪問指導 ………………… 178, 180
認知行動療法 ………………………… 245
ネグレクト …………………………… 4, 7
　──系行為 ………………………… 8, 12
ネットワーク・コミュニケーション
　……………………………………… 281

は　行

ハイリスク状況 ……………………… 250
ハウ …………………………………… 254
バウム・テスト ……………………… 212
パターナリズム（家父長主義）……… 295
バックラッシュ ……………………… 291
発達障害 ……………………………… 160
母親図版 ……………………………… 211
母親の孤独な子育て ………………… 199
林弘正 …………………………………… 55
パレンス・パトリエ（Parens Patriae）
　………………………………………… 69
　──的観念 …………………………… 70
　──理念 ……………………………… 62
犯罪被害者対策に関する二法 ………… 54
反社会性人格障害 …………………… 158
反論・弁明の機会 …………………… 134
ＰＴＳＤ（心的外傷後ストレス障害）
　……………………………………… 233
被虐待児症候群 ……………………… 230
被虐待体験 …………………………… 244
必要な調査又は質問 …………………… 48
秘匿義務 ………………………………… 91
秘匿特権 ………………………………… 92
ヒトデ型ネットワーク ………… 279, 284

一人親支援ネットグループ ………… 269
秘密漏示罪 ………………………… 288
描画検査 …………………………… 211
標準発育曲線 ……………………… 30
表象モデル ………………… 233, 241
ファールガー ……………………… 240
Family Mosaic プログラム ………… 269
ファミリー・サポート・センター … 189
ファミリー・バイオレンス ………… 26
ファミリー・ソーシャルワーク …… 195
風景構成法 ………………… 211, 213
夫婦関係調整調停事件 …………… 125
フォレンジック・インタビュー …… 40
不確実型 Uncertain ……………… 232
複雑性ＰＴＳＤ …………………… 245
福祉施設法（Welfare and Institutions
　Code）……………………………… 94
福祉事務所 ………………………… 45
福祉侵害 …………………………… 130
福祉的アプローチ …………… 47, 60
福祉的機能 ………………………… 122
福祉的・治療的介入 ……………… 60
福祉犯 ……………………………… 61
不自然さ …………………………… 152
物質依存 …………………………… 158
不適切な養育 ……………… 149, 162
普遍性 ……………………………… 252
プロセス情報 ……………………… 176
ペアレンツ・アノニマス ………… 253
ペアレンティング（親業）の心理教育
　プログラム ……………………… 235
ペアレンティング（親業）プログラム
　…………………………………… 251
Parent Infant Program（幼児と親のプ
　ログラム）……………………… 269
米国連邦政府、児童局（Children's
　Bureau）………………………… 87
ベントビン ………………………… 237
ボアソナード ……………………… 54
保育園 ……………………………… 25
包括的同意 ………………………… 289
「法は家庭に入らず」の原則 …… 54, 58
暴力系行為 ……………………… 8, 12
保健師 ……………………………… 170
　――助産師看護師法２条 ………… 170
保健所 ……………………… 25, 45, 168
　――法 …………………………… 168
保健センター ……………… 25, 170
保護者の意に反する施設入所等の措置
　の承認 …………………………… 123
保護の怠慢ないし拒否 …………… 4
保護命令 …………………………… 194
母子相談員 ………………………… 194
母子保健法 ………………… 176, 180
母性神話 …………………………… 236
保全処分 ……………… 124, 134, 142
ホットライン ……………………… 46
ポルノグラフィ …………………… 6
本人情報へのアクセスビリティ・ポリ
　シー ……………………………… 285

ま　行

マクロな虐待 ……………………… 236
マダネス …………………………… 246
松田博雄 …………………………… 187
身代わり男爵症候群 ……………… 32
ミクロ虐待 ………………………… 236
未熟児訪問指導 …………… 178, 180
未成年後見人 ……………………… 128
未成年の子の監護権 ……………… 69
未成年の子の財産管理権 ………… 69
みたか子育てねっと ……… 190, 200
三鷹市子ども家庭支援センター …… 183
三鷹市子育てネットワーク研究会 … 188
三鷹市子ども家庭支援ネットワーク・
　スーパーバイザー ……………… 197
三鷹市子ども家庭支援センターすく
　すくひろば ……………………… 186
ミニ虐待 …………………………… 236
見守りサポート事業 ……………… 193
ミュンヒハウゼン〔ほら吹き男爵〕
　症候群 …………………………… 32

民間虐待防止機関 …… 125
民生・児童委員 …… 197
民法上の懲戒権 …… 58
民法766条1項・2項 …… 125
　—— 766条2項 …… 71
　—— 820条 …… 67
　—— 822条1項 …… 58
　—— 834条 …… 74, 124
無力型 Helpless …… 232
メリー・エレンの事件 …… 293
申立人代理人 …… 139
モニタリング …… 191, 195
　——機能 …… 196
問題行動 …… 31, 216

や　行

ヤーロム …… 252
役割交代 …… 230
養育家庭制度 …… 224
養育者 …… 24
養育に関する内的作業モデル …… 232
養育や対人関係のスキルに関する
　モデル …… 235
養子縁組 …… 78
要保護児童決定手続き …… 95
吉田敬子 …… 253
吉田恒雄 …… 106

ら　行

ラピン …… 245
リスク要因 …… 180
リラクゼーション法 …… 249
レスパイトケアープログラム …… 270
連邦児童虐待予防・治療法（Federal
　Child Abuse Prevention and Treatment Act） …… 89
連邦政府、保健・教育・福祉省 …… 90
ロールシャッハ・テスト …… 209

わ　行

渡辺久子 …… 236, 246
ヴァン・デア・コルク …… 245

A～Z

Ashbury House …… 272
Battered Child Syndrome …… 146
Caffey …… 165
Donald GD, Adamus D and Cayouette
　S …… 114
Dutton DG, Bodnarchuk M, Hart S
　…… 114
good faith …… 91
Helfer …… 166
HTP（House・Tree・Person） …… 212
Kempe …… 165, 263
MCG（Mother-Child group） …… 253
Monteleone …… 166
NGO …… 267
PA（Parents Anonymous） …… 253
Pollack …… 263
Steele …… 263
Stern …… 233
SUDS（Subjective Unites of Distress）
　…… 249
TALK Line …… 267
Wolfe …… 264

児童虐待と現代の家族　編者・執筆者紹介

中谷 瑾子　慶應義塾大学名誉教授，法学博士，弁護士

岩井 宜子　専修大学法学部教授

中谷 真樹　桜ヶ丘記念病院精神科医長・世田谷児童相談所嘱託医

内山絢子　目白大学教授

松田博雄　杏林大学小児科教授

木幡文德　専修大学法学部教授

本間玲子　カリフォルニア大学サンフランシスコ校精神医学部助教授

小野理恵子　大阪家庭裁判所 家庭裁判所調査官

奥山眞紀子　国立成育医療センター こころの診療部部長

石井トク　岩手県立大学 看護学部教授

竹内冨士夫　三鷹市子育て支援室長

山脇由貴子　東京都児童相談センター 心理カウンセラー

森田展彰　筑波大学社会医学系 精神衛生学講師

松原康雄　明治学院大学 社会学部教授

児童虐待と現代の家族

初版第1刷発行　2003年10月30日発行

編　者

中谷 瑾子　岩井 宜子　中谷 真樹

発行者

袖 山 貴＝村岡侖衛

発行所

信山社出版株式会社

113-0033　東京都文京区本郷6-2-9-102

TEL 03-3818-1019　FAX 03-3818-0344

印刷・製本 エーヴィスシステムズ　発売 大学図書

ISBN4-7972-5257-X　C3032